新世纪编辑出版学系列教材

数字媒体版权案例评析

王志刚　华凤霞　编著

中原出版传媒集团
大地传媒

大象出版社
·郑州·

图书在版编目(CIP)数据

数字媒体版权案例评析 / 王志刚,华风霞编著.— 郑州 : 大象出版社, 2017. 11
新世纪编辑出版学系列教材
ISBN 978-7-5347-9177-2

Ⅰ. ①数… Ⅱ. ①王… ②华… Ⅲ. ①数字技术—多媒体技术—版权—案例—教材 Ⅳ. ①D913. 05

中国版本图书馆 CIP 数据核字(2017)第 035479 号

数字媒体版权案例评析

SHUZI MEITI BANQUAN ANLI PINGXI

王志刚　华风霞　编著

出 版 人　王刘纯
责任编辑　徐淯琪
责任校对　马　宁
封面设计　王晶晶

出版发行　大象出版社(郑州市开元路 16 号　邮政编码 450044)
　　　　　发行科　0371-63863551　总编室　0371-65597936
网　　址　www.daxiang.cn
印　　刷　新乡市龙泉印务有限公司
经　　销　各地新华书店经销
开　　本　787mm×1092mm　1/16
印　　张　14.5
字　　数　226 千字
版　　次　2017 年 11 月第 1 版　2017 年 11 月第 1 次印刷
定　　价　38.00 元

印厂地址　河南省新乡经济开发区中央大道中段
邮政编码　453731　　　　电话　0373-5590988

本书为河南省社会科学普及规划项目“数字媒体版权知识普及读本（项目编号:519）”的成果。

本书得到“河南省教育厅高等学校青年骨干教师培养计划（2016ggjs-212）”支持。

前　言

随着全球信息化进程的推进以及信息技术向各个领域的不断延伸,数字出版产业的发展势头强劲,并日益成为我国出版产业变革的“前沿阵地”。由于数字出版是以技术开发与版权增值为核心的产业,版权保护是其发展的核心问题。数字版权也就是各类出版物、信息资料的网络出版权,有通过新兴的数字媒体传播内容的权利。包括制作和发行各类电子书、电子杂志、手机出版物等的版权。在数字出版迅速发展的同时,版权知识贫乏成为困扰产业快速前行的主要障碍,因此,普及数字出版产业版权知识成为当务之急。

本书主要借鉴数字媒体和版权保护的相关理论,对数字媒体版权案例展开解析。解析方式以相关背景交待、案情回顾、案例评述以及与之相关的法律条文和判决书的呈现展开,力求通俗易懂。案例选取既包括博客、微信、微博等传统文本数字化的过程中出现的问题,也涉及网络文学以及大众阅读平台、游戏平台等版权问题。

全书共分十一章,分别探讨了网络文学、文本共享平台、著作权集体管理机构、数字图片、网络视频、春节晚会、动画、手机游戏、字体、博客作品等十种作品版权纠纷,并在最后一章以案例形式分析了非法转载的刑事处罚这一版权问题。全书由王志刚、华风霞策划并厘定大纲,先期在王志刚老师的指导下,由研究生程一帆、韩璐、姚旭、宗贝贝、王晓鸽、张培培、李广超以及本科生吴禅、李娜、梁亚茹进行本书资料搜集和部分文本撰写,最后由王志刚、华风霞补充撰写并完成统稿。

本书在编写过程中不仅得到相关领导的大力支持,更得到“河南省级特色专业编辑出版学”的建设经费资助。此外,本书编写过程中参考了部分专家学者的著作和博文,也借鉴了大量专业法律网站的判决书文本,在此一并感谢。本书编写参与人员较多,探讨对象也较为复杂,若有疏漏讹误,恳请指正。

编者

2016 年 8 月 6 日

目　录

网络文学著作权纠纷高额判决第一案
——起点中文网 VS 纵横中文网

本案是我国数字版权领域较为典型的一起案件，被业界称为网络文学著作权纠纷高额判决“第一案”。通常情况下，根据《中华人民共和国著作权法》，如果权利人的实际损失或者侵权人的违法所得不能确定，法院适用法定赔偿规则，赔偿数额一般不会高于 50 万元。但根据相关司法解释规定，在知识产权案件中确定损害赔偿时，要采取优势证据标准认定损害赔偿事实。对于难以证明侵权受损或侵权获利的具体数额，如果有证据证明前述数额明显超过法定赔偿最高限额的，应当综合全案的证据情况，在法定最高限额以上合理确定赔偿额。这一案件最吸引眼球的莫过于单部作品 300 万元的高额赔偿。这个判决表明了司法机关保护知识产权、打击非法网络转载乱象的决心和力度，该案的诉讼过程也为同类案件的办理积累了宝贵的经验。

一、相关背景

这起案件的实际交锋双方是起点中文网和纵横中文网，而站上法庭的对峙双方则是两家公司的法人代表单位：上海玄霆娱乐信息科技有限公司和北京幻想纵横网络技术有限公司。

上海玄霆娱乐信息科技有限公司（以下简称玄霆公司）成立于2002年5月，隶属于上海盛大网络股份有限公司，主要经营原创文学品牌“起点中文网”。起点中文网是国内首屈一指的原创文学门户网站，曾在2003年10月率先开创了在线收费阅读，即电子出版的新模式，现已发展成为行业标准模式。起点中文网于2003年获得盛大网络股份有限公司1亿元增资，进一步寻求创新商业模式。

北京幻想纵横网络技术有限公司（以下简称幻想纵横公司）成立于2008年6月，由国内领先的网络游戏企业北京完美时空投资，主要承担完美时空文化战略方向的业务，拥有“纵横中文”“纵横动漫”等诸多优秀品牌与资源，深入贯穿线上阅读、线下出版、动漫改编、游戏改编、影视改编等整条文化产业链。经过两年的高速发展，纵横中文网取得了显著的成绩，成为国内一流的中文原创文学类专业网站。2013年12月27日，完美时空将中文在线阅读业务的实体北京幻想纵横网络技术有限公司（完美文学）以1.9亿元出售给百度公司。

二、案情回顾

本案原告玄霆公司是国内原创文学门户网站起点中文网的运营商。2010年1月18日，原告与文字作品《永生》的作者王钟（笔名：梦入神机）签署了委托创作协议，约定委托期间王钟所创作的作品著作权均归属于原告。2010年7月18日，王钟以“梦入神机”的笔名在被告经营的纵横中文网上发表《永生》作品。2010年7月23日，原告起诉王钟，要求继续履行已签署的协议，停止在其他网站发表作品，承担违约金，并请求法院确认《永生》的著作权归原告所有。2012年5月4日，上海市第二中级人民法院一审判决,确认王钟创作的《永生》作品的著作权(除法律规定不可转让的权利外)归原告所有。

一审判决后,原告认为,本案被告幻想纵横公司在此判决生效之后,继续在其经营的纵横中文网上非法传播上述作品,更擅自授权案外人通过互联网使用、传播该作品,严重侵犯了原告对《永生》作品享有的信息网络传播权等合法权益,非法获利数额巨大,遂诉至法院,请求判令:1.被告立即停止侵权,即停止基于《永生》作品的对外授权行为;2.被告赔偿原告经济损失1200万元;3.被告赔偿原告支出的相关合理费用。幻想纵横公司不服,向上海市高级人民法院提起上诉。幻想纵横公司认为,其有权在其网站上传播《永生》作品;在生效判决作出之前,幻想纵横公司对案外人的授权经营行为均属合法;原告的赔偿诉请过高,缺乏法律依据,请求法院驳回原告诉请。

2014年9月29日,上海市高级人民法院对此案作出终审判决,驳回上诉,维持上海市第二中级人民法院作出的一审判决,即一审被告幻想纵横公司赔偿原告经济损失人民币300万元及合理费用3万元。这是目前国内法院对单部文字作品信息网络传播权侵权作出的最高额判决,本案也被列为“上海2014知识产权案件十大典型案例”之首。

三、相关法律条文

本案主要涉及《中华人民共和国著作权法》和《信息网络传播权保护条例》中相关的法律条文。

《中华人民共和国著作权法》

第十条　著作权包括下列人身权和财产权:

……

(十二)信息网络传播权,即以有线或者无线方式向公众提供作品,使公众可以在其个人选定的时间和地点获得作品的权利;

……

第四十八条　有下列侵权行为的,应当根据情况,承担停止侵害、消除影响、赔礼道歉、赔偿损失等民事责任;同时损害公共利益的,可以由著作权行政管理部门责令停止侵权行为，没收违法所得，没收、销毁侵权复制品，并可处以罚款；情节严重的，著作权行政管理部门还可以没收主要用于制作侵权复制品的材料、工具、设备等；构成犯罪的，依法追究刑事责任：

（一）未经著作权人许可，复制、发行、表演、放映、广播、汇编、通过信息网络向公众传播其作品的，本法另有规定的除外；

……

第四十九条　侵犯著作权或者与著作权有关的权利的，侵权人应当按照权利人的实际损失给予赔偿；实际损失难以计算的，可以按照侵权人的违法所得给予赔偿。赔偿数额还应当包括权利人为制止侵权行为所支付的合理开支。

权利人的实际损失或者侵权人的违法所得不能确定的，由人民法院根据侵权行为的情节，判决给予五十万元以下的赔偿。

《信息网络传播权保护条例》

第十八条　违反本条例规定，有下列侵权行为之一的，根据情况承担停止侵害、消除影响、赔礼道歉、赔偿损失等民事责任；同时损害公共利益的，可以由著作权行政管理部门责令停止侵权行为，没收违法所得，非法经营额5万元以上的，可处非法经营额1倍以上5倍以下的罚款；没有非法经营额或者非法经营额5万元以下的，根据情节轻重，可处25万元以下的罚款；情节严重的，著作权行政管理部门可以没收主要用于提供网络服务的计算机等设备；构成犯罪的，依法追究刑事责任：

（一）通过信息网络擅自向公众提供他人的作品、表演、录音录像制品的；

……

四、案例评述

本案中，原告赔偿经济损失1200万元的诉讼请求备受关注。原告根据被告从案外人处获得的分成收入，通过分成计算以及小说阅读次数的类比推定，提出了总额为1200万元的索赔。在诉讼过程中，为证明被告因侵权行为获得巨额的违法所得、原告遭受了巨大的经济损失，本案代理律师进行了充分举证。其中，为证明被告基于《永生》作品与案外人合作的获利金额，原告申请法院调取了该作品在案外人处的收入明细，仅2010年11月至2012年10月期间，被告所获得分成收入共计173万余元。按照授权合同"四六开"的分成比例，原告代理律师傅钢认为，仅在无线网络领域，被告就已经给原告造成了超过434万元人民币的经济损失，更不用说在因特网领域，被告掠夺原告的用户量，对原告造成的巨大的经济损失。法院认为，本案中，《永生》作品总字数超过500万字，在被告纵横中文网的搜索排行榜上位列第一，点击数超过两亿次，该作品具有较高的经济价值。被告侵权方式多样，持续时间较长，侵权主观恶意明显。由于本案中已经有证据证明被告的获利超过了著作权法规定的法定赔偿数额的上限50万元，法院综合全案的证据情况，在法定赔偿最高限额之上酌情合理确定赔偿数额为300万元。

这一最终判决在网络文学版权保护方面具有极为重要的意义。

（一）判决结果展示司法机关打击非法网络转载乱象的决心

一部网络文学作品，两家原创文学网站，这是一个典型的网络作品著作权案件。《永生》作品的作者与原告签订协议后，原告便享有该作品的信息网络传播权等合法权益。被告未经著作权人许可，在纵横中文网上免费提供《永生》全本阅读及下载，并擅自授权中国移动通信集团浙江有限公司及上海畅声网络科技有限公司在手机阅读基地和畅听网使用该作品，构成侵权事实。

两个原创文学网站因为作品著作权产生纠纷，打了官司，不能不让人联想到我国网络文学的大环境。所谓网络文学，就是以网络为载体发表的文学作品。在我国，随着互联网的发展和普及，人们的阅读习惯发生了改变，网络文学的阅读市场在不断扩大。据中国互联网络信息中心第34次《中国互联网络发展状况统计报告》发布的信息显示，截至2014年6月，我国网民规模达6.32亿，互联网普及率为46.9%，我国网络文学用户规模为

2.89亿，网民网络文学使用率为45.8%①。2013年，我国网络文学市场更是呈现出百家争鸣、百花齐放的势头。除了规模最大的原创文学网站盛大文学不断有新的运作，百度、腾讯等大型互联网企业纷纷进军网络文学产业，淘宝、新浪、网易等也对网络文学行业蓄势待发；硬件品牌小米联合数字阅读平台“多看”也展开其在数字内容方面的业务布局，并推出其原创网络文学应用“小米小说”……

然而，网络文学迅猛发展的同时，网络文学作品侵权问题也愈演愈烈。首先，数字技术不断更新，互联网环境日益复杂，而我国相关法律制度并不完善，执法部门对网络文学市场的监管力度不够，导致网络作品著作权人一旦拿起法律武器，又面临取证困难、侵权行为难以界定、诉讼成本高而赔偿金额不高等现实问题，这在某种程度上为盗版行为的滋生提供了空间；其次，网络文学行业竞争激烈，但优秀的作者资源和作品资源却是有限的，有的文学网站只顾经济利益，缺乏版权意识，用不正当的手段传播作品；再次，网络文学的用户长期受国内不良风气的影响，习惯了大量免费的盗版资源，而不是通过合理合法的途径进行网络文学阅读。盗版作品网站的大量存在造成正版作品读者的大面积流失，严重影响原创文学网站的收益以及作者的收入。因此这一判决能够严厉打击侵权行为，从而维护版权市场的正常秩序。

（二）网络文学版权保护需要多部门共同努力

网络文学行业在迅速发展的同时也面临着问题，网络文学侵权不仅在数量和规模上十分庞大，而且给权利人也造成了巨大的经济损失。只有政府、原创文学网站和网络文学用户三方共同努力，才能打击网络文学作品的侵权行为，鼓励优秀作品的创作，促进网络文学行业的繁荣发展。

1.从政府部门来说

要从根本上遏制网络文学侵权行为，必定要完善网站备案登记制度，使行政监管落到实处。此外，要修改现行法律，避免有的网络服务提供商

---

① 中国互联网络信息中心：《中国互联网络发展状况统计报告》，2014年7月。

以信息存储空间之名利用“避风港规则”打法律的擦边球①。2013年1月30日,国务院作出修改《中华人民共和国著作权法实施条例》的决定,同年,《信息网络传播权保护条例》也进行了修改。此外,2014年6月,国家版权局、国家互联网信息办公室、工业和信息化部、公安部四部门启动了第十次打击网络侵权盗版专项治理“剑网”行动(简称“剑网2014”专项行动)。此次专项行动确定了四项重点任务,即保护数字版权、规范网络转载、支持依法维权和严惩侵权盗版。专项行动将通过查办案件和引导规范两种手段,组织网站开展自查自纠,加大主动监管工作力度,加强网站版权监督审核,完善网络版权许可付酬机制,引导报刊社与大型商业网站开展版权合作,完善网络转载许可付酬措施,形成网络转载等使用作品依法依规许可付费使用的合作双赢机制。

2.从原创文学网站来说

(1)应逐步开放优质的作品资源

一直以来,以起点中文网为首的诸多盛大文学旗下的文学网站固守自身资源,拒绝向其他平台开放。但互联网本身是一个开放的平台,优秀的网络文学作品也需要得到市场的检验,固守资源不利于网站获取更多的用户,也不利于优质作品的传播,更不利于网络文学的发展。因此,掌握大量优秀作品资源的文学网站应将自身资源逐步开放,为促进网络文学行业的发展贡献力量。

(2)注重移动阅读市场

在本案中,被告幻想纵横公司未经著作权人许可,擅自将《永生》作品授权中国移动通信集团浙江有限公司及上海畅声网络科技有限公司在手机阅读基地和畅听网使用,并从中获利,严重侵害了作品的信息网络传播权。但不可否认的是,网络文学在移动阅读市场有较大的潜力。随着移动互联网与智能终端的发展,原创文学网站想要扩大影响,必须注重移动阅读市场,满足读者的阅读需求。

---

① 黄霄旭:《网络文学版权保护的现状与未来——基于对盛大文学的分析考察》,《出版科学》2012年第1期,第20卷,第65页。

(3)培养用户的付费习惯

当前,网络文学的盈利主要依靠前端付费用户。网络文学用户之所以不愿意付费阅读,主要原因在于网络文学市场盗版横行,读者可以轻而易举地从网络上获取免费资源。盛大文学旗下起点中文网首创“VIP 付费阅读制度”,即签约作品首先发表在公共阅读区,当点击率达到一定数量时移至 VIP 区,读者要想继续阅读,需按照 2 分钱/千字的价格进行付费;而后,利用粉丝效应出现的“打赏”模式则成为其付费阅读新亮点。盛大文学的付费阅读商业模式是行业先驱,也引导同行要通过培养用户的付费习惯来提高用户的版权意识。

(4)全方位经营版权,探索新的商业模式

未来的网络文学行业,可以说是“得版权者得天下”。盛大文学曾提出“一次创作,多次利用”的版权营销理念,让一部优秀的网络文学作品从电子版权、无线版权、线下出版实体书、影视改编、动漫改编、游戏改编等方面实现收益,这也是顺应时代发展潮流的。在此基础上,原创文学网站可以进一步拓展版权分销平台,实现传统互联网和移动互联网有效结合,传统出版和数字出版有效结合。一方面要在行业内进行横向结合,把网络文学的内容通过不同的媒体形式展现出来;另一方面要跨行业进行纵向结合,拓展文学产业链的上、中、下游,从网络文学行业走向其他相关行业,使版权实现创新和衍伸。

3.从网络文学用户来说

一方面,网络文学的作者应提高版权意识。本案中,2010 年 1 月 18 日,原告与王钟签订了《白金作者作品协议》和《委托创作协议》,约定王钟在协议期间创作的作品包括信息网络传播权在内的著作权归属于原告。2010 年 6 月 18 日,王钟与被告签订了《劳动合同书》,约定王钟在被告处担任游戏策划部门总监一职,王钟按照被告要求创作的职务作品著作权归被告所有,因创作职务作品所产生的任何第三方纠纷均由被告负责处理。2010 年 7 月 18 日,王钟以“梦入神机”的笔名开始在纵横中文网上发表《永生》作品。这是王钟缺乏版权意识的表现。在创作出优秀的作品之外,作者的版权意识也弥足珍贵,既不能主动侵权,也不能在作品被侵权的时候毫无作为。

另一方面,对大多数网络文学的读者来说,长期以来我国网络文学作品市场比较混乱,盗版的免费资源几乎唾手可得。为了促进网络文学市场的良性发展,也为了鼓励更多优秀的网络文学作品面世,读者应该提高版权意识,主动抵制盗版资源,培养为正版资源付费的习惯。

五、判决书

(一)一审判决书

上海玄霆娱乐信息科技有限公司与北京幻想纵横网络技术有限公司侵害作品信息网络传播权纠纷一审民事判决书①

上海市第二中级人民法院民事判决书

(2013)沪二中民五(知)初字第191号

原告上海玄霆娱乐信息科技有限公司。

法定代表人侯小强。

委托代理人傅钢,上海市协力律师事务所律师。

委托代理人余凌英,上海市协力律师事务所律师。

被告北京幻想纵横网络技术有限公司。

法定代表人张云帆。

委托代理人马弋玲。

委托代理人李敏。

原告上海玄霆娱乐信息科技有限公司与被告北京幻想纵横网络技术有限公司侵害作品信息网络传播权纠纷一案,本院于2013年11月26日受理后,依法组成合议庭,于2014年1月9日公开开庭进行了审理。原告委托代理人傅钢、余凌英,被告委托代理人马弋玲、李敏到庭参加了诉讼。本案现已审理终结。

……

本院经审理查明:

涉案文字作品《永生》是由案外人王钟以“梦入神机”的笔名创作完成

① 参见上海市第二中级人民法院网。

的。2010 年 1 月 18 日,原告与王钟签订了《白金作者作品协议》和《委托创作协议》,约定王钟在协议期间创作的作品的包括信息网络传播权在内的著作权归属于原告。2010 年 6 月 18 日,王钟与被告签订了《劳动合同书》,约定王钟在被告处担任游戏策划部门总监一职,合同期限 5 年,月薪 5,000 元,合同还约定,王钟按照被告要求创作的职务作品著作权归被告所有,因创作职务作品所产生的任何第三方纠纷均由被告负责处理。2010 年 7 月 18 日,王钟以“梦入神机”的笔名开始在纵横中文网上发表《永生》作品。2010 年 7 月 23 日,本案原告以著作权合同纠纷为案由向上海市浦东新区人民法院起诉王钟,要求王钟继续履行前述两份协议,停止在包括纵横中文网在内的其他网站发布其创作作品的行为,承担违约金 101 万元,同时要求法院确认《永生》的著作权归原告所有;在同案中,王钟亦提起反诉,要求撤销和解除前述两份协议。本案被告北京幻想纵横网络技术有限公司在该案中的诉讼地位为有独立请求权第三人。2011 年 5 月 4 日,上海市浦东新区人民法院作出(2010)浦民三(知)初字第 424 号民事判决书,判决:一、上海玄霆娱乐信息科技有限公司与王钟继续履行双方于 2010 年 1 月 18 日签订的《白金作者作品协议》;二、上海玄霆娱乐信息科技有限公司与王钟继续履行双方于 2010 年 1 月 18 日签订的《委托创作协议》;三、王钟停止在纵横中文网上继续发表《永生》的行为;四、王钟应于判决生效后十日内支付上海玄霆娱乐信息科技有限公司违约金 20 万元;五、王钟创作的《永生》著作权(除法律规定不可转让的权利以外)归上海玄霆娱乐信息科技有限公司所有;六、驳回上海玄霆娱乐信息科技有限公司的其余诉讼请求;七、驳回王钟的全部诉讼请求。一审判决后,王钟不服向上海市第一中级人民法院提起上诉,请求二审法院撤销一审判决第一至七项,改判驳回被上诉人上海玄霆娱乐信息科技有限公司的全部诉讼请求,支持王钟的全部反诉请求。第三人北京幻想纵横网络技术有限公司提起上诉请求撤销原审判决第三、五项。2012 年 5 月 4 日,上海市第一中级人民法院作出(2011)沪一中民五(知)终字第 136 号民事判决书,判决:一、维持上海市浦东新区人民法院(2010)浦民三(知)初字第 424 号民事判决书第五项,即王钟创作的《永生》著作权(除法律规定不可转让的权利以外)归上海玄霆娱乐信息科技有限公司所有;二、撤销上海市浦东新区人民法院(2010)浦民三(知)初字第424号民事判决书第一、二、三、四、六、七项；三、上诉人王钟与被上诉人上海玄霆娱乐信息科技有限公司于2010年1月18日签订的《白金作者作品协议》和《委托创作协议》于判决生效之日予以解除；四、上诉人王钟应于判决生效之日起十日内向被上诉人上海玄霆娱乐信息科技有限公司支付违约金60万元；五、驳回上诉人王钟其余上诉请求；六、驳回上诉人北京幻想纵横网络技术有限公司的其余上诉请求；七、驳回被上诉人上海玄霆娱乐信息科技有限公司原审其余诉讼请求。

2010年7月5日，原告的委托代理人王峥向上海市卢湾公证处申请证据保全公证，王峥通过该处计算机上网浏览并打印了新浪微博以及纵横中文网上的相关网页。该处公证员对上述过程进行了现场监督并制作了(2010)沪卢证经字第1735号公证书。根据该份公证书记载，在纵横中文网以及纵横中文网邪月、梦入神机的新浪微博上有关于王钟(梦入神机)从起点中文网转投纵横中文网过程及讨论的帖子。

2010年11月10日，被告(乙方)与案外人中国移动通信集团浙江有限公司(甲方)签订了《手机阅读内容合作协议》，约定："乙方自愿参与手机阅读业务，并成为甲方手机阅读基地的CP(内容提供商)，按本协议约定向甲方授予版权及相关权利……""乙方同意按本协议的约定将授权书所列的作品(包括其封面图片)的信息网络传播权许可给甲方使用。""甲、乙双方以乙方提供的作品在手机阅读平台上产生的实收信息费为基础进行结算，对乙方授权甲方的作品甲方按实收信息费收入的40%向乙方支付使用费……""本协议项下的甲自2010年11月10日开始，合作期限为贰年"。在该协议所附授权作品目录中包括本案系争《永生》作品。

2013年8月13日，原告的委托代理人王峥向上海市卢湾公证处申请证据保全公证，王峥通过该处计算机上网浏览并打印了纵横中文网站(www.zongheng.com)上的相关网页以及中国移动阅读基地(http://read.10086.cn)的相关网页、以"永生"为关键词的百度搜索网页等，该处公证员对上述过程进行了现场监督并制作了(2013)沪卢证经字第2597号公证书。根据该份公证书记载，《永生》作品位列纵横中文网搜索排行榜第一位，该网站上载有《永生》作品的全部章节可供阅读，中国移动阅读基地上有《永生》作品可供手机阅读，点击次数分别为××××××××××次和×××××××

××次。在庭审中,被告自认其在纵横中文网上提供《永生》作品供阅读的时间是自2010年7月18日至2013年11月。原告亦确认至庭审时被告已经停止了在纵横中文网上传播《永生》作品的行为。至庭审时,中国移动阅读基地上仍然有《永生》作品供手机用户阅读,但原、被告双方均确认中国移动通信集团浙江有限公司已经将《永生》作品自2012年11月份之后收取的信息费用全部转付给了原告。

以上事实由原告提交的(2011)沪一中民五(知)终字第136号民事判决书、公证书、被告提交的《手机阅读内容合作协议》《白金作者作品协议》《劳动合同书》等证据以及当事人的诉辩意见和本院审理笔录等证据予以证明。

原告为证明被告还实施了授权案外人上海畅声网络科技有限公司使用《永生》作品的行为,提交了被告与该案外人的《合作协议》原件以及畅听网(www.ting85.com)上相关网页的打印件作为证据。该《合作协议》约定:"甲方(被告)将附件中授权使用作品列表中的作品(包括本案系争《永生》作品)授权乙方(该案外人)以本协议约定的方式在www.ting85.com上向用户提供收听及下载增值服务。甲乙双方按照本协议约定分配收益。授权性质:非独家授权。授权期限:协议期限自2010年11月1日至2012年10月31日,有效期2年。"该协议上印有被告的合同专用章以及该案外人的代表签字。根据上述网页打印件记载,畅听网上载有《永生》作品的有声版供收听。被告对上述证据的真实性、关联性均不予认可。

原告为证明《永生》作品的作者王钟自2006年起即与原告进行小说创作合作,被告对此明知且具有引诱王钟转投纵横中文网的主观恶意,提供了其与王钟之间的《文学作品独家授权协议》《白金作者文学作品独家授权协议》《文学作品转让协议》《委托创作协议》以及载有王钟于起点中文网上发表小说、被告副主编微博、国内十大文学网站排名新闻的网页打印件等证据。被告对上述证据的真实性、关联性均不予认可。

被告为证明其已经及时停止了就《永生》作品的对外授权行为,提供了其公司职员与中国移动阅读基地工作人员之间的往来沟通电子邮件以及被告在中国移动阅读基地账户信息打印件。原告对上述证据的真实性不予认可。

被告为证明其就《永生》作品与中国移动阅读基地合作后的获利金额，提供了《〈永生〉作品在中国移动阅读基地收入明细》，结算时间自2010年11月至2012年10月，总收入金额共计1737002.12元。原告对上述证据的真实性不予认可。

原告为证明自己因被告侵权所受到的损失以及被告的侵权获利，提交了《起点用户订阅VIP章节的收费标准》网页打印件以及纵横中文网和中国移动阅读基地上《永生》作品的点击数作为证据。被告对上述证据的真实性予以认可，但对关联性不予认可。

原告为证明其为本次诉讼支出的合理费用，提交了律师费及公证费发票作为证据，共计金额为51500元，其中律师费50000元，公证费1500元。被告对上述证据的真实性予以认可，但对关联性不予认可。

另查明，本院向中国移动通信集团浙江有限公司发公函要求其提供自2010年11月10日至2012年10月，该公司与被告之间关于《永生》小说作品的授权合同及该公司基于《永生》小说作品支付给北京幻想纵横网络技术有限公司的所有收益分成（包括但不限于《永生》小说的单独付费订阅及“书包”付费订阅中涉及《永生》的部分）。该公司回函确认上述授权合同的真实性并确认收益分成为1737002.11元。

本院认为，本案的争议焦点在于：一、被告在纵横中文网上传播《永生》作品的行为是否构成侵权；二、被告授权案外人中国移动通信集团浙江有限公司及上海畅声网络科技有限公司使用《永生》作品的行为是否构成侵权；三、原告主张被告赔偿经济损失1200万元是否有事实与法律依据。

一、被告在纵横中文网上传播《永生》作品的行为是否构成侵权。

原告认为，在相关民事判决已经确认《永生》作品的著作权归属于原告的情况下，被告自2010年7月18日至2013年11月26日在纵横中文网上传播该作品的行为构成侵权。被告认为，根据上海市第一中级人民法院作出的生效判决，原告要求“王钟停止在纵横中文网上继续发表《永生》的行为”的诉请已被撤销，故被告有权继续在包括纵横中文网在内的网站上发布王钟创作的《永生》作品。且该行为已经在前述诉讼中处理过了，在本案中不必重复审理。

本院认为，鉴于（2011）沪一中民五（知）终字第136号民事判决书已经确认《永生》作品的著作权(除法律规定不可转让的权利以外)归原告所有,被告自2010年7月18日至2013年11月在纵横中文网上传播《永生》作品的行为,构成未经著作权人许可通过信息网络向公众传播其作品的著作权侵权行为。关于被告有权继续发布《永生》作品的辩称意见,本院认为上述生效判决撤销原审判决主文第三项"王钟停止在纵横中文网上继续发表《永生》的行为"的原因在于,二审判决作出前,《永生》作品已经创作并发表完毕,王钟的发表权已经一次性用尽,无法再回复到未发表的状态,原审的此项判决已无实际必要。但该项判决主文的撤销不能视为是对被告继续使用《永生》作品的授权和许可,即被告在《永生》作品发表完毕后继续在纵横中文网上传播该作品的行为仍然构成侵害原告作品信息网络传播权。因此,被告的辩称意见系对上述生效判决的误解,本院对此不予采信。关于被告一事不再理的辩称,本院认为,上海市第一中级人民法院的生效判决仅是处理原告与王钟之间的著作权合同纠纷,所判决的违约金也是针对王钟违约行为的惩罚,并未涉及被告的侵权行为,因此本案对于被告侵权行为的审理并不违反一事不再理原则。

二、被告授权案外人中国移动通信集团浙江有限公司及上海畅声网络科技有限公司使用《永生》作品的行为是否构成侵权。

被告认为,在上海市第一中级人民法院作出生效判决之前,其根据与王钟的《劳动合同》,对外授权开展业务的行为是基于善意,作为善意第三人不应受到法律的追究。

本院认为,根据本案相关证据以及生效判决,可以认定被告未经许可实施将《永生》作品的信息网络传播权授权中国移动通信集团浙江有限公司以及上海畅声网络科技有限公司使用的行为构成侵害原告的信息网络传播权。关于被告系善意使用的辩称,本院认为,首先,我国著作权法没有关于著作权善意取得的规定,被告认为其可因主观原因免除侵权责任的辩称意见没有法律依据;其次,根据原告提交的网络微博证据并结合原、被告本属同业竞争者这一事实,本院认为,在其未提交有力反驳证据的情况下,被告关于自己属于善意第三人的主张缺乏事实依据,本院对被告的上述辩称不予采信。

综上,本院认为,被告未经许可在纵横中文网上传播《永生》作品以及授权案外人中国移动通信集团浙江有限公司及上海畅声网络科技有限公司使用《永生》作品的行为侵害了原告就《永生》作品享有的作品信息网络传播权，应当承担停止侵权、赔偿损失的民事责任。关于停止侵权的民事责任，虽然被告已经停止在纵横中文网上传播《永生》作品，但没有证据证明其已经停止了全部对外授权行为，故被告仍然应当承担停止侵权的民事责任。

三、原告主张被告赔偿经济损失1200万元是否有事实与法律依据。

原告认为，无论从原告的实际损失还是被告的侵权获利来看，原告的1200万元赔偿诉请均具有事实与法律基础，其计算依据主要包括：1.被告从案外人中国移动通信集团浙江有限公司移动阅读基地处所获收益分成收入1737002.12元，根据被告与该案外人的乙，可以得出被告与该案外人共同侵权的违法所得至少为4342505.275元；2.《永生》作品在被告网站以及移动阅读基地网站上的点击次数乘以原告网站的收费标准，原告损失至少为422837176元；3.被告授权畅听网所获得收入100余万元。被告认为，由于纵横中文网上连载《永生》作品是免费的，读者对于免费小说的点击很随意，所以点击数不能与被告的收入挂钩，此外，移动阅读基地网站上的《永生》作品也有收费章与非收费章的区分，因此仅凭点击数不能分清哪些点击是收费的，哪些是免费的，而且也无法区分哪些点击数是在被告收费期间产生的，哪些是在原告收费期间产生的，因此，原告的巨额赔偿诉请没有事实依据。

本院认为：1.由于在本案中，原告并未要求追加案外人为共同被告，也未对其提出诉讼请求，故原告以被告与案外人中国移动通信集团浙江有限公司的共同收入作为赔偿依据没有法律依据；2.原告未提交证据证明被告从案外人上海畅声网络科技有限公司处实际获得收入100余万元；3.根据原告网站的收费标准，被告网站记载的点击次数并不必然可以转化为原告的计算依据，被告关于点击数的辩解具有一定的合理性，完全以点击数作为赔偿计算的依据会导致赔偿数额过高。总体上，本院对于原告关于赔偿数额的计算方式不予采信，但被告从案外人中国移动通信集团浙江有限公司处所获分成收益的数额可以作为本院确定赔偿数额的重要参考。

鉴于本案中没有证据证明原告因被告侵权所受到的实际损失以及被

告的侵权获利,本院将依据著作权法及其司法解释的有关规定,根据原、被告提交的证据材料,综合考虑本案中原告作品的实际价值、被告的侵权行为方式、侵权持续时间、侵权损害后果、被告从案外人中国移动通信集团浙江有限公司处的获利分成收入等因素,酌情确定赔偿数额。根据本院查明的事实,原告《永生》作品的总字数超过500万字,在纵横中文网的搜索排行榜上位列第一,点击数超过2亿次,该作品具有较高的经济价值。被告自2010年7月《永生》作品涉讼以来,在明知该作品著作权权属存在争议的情况下,持续在纵横中文网上传播该作品以及将该作品的信息网络传播权对外进行授权营利,即使在生效判决确认该作品著作权归属于原告后,仍然没有立即停止前述行为,侵权方式多样、侵权持续时间较长,侵权主观恶意明显。由于在本案中,已经有证据证明被告的获利超过了著作权法规定的法定赔偿数额的上限50万元,本院将综合全案的证据情况,在法定赔偿最高限额之上酌情合理确定赔偿数额。另外,本院也将根据原告提交的律师费、公证费发票等支付凭证,以及案件的复杂程度等因素酌情确定合理费用的数额。

综上,依据《中华人民共和国著作权法》第十条第一款第(十二)项、第四十八条第(一)项、第四十九条,《信息网络传播权保护条例》第十八条第(一)项之规定,判决如下:

一、被告北京幻想纵横网络技术有限公司立即停止对原告上海玄霆娱乐信息科技有限公司就《永生》文字作品享有的信息网络传播权的侵害;

二、被告北京幻想纵横网络技术有限公司应于本判决生效之日起十日内赔偿原告上海玄霆娱乐信息科技有限公司经济损失人民币300万元;

三、被告北京幻想纵横网络技术有限公司应于本判决生效之日起十日内赔偿原告上海玄霆娱乐信息科技有限公司合理费用人民币3万元;

四、驳回原告上海玄霆娱乐信息科技有限公司的其余诉讼请求。

如被告北京幻想纵横网络技术有限公司未按本判决指定的期间履行给付金钱义务,应当依照《中华人民共和国民事诉讼法》第二百五十三条之规定,加倍支付迟延履行期间的债务利息。

本案案件受理费人民币94109元,由原告上海玄霆娱乐信息科技有限公司负担人民币35224.01元,被告北京幻想纵横网络技术有限公司负担人民币 58884.99 元。

如不服本判决,可在判决书送达之日起十五日内,向本院递交上诉状,并按对方当事人的人数提出副本,上诉于上海市高级人民法院。

审　判　长　胡　宓
代理审判员　凌宗亮
人民陪审员　余震源
二〇一四年五月二十六日
书　记　员　李晶晶

(二) 二审判决书

北京幻想纵横网络技术有限公司与上海玄霆娱乐信息科技有限公司侵害作品信息网络传播权纠纷二审民事判决书①

上海市高级人民法院民事判决书

(2014)沪高民三(知)终字第 78 号

上诉人(原审被告)北京幻想纵横网络技术有限公司。

法定代表人张东晨。

委托代理人杨军,上海市华诚律师事务所律师。

委托代理人刘一舟,上海市华诚律师事务所律师。

被上诉人(原审原告)上海玄霆娱乐信息科技有限公司。

法定代表人崔嵬。

委托代理人傅钢,上海市协力律师事务所律师。

委托代理人余凌英,上海市协力律师事务所律师。

上诉人北京幻想纵横网络技术有限公司(以下简称幻想纵横公司)因侵害作品信息网络传播权纠纷一案,不服上海市第二中级人民法院(2013)沪二中民五(知)初字第 191 号民事判决,向本院提起上诉。本院于 2014 年 7 月 8 日受理后,依法组成合议庭,于同年 8 月 14 日公开开庭审理了本案。上诉人幻想纵横公司的委托代理人刘一舟、被上诉人上海玄霆娱乐信息科技有限公司(以下简称玄霆公司)的委托代理人余凌英到庭参加了诉

① 参见上海市高级人民法院网。

讼。本案现已审理终结。

……

原审法院认为，本案的争议焦点在于：一、被告在纵横中文网上传播《永生》作品的行为是否构成侵权；二、被告授权案外人中国移动浙江公司及畅声公司使用《永生》作品的行为是否构成侵权；三、原告主张被告赔偿经济损失1200万元是否有事实与法律依据。

一、被告在纵横中文网上传播《永生》作品的行为是否构成侵权。

原告认为，在相关民事判决已经确认《永生》作品的著作权归属于原告的情况下，被告自2010年7月18日至2013年11月26日在纵横中文网上传播该作品的行为构成侵权。被告认为，根据上海市第一中级人民法院作出的生效判决，原告要求"王钟停止在纵横中文网上继续发表《永生》的行为"的诉请已被撤销，故被告有权继续在包括纵横中文网在内的网站上发布王钟创作的《永生》作品。且该行为已经在前述诉讼中处理过了，在本案中不必重复审理。

原审法院认为，鉴于(2011)沪一中民五(知)终字第136号民事判决书已经确认《永生》作品的著作权(除法律规定不可转让的权利以外)归原告所有，被告自2010年7月18日至2013年11月在纵横中文网上传播《永生》作品的行为，构成未经著作权人许可通过信息网络向公众传播其作品的著作权侵权行为。关于被告有权继续发布《永生》作品的辩称意见，原审法院认为上述生效判决撤销原审判决主文第三项"王钟停止在纵横中文网上继续发表《永生》的行为"的原因在于，二审判决作出前，《永生》作品已经创作并发表完毕，王钟的发表权已经一次性用尽，无法再回复到未发表的状态，原审的此项判决已无实际必要。但该项判决主文的撤销不能视为是对被告继续使用《永生》作品的授权和许可，即被告在《永生》作品发表完毕后继续在纵横中文网上传播该作品的行为仍然构成侵害原告作品信息网络传播权。因此，被告的辩称意见系对上述生效判决的误解，原审法院对此不予采信。关于被告一事不再理的辩称，原审法院认为，上海市第一中级人民法院的生效判决仅是处理原告与王钟之间的著作权合同纠纷，所判决的违约金也是针对王钟违约行为的惩罚，并未涉及被告的侵权行为，因此本案对于被告侵权行为的审理并不违反一事不再理原则。

二、被告授权案外人中国移动浙江公司及畅声公司使用《永生》作品的行为是否构成侵权。

被告认为,在上海市第一中级人民法院作出生效判决之前,其根据与王钟的《劳动合同书》,对外授权开展业务的行为是基于善意,作为善意第三人不应受到法律的追究。

原审法院认为,根据本案相关证据以及生效判决,可以认定被告未经许可实施将《永生》作品的信息网络传播权授权中国移动浙江公司以及畅声公司使用的行为构成侵害原告的信息网络传播权。关于被告系善意使用的辩称,原审法院认为,首先,我国著作权法没有关于著作权善意取得的规定,被告认为其可因主观原因免除侵权责任的辩称意见没有法律依据;其次,根据原告提交的网络微博证据并结合原、被告本属同业竞争者这一事实,在其未提交有力反驳证据的情况下,被告关于自己属于善意第三人的主张缺乏事实依据,原审法院对被告的上述辩称不予采信。

综上,原审法院认为,被告未经许可在纵横中文网上传播《永生》作品以及授权案外人中国移动浙江公司及畅声公司使用《永生》作品的行为侵害了原告就《永生》作品享有的作品信息网络传播权,应当承担停止侵权、赔偿损失的民事责任。关于停止侵权的民事责任,虽然被告已经停止在纵横中文网上传播《永生》作品,但没有证据证明其已经停止了全部对外授权行为,故被告仍然应当承担停止侵权的民事责任。

三、原告主张被告赔偿经济损失1200万元是否有事实与法律依据。

原告认为,无论从原告的实际损失还是被告的侵权获利来看,原告的1200万元赔偿诉请均具有事实与法律基础,其计算依据主要包括:1.被告从案外人中国移动浙江公司移动阅读基地处所获收益分成收入1737002.12元,根据被告与该案外人的乙,可以得出被告与该案外人共同侵权的违法所得至少为4342505.275元;2.《永生》作品在被告网站以及移动阅读基地网站上的点击次数乘以原告网站的收费标准,原告损失至少为422837176元;3.被告授权畅听网所获收入100余万元。被告认为,由于纵横中文网上连载《永生》作品是免费的,读者对于免费小说的点击很随意,所以点击数不能与被告的收入挂钩,此外,移动阅读基地网站上的《永生》作品也有收费章与非收费章的区分,因此仅凭点击数不能分清哪些点击是收费的,哪些是免费的，而且也无法区分哪些点击数是在被告收费期间产生的，哪些是在原告收费期间产生的，因此，原告的巨额赔偿诉请没有事实依据。

原审法院认为：1.由于在本案中，原告并未要求追加案外人为共同被告，也未对其提出诉讼请求，故原告以被告与案外人中国移动浙江公司的共同收入作为赔偿依据没有法律依据；2.原告未提交证据证明被告从案外人畅声公司处实际获得收入100余万元；3.根据原告网站的收费标准，被告网站记载的点击次数并不必然可以转化为原告的计算依据，被告关于点击数的辩解具有一定的合理性，完全以点击数作为赔偿计算的依据会导致赔偿数额过高。总体上，原审法院对于原告关于赔偿数额的计算方式不予采信，但被告从案外人中国移动浙江公司处所获分成收益的数额可以作为确定赔偿数额的重要参考。

鉴于本案中没有证据证明原告因被告侵权所受到的实际损失以及被告的侵权获利，原审法院依据著作权法及其司法解释的有关规定，根据原、被告提交的证据材料，综合考虑本案中原告作品的实际价值、被告的侵权行为方式、侵权持续时间、侵权损害后果、被告从案外人中国移动浙江公司处的获利分成收入等因素，酌情确定赔偿数额。根据查明的事实，原告《永生》作品的总字数超过500万字，在纵横中文网的搜索排行榜上位列第一，点击数超过2亿次，该作品具有较高的经济价值。被告自2010年7月《永生》作品涉讼以来，在明知该作品著作权权属存在争议的情况下，持续在纵横中文网上传播该作品以及将该作品的信息网络传播权对外进行授权营利，即使在生效判决确认该作品著作权归属于原告后，仍然没有立即停止前述行为，侵权方式多样、侵权持续时间较长，侵权主观恶意明显。由于在本案中，已经有证据证明被告的获利超过了著作权法规定的法定赔偿数额的上限50万元，原审法院综合全案的证据情况，在法定赔偿最高限额之上酌情合理确定赔偿数额。另外，原审法院也将根据原告提交的律师费、公证费发票等支付凭证，以及案件的复杂程度等因素酌情确定合理费用的数额。

综上，依据《中华人民共和国著作权法》第十条第一款第（十二）项、第四十八条第（一）项、第四十九条，《信息网络传播权保护条例》第十八条第（一）项之规定，判决：一、被告幻想纵横公司立即停止对原告玄霆公司就

《永生》文字作品享有的信息网络传播权的侵害;二、被告幻想纵横公司应于判决生效之日起十日内赔偿原告玄霆公司经济损失人民币300万元;三、被告幻想纵横公司应于判决生效之日起十日内,赔偿原告玄霆公司合理费用人民币3万元;四、驳回原告玄霆公司的其余诉讼请求。本案一审案件受理费人民币94109元,由原告玄霆公司负担人民币35224.01元,被告幻想纵横公司负担人民币58884.99元。

判决后,幻想纵横公司不服,向本院提起上诉,请求撤销一审判决第一、第二、第三项,本案一、二审诉讼费由被上诉人玄霆公司承担。其主要上诉理由为:(一)由于被上诉人玄霆公司与王钟签订的《白金作者作品协议》和《委托创作协议》缺乏合同标的,依法不成立,不具有法律效力,不能作为《永生》作品归属的判断依据,本案一审判决认定上诉人侵犯被上诉人信息网络传播权缺乏依据。(二)《永生》作品创作过程中,上诉人尽到了谨慎的注意义务,一审判决认定上诉人具有主观恶意,缺乏事实依据。《永生》作品著作权的归属于2012年5月4日被终审判决确认,在此之前,上诉人并不明知该作品的著作权归属,也不具有主观恶意,客观上上诉人在此之前一直将《永生》作为自己的作品进行投资、传播、使用。(三)原审法院判决上诉人赔偿被上诉人经济损失300万元,数额畸高,缺乏法律依据。1.根据《最高人民法院关于审理著作权民事纠纷案件适用法律若干问题的解释》(以下简称《著作权司法解释》)第二十八条的规定,侵害著作权的诉讼时效为两年,确定赔偿数额时只能自起诉之日起向前推算两年。本案中,从被上诉人起诉时间起算只能追溯到2011年11月,一审判决认定的2010年7月—2011年10月不应当被计入侵权时间。2.在2012年5月4日有关著作权权属的案件二审判决前,上诉人不具有主观过错,不构成著作权侵权,故2012年5月之前的时间段也不应计入侵权的时间段。3.由于2012年5月之前不应计入侵权时间段,故2012年5月—2012年10月期间上诉人自中国移动浙江公司获得的分成约40万元左右。而上诉人在互联网上提供《永生》作品的行为是免费的,并不收取阅读费用,广告也并非刊登在《永生》作品上,该广告获利亦不能作为《永生》作品的获利。故上诉人的获利未超过法定上限50万元,本案赔偿数额应在法定上限50万元以内酌定。4.一审判决错误认定纵横中文网上的点击数为27亿余次,实际应为2亿余次,该错误的27亿余次的点击数对于一审判决酌定的赔偿数额具有重大影响。5.《永生》作品是王钟在上诉人与王钟劳动合同存续期间完成,在《永生》作品的创作过程中,上诉人为该作品的创作投入了相当的智力和财力,王钟也从上诉人处获得了高额回报,而被上诉人对该作品未作任何贡献,原审法院未考量该节事实,导致一审判决欠缺公平合理性。

被上诉人玄霆公司答辩称:一审判决认定事实清楚、适用法律正确。(一)被上诉人自始享有《永生》作品的完整著作权,未经许可任何人不得擅自使用。上诉人没有任何证据证明其参与了《永生》作品的创作,王钟是《永生》作品的唯一署名人,即唯一创作者。根据被上诉人与王钟所签协议,《永生》作品已经创作完成,著作权即归被上诉人所有。(二)上诉人是被上诉人的直接竞争者,熟知王钟与被上诉人之间的关系,上诉人与王钟的签约行为完全是恶意的。上诉人作为第三人参与了被上诉人与王钟的合同之诉,上诉人明知被上诉人系《永生》作品的著作权人,仍然发布、授权发布该作品,具有重大侵权恶意。(三)上诉人的侵权行为造成被上诉人重大经济损失,原审法院在法定最高限额以上确定300万元的赔偿数额合法合理。1.上诉人与中国移动阅读基地进行传播所获收益是双方共同侵权所得,根据上诉人的分成计算,双方的总收益达434万余元。2.上诉人掠夺被上诉人的用户量,在互联网上免费提供《永生》作品的全本阅读及下载,给被上诉人造成巨大经济损失。《永生》作品在上诉人网站的点击数达2.7亿余次,按照被上诉人网站的收费标准计算,上诉人在其网站上传播《永生》作品给被上诉人造成的损失超过千万。3.本案中对侵权损害赔偿数额的计算不适用《著作权司法解释》第二十八条关于侵权损害数额向前推算二年计算的规定。

二审中,上诉人幻想纵横公司、被上诉人玄霆公司均未向本院提交新的证据材料。

经审理查明,原审法院认定的事实属实。

本院认为,被上诉人玄霆公司依法享有《永生》作品的著作权(除法律规定不可转让的权利以外),上诉人幻想纵横公司未经许可在纵横中文网上传播《永生》作品以及授权案外人中国移动浙江公司和畅声公司使用《永生》作品的行为,构成对玄霆公司就《永生》作品享有的作品信息网络传播权的侵害,应当承担停止侵权、赔偿损失的民事责任。

上诉人上诉称,由于被上诉人玄霆公司与王钟签订的《白金作者作品协议》和《委托创作协议》缺乏合同标的,依法不成立,不具有法律效力,不能作为《永生》作品归属的判断依据,本案一审判决认定上诉人侵犯被上诉人信息网络传播权缺乏依据。对此,本院认为,2012年5月4日,上海市第一中级人民法院作出(2011)沪一中民五(知)终字第136号民事判决书,判决维持上海市浦东新区人民法院(2010)浦民三(知)初字第424号民事判决第五项,即王钟创作的《永生》著作权(除法律规定不可转让的权利以外)归玄霆公司所有。该判决为终审判决,上诉人幻想纵横公司作为有独立请求权第三人亦参与了该案的诉讼。由于被上诉人玄霆公司依法享有《永生》作品的著作权(除法律规定不可转让的权利以外),上诉人幻想纵横公司未经许可在纵横中文网上传播《永生》作品以及授权中国移动浙江公司和畅声公司使用《永生》作品的行为,构成对玄霆公司就《永生》作品享有的作品信息网络传播权的侵害。故上诉人的这一上诉理由缺乏事实和法律依据,本院不予支持。

上诉人上诉称,《永生》作品创作过程中,上诉人尽到了谨慎的注意义务,一审判决认定上诉人具有主观恶意,缺乏事实依据。对此,本院认为,首先,上诉人幻想纵横公司与被上诉人玄霆公司系同业竞争者,根据该行业的惯例,幻想纵横公司在与王钟签订《劳动合同书》时应当知晓王钟与被上诉人之间可能存在相关的作品创作协议。其次,自2010年7月《永生》作品涉讼以后,上诉人在明知该作品著作权权属存在争议的情况下,除在纵横中文网上持续传播《永生》作品以外,还将该作品的信息网络传播权对外进行授权营利。再者,2012年5月4日,前述生效判决确认《永生》著作权(除法律规定不可转让的权利以外)归玄霆公司所有以后,上诉人幻想纵横公司仍然没有停止前述行为。综合上述情况,原审法院认定上诉人幻想纵横公司侵权主观恶意明显,并无不当。上诉人的这一上诉理由亦不能成立,本院不予支持。

上诉人上诉称,原审法院判决上诉人赔偿被上诉人经济损失300万元,数额畸高,缺乏法律依据。对此,本院认为,第一,《著作权司法解释》第二十八条规定,“侵犯著作权的诉讼时效为两年,自著作权人知道或者应当知道侵权行为之日起计算。权利人超过两年起诉的,如果侵权行为在起诉时仍在持续,在该著作权保护期内,人民法院应当判决被告停止侵权行为;侵权损害赔偿数额应当自权利人向人民法院起诉之日起向前推算两年计算"。本案中,2012 年 5 月 4 日,《永生》作品的著作权(除法律规定不可转让的权利以外)由生效判决确认归被上诉人玄霆公司所有,因此本案的诉讼时效应当自该判决生效之日起计算,玄霆公司于 2013 年 11 月向原审法院提起本案诉讼,并未超过两年的诉讼时效,因此本案并不适用前述"侵权损害赔偿数额应当自权利人向人民法院起诉之日起向前推算两年计算"的规定。上诉人幻想纵横公司关于一审判决认定的 2010 年 7 月—2011 年 10 月不应当被计入侵权时间的主张缺乏法律依据。第二,被上诉人享有《永生》作品的著作权(除法律规定不可转让的权利以外),上诉人未经被上诉人许可擅自在纵横中文网上传播《永生》作品以及授权案外人使用《永生》作品,且上诉人并无法律规定的免责事由,更何况,如前文所述,上诉人在本案中具有侵权的主观过错,故上诉人的行为已经构成对被上诉人信息网络传播权的侵害,上诉人关于其"在 2012 年 5 月 4 日有关著作权权属的案件二审判决前,不具有主观过错,不构成著作权侵权,故 2012 年 5 月之前的时间段也不应计入侵权的时间段"的主张缺乏依据。第三,本案中,上诉人从案外人中国移动浙江公司移动阅读基地处所获收益分成达 173 万余元,上诉人仅该一项获利就已超过我国著作权法规定的法定赔偿数额的上限 50 万元,故上诉人关于本案赔偿应当在法定上限 50 万元以内酌定的理由不能成立。第四,一审判决书第 12 页第二自然段第 6—8 行记载:"根据本院查明的事实,原告《永生》作品的总字数超过 500 万字,在纵横中文网的搜索排行榜上位列第一,点击数超过 2 亿次,该作品具有较高的经济价值。"根据该表述可知,原审法院在酌情确定本案赔偿数额时系以纵横中文网上 2 亿余次的点击数作为参考因素之一,而非以 27 亿余次作为参考因素。一审判决书第 6 页第二自然段第 9 行的点击次数"××××××××××次"明显是原审法院的笔误,且原审法院已对此作出裁定予以更正。第五,前述生效判决已经认定《永生》作品的著作权(除法律规定不可转让的权利以外)归被上诉人玄霆公司享有,本案中亦无证据可以证明上诉人幻想纵横公司对该作品的创作投入了智力和财力,至于王钟是否从上诉人处获取高额回报的事实则属于上诉人与王钟之间的法律关系,并不能作为本案确定侵权损害赔偿数额的考量因素。综上所述,原审法院综合考虑《永生》作品的实际价值、幻想纵横公司的侵权行为方式、侵权持续时间、侵权损害后果、幻想纵横公司从案外人处的获利分成收入等因素,酌情确定的300万元赔偿数额并无不当。上诉人的这一上诉理由同样不能成立,本院不予支持。

综上所述,上诉人幻想纵横公司的上诉请求与理由缺乏事实和法律依据,应予驳回。依照《中华人民共和国民事诉讼法》第一百七十条第一款第(一)项之规定,判决如下:

驳回上诉,维持原判。

本案二审案件受理费人民币31040元,由上诉人北京幻想纵横网络技术有限公司负担。

本判决为终审判决。

审判长　钱光文

审判员　张本勇

审判员　马剑峰

二〇一四年九月二十九日

书记员　董尔慧

(本章编写:程一帆　王志刚)

文本共享平台版权纠纷
——韩寒 VS 百度文库

一、相关背景

百度文库是北京百度网讯科技有限公司(以下简称百度公司)发布的供网友在线分享文档的平台。百度文库的文档由百度用户上传,需要经过百度文库的审核才能发布,百度文库自身不编辑或修改用户上传的文档内容。网友可以在线阅读和下载这些文档。百度文库的文档包括教学资料、考试题库、专业资料、公文写作、法律文件等多个领域的资料。百度用户上传文档可以得到一定的积分,下载有标价的文档则需要消耗积分。当前平台支持主流的.doc(.docx)、.ppt(.pptx)、.xls(.xlsx)、.pot、.pps、.vsd、.rtf、.wps、.et、.dps、.pdf、.txt文件格式。平台于2009年11月12日推出,2010年7月8日,百度文库手机版上线。2010年11月10日,百度文库文档数量突破 1000 万。2011 年 12 月百度文库优化改版，内容专注于教育、ppt、专业文献、应用文书四大领域。2013 年 11 月百度文库个人认证项目正式推出。截至 2014 年 4 月文库文档数量已突破 1 亿。

韩寒，1982 年 9 月 23 日出生于上海市金山区亭林镇，中国作家、导演、职业赛车手。1999 年，他以《杯中窥人》一文获得首届全国新概念作文比赛一等奖。2000 年，正在上高一的韩寒退学，后出版首部长篇小说《三重门》。2001 年，他出版文集《零下一度》，该书获得当年全国图书畅销排行榜第一名。2002 年，出版小说《像少年啦飞驰》。2003 年，他开始职业赛车生涯。2004 年 3 月，出版文集《韩寒五年》。2005 年，开通博客，开始博客写作。2006 年 9 月，他发行个人首张唱片书《寒 · 十八禁》。2009 年，主编《独唱团》。2010 年，登上美国《时代周刊》封面。2011 年，出版杂文集《青春》。2012 年 6 月，他发布了 APP 阅读应用“ONE · 一个”。2013 年，他出版《一个：很高兴见到你》。2014 年 7 月，他导演的《后会无期》在中国内地上映。

百度文库平台在内容层面的用户上传模式，为版权纠纷埋下了伏笔，本案就是因用户未经允许上传韩寒作品而引发的。

二、案情回顾

2011 年，韩寒发现多个网友将其原创作品《像少年啦飞驰》（以下简称《像》书）上传至百度文库，供用户免费在线浏览和下载，因此多次致函百度公司，要求立即停止侵权、采取措施防止侵权行为再次发生，但百度公司消极处理，仍有用户上传该作品。

2011 年 3 月 15 日，韩寒、贾平凹、麦家、南派三叔、阎连科、李银河、石康、冯唐、当年明月、蒋方舟等近 50 位作家联合署名发布《三一五中国作家讨百度书》。2011 年 3 月 26 日，韩寒在其新浪博客中发表了《给李彦宏先生的一封信》，控诉百度文库。最终韩寒等作家与百度文库的谈判以破裂告终。

2011 年 7 月 4 日，韩寒、慕容雪村、南派三叔等作家和路金波、沈浩波等出版商代表发起作家维权联盟，以公益组织的形式帮助签约作家维权。

之后的一年时间里，作家联盟多次致函百度文库，要求其停止侵权，但百度公司采用“避风港规则”冷处理此事，直至作家维权联盟将百度公司告上法庭。

2012 年 9 月 17 日，北京市海淀区人民法院对韩寒、郝群(笔名：慕容雪村)、韩瑷莲(笔名：何马)诉百度公司关于百度文库侵犯著作权纠纷的 14 起案件进行了集中宣判。判决百度公司侵权，赔偿韩寒经济损失 10 万余元，同时驳回了关闭百度文库的要求。

三、相关法律条文

本案主要涉及《中华人民共和国侵权责任法》《中华人民共和国著作权法》《信息网络传播权保护条例》等内容。

《中华人民共和国侵权责任法》

第六条　行为人因过错侵害他人民事权益，应当承担侵权责任。

……

第三十六条　网络用户、网络服务提供者利用网络侵害他人民事权益的，应当承担侵权责任。

网络用户利用网络服务实施侵权行为的，被侵权人有权通知网络服务提供者采取删除、屏蔽、断开链接等必要措施。网络服务提供者接到通知后未及时采取必要措施的，对损害的扩大部分与该网络用户承担连带责任。

网络服务提供者知道网络用户利用其网络服务侵害他人民事权益，未采取必要措施的，与该网络用户承担连带责任。

《中华人民共和国著作权法》

第四十八条　有下列侵权行为的，应当根据情况，承担停止侵害、消除影响、赔礼道歉、赔偿损失等民事责任；同时损害公共利益的，可以由著作权行政管理部门责令停止侵权行为，没收违法所得，没收、销毁侵权复制品，并可处以罚款；情节严重的，著作权行政管理部门还可以没收主要用于制作侵权复制品的材料、工具、设备等；构成犯罪的，依法追究刑事责任：

（一）未经著作权人许可，复制、发行、表演、放映、广播、汇编、通过信息网络向公众传播其作品的，本法另有规定的除外；

……

第四十九条　侵犯著作权或者与著作权有关的权利的，侵权人应当按照权利人的实际损失给予赔偿；实际损失难以计算的，可以按照侵权人的违法所得给予赔偿。赔偿数额还应当包括权利人为制止侵权行为所支付的合理开支。

权利人的实际损失或者侵权人的违法所得不能确定的，由人民法院根据侵权行为的情节，判决给予五十万元以下的赔偿。

《信息网络传播权保护条例》

第二十二条　网络服务提供者为服务对象提供信息存储空间，供服务对象通过信息网络向公众提供作品、表演、录音录像制品，并具备下列条件的，不承担赔偿责任：

（一）明确标示该信息存储空间是为服务对象所提供，并公开网络服务提供者的名称、联系人、网络地址；

（二）未改变服务对象所提供的作品、表演、录音录像制品；

（三）不知道也没有合理的理由应当知道服务对象提供的作品、表演、录音录像制品侵权；

（四）未从服务对象提供作品、表演、录音录像制品中直接获得经济利益；

（五）在接到权利人的通知书后，根据本条例规定删除权利人认为侵权的作品、表演、录音录像制品。

四、案例评述

百度文库侵权问题的泛滥存在着客观和主观两方面的原因。

客观上来说，百度文库文档数量巨大，并以爆炸式的速度增长。截至2014年12月7日，百度文库文档总量已达117540317份。无论从人力，还是技术上来说，百度文库自身没有能力对如此庞大的内容进行逐一审查。

而用户的自律意识不强、对侵权问题不敏感、注册信息的匿名性又给百度文库对侵权行为的监管和追责造成了很大的困难,因此不可避免地存在大量的侵权作品。文档分享平台如今存在的版权乱象和屡屡应诉的版权官司,从客观上来说确有难言之隐。

主观上来看,由于有"避风港规则"的庇护,百度文库显得有恃无恐,在执行"通知-删除"机制时常常消极被动、敷衍了事。在接到权利人的侵权通知后虽然对侵权作品执行了删除操作,但往往不久后,同一侵权作品又会在文档分享平台上出现。这种循环往复、屡禁不止的侵权行为给权利人的维权带来了很大的难度。收到权利人的通知后,百度文库已经明知特定作品侵权事实的存在,理应对这些作品承担更高的注意义务,应主动采取合理的后续措施制止反复侵权行为的发生,而不能只简单机械地进行"通知-删除"操作。

在此案的判决中,"避风港规则"免责条款适用条件的界定是关键环节,即百度文库只有在不存在主观过错,也就是不知道或没有合理的理由应当知道网络用户利用其网络服务侵害他人权益的情况下,才不用承担侵权责任。百度文库并未对涉案文档进行修改、推荐或专门利用该书获取经济利益,因此没有证据认定百度公司"明知"百度文库中的《像》书文档侵权;另外,鉴于韩寒及《像》书的知名度以及此前曾与百度公司就百度文库侵权事宜协商谈判的广泛影响力,百度公司"有合理的理由知道"侵权文档的存在,并应对涉案作品负有较高的注意义务,但百度公司只是消极地等待权利人向防盗版系统资源库提供正版作品或接到通知再执行删除操作,未能确保其反盗版系统正常运行,也未能采取其他必要措施制止该侵权文档在百度文库传播,因此百度公司存在主观过错,侵权事实成立,应承担侵权责任。

如今百度文库侵权事件频发,究其原因在于百度文库对版权保护的消极怠慢、著作权集体管理组织与行业协会的缺位以及公众版权意识的淡薄。因此,提高公众的版权意识与自律意识、发挥行业协会和著作权集体管理组织的统一管理协调职能、规范文库的经营管理,是改善文档分享平台侵权现状的有效途径。而屡屡作为侵权被告的百度文库,在最大程度创造自身商业利益的同时,也应该铭记在文化资源传播、版权保护与维护社会公众利益方面所肩负的不可推卸的社会责任。

随着近年来网络传播权在出版业中占据越来越重要的地位，许多作者及出版社也更重视网络传播权所创造的利益，不再像以往采取睁一只眼闭一只眼的态度。就本案而言，法律的判决和执行也日趋严谨，百度文库试图依靠“避风港规则”庇护一切侵权行为的想法已不切实际。

五、判决书

韩寒诉百度公司著作权侵权一审民事判决书

北京市海淀区人民法院民事判决书

(2012)海民初字第5558号

原告韩寒，男，作家。

委托代理人王国华，北京市中闻律师事务所律师。

委托代理人王书宁，北京市中闻律师事务所律师。

被告北京百度网讯科技有限公司。

法定代表人梁志祥，经理。

委托代理人宋哲，男，北京百度网讯科技有限公司法律顾问。

委托代理人崔玲玲，女，北京百度网讯科技有限公司法务部职员。

原告韩寒诉被告北京百度网讯科技有限公司(以下简称百度公司)侵犯著作权纠纷一案，本院受理后，依法组成合议庭，于2012年7月10日、2012年7月24日公开开庭进行了审理。原告韩寒的委托代理人王国华、王书宁，被告百度公司的委托代理人宋哲、崔玲玲到庭参加了诉讼。本案现已审理终结。

……

经审理查明如下事实：

一、《像》书及韩寒情况

2008年10月，万卷出版公司出版署名韩寒著《像》书第1版，2011年4月第11次印刷，字数127千字，定价24元。

韩寒提交了辽宁万榕书业发展有限责任公司(以下简称万榕公司)于2011年12月1日出具的《关于韩寒的三部作品信息网络传播权的说明》，称韩寒系万榕公司的签约作家，该公司于2005年8月1日起一直为韩寒提供版权经纪服务；韩寒至今未将《像》书等作品的信息网络传播权的专有许可使用权授予他人；经该公司经纪服务出版的图书最低保底发行数为50万册，每部作品稿酬累计金额经折算相当于2万元/千字。但经本院多次释明，韩寒一直未能提供出版合同、稿酬、纳税证明等表明其《像》书的稿酬标准。百度公司对上述说明不予认可，但同时表示不清楚韩寒是否将《像》书的专有信息网络传播权授予他人。

诉讼中，韩寒提交了盖有京东商城图书音像采销部专用章的图书销售情况表，显示《像》书在京东网自2010年11月至2011年11月期间，累计销量为1087册。韩寒还提交了北京当当科文电子商务有限公司（以下简称当当公司）于2011年12月30日出具的显示《像》书自2009年3月上架后累计销量1490册的图书销售情况表。百度公司以京东商城图书音像采销部非独立机构为由不认可京东网图书销售情况表，以未注明哪个阶段的销量为由不认可当当公司出具的图书销售情况表。

百度百科中对韩寒的介绍："韩寒，1982年9月23日出生于中国上海金山。中国职业拉力赛及场地赛车手、作家、《独唱团》杂志主编，并涉足音乐创作。2010年4月入选美国《时代周刊》'全球最具影响力100人'。2011年，韩寒以600万元年度版税收入荣登作家富豪榜第7位，引发广泛关注"；主要成就为："荣登2011第六届中国作家富豪榜，入选《时代周刊》'全球最具影响力100人'，当选《新世纪周刊》2009年度人物，被评为中国80后十大杰出代表人物，当选2009年《亚洲周刊》风云人物"；小说作品有《三重门》《像少年啦飞驰》等；成长经历中提到韩寒"退学后陆续发表了散文集《零下一度》《通稿2003》《就这么漂来漂去》和《杂的文》，小说《像少年啦飞驰》……"韩寒大事记"书籍"中提到"2002年出版小说《像少年啦飞驰》畅销100多万册，该书还出了同名漫画"。百度公司对百度百科介绍韩寒的内容未持异议。

上述事实，有韩寒提交的《像》书版权页、《关于韩寒的三部作品信息网络传播权的说明》、图书销售情况表、（2011）京长安内经证字第22067号公证书及本院开庭笔录予以证明。

二、百度文库情况

百度文库由百度公司经营。（2011）京方圆内经证字第16298号公证书(以下简称第 16298 号公证书)显示:2011 年 7 月 18 日,百度文库首页左侧栏所列文档分类有幼儿/小学教育、中学教育、高等教育、外语学习、资格考试、专业文献、应用文书、文学作品、生活娱乐等,网页中间为热门推荐,右侧注明“和万千网友分享文档资料,当前已有 22735308 份文档”,“分享我的文档”。公告区列有“文库帮助”“产品投诉及意见反馈”。“文库帮助”中设有“文库介绍”,称“百度文库是百度为网友提供的信息存储空间,是供网友在线分享文档的开放平台。在这里,用户可以在线阅读和下载,涉及课件、习题、论文报告、专业资料、各类公文模板、法律文件、文学小说等多个领域的资料。平台上所累积的文档,均来自热心用户的积极上传。百度自身不编辑或修改用户上传的文档内容。用户通过上传文档,可以获得平台虚拟的积分奖励,用于下载自己需要的文档。下载文档需要登录,免费文档可以登录后下载,对于上传用户已标价的文档,下载时需要付出虚拟积分。当前平台支持主流的.doc(.docx)、.ppt、.txt 等格式。韩寒认可百度文库为信息存储空间。

本案第二次庭审中,百度公司表示,百度文库中的文学作品和生活娱乐栏目已于 2011 年 9 月删除;百度文库当前已有 4000 多万份文档。

百度公司还提交了(2011)京长安内经证字第 20266 号公证书(以下简称第 20266 号公证书),保全内容为百度文库与教育部教育管理信息中心合作举办全国中小学“教学中的互联网搜索”优秀教学案例评选活动等新闻网页,百度公司解释这可以证明百度文库具有实质性非侵权用途。韩寒认可公证内容的真实性,但认为与本案无关。

上述事实,有百度公司提交的第 16298、20266 号公证书及本院开庭笔录予以证明。

三、2011 年 3 月韩寒等作家与百度公司协商情况

韩寒于 2011 年 3 月 26 日在其新浪博客中发表了《给李彦宏先生的一封信》,其中提到“沈浩波一直很高兴,因为他说和百度的谈判终于有眉目了,百度答应派人来商量百度文库的事情,李承鹏、慕容雪村、路金波、彭浩翔,都是文化行业里数一数二的畅销书作家、导演和出版商。于是昨天开始谈判了,您派来几个高傲的中层,始终不承认百度文库有任何的侵权行为。你们不认为那包含了几乎全中国所有最新最旧图书的 279 万份文档

是侵权,而是网民自己上传给大家共享的。你这里只是一个平台。我觉得其实我们不用讨论平台不平台、侵权不侵权这个问题了,您其实什么都心知肚明”。

人民网于2011年3月29日发文《李彦宏首度回应百度文库纠纷 版权局支持双方合作共赢》,文章写道:“自3·15以来,部分作家与出版业人士组成的维权团与百度纠纷一事在经历谈判破裂后本周末出现了转机,百度公司在26日发表声明称‘伤害了作家的感情’,承诺在三天内排查清理未获授权的文学作品。此前,双方在24日进行的谈判宣告破裂之后,维权事件引起舆论空前关注。韩寒连发两篇博文《为了食油,声讨百度》《给李彦宏先生的一封信》声讨百度。随后,百度发表了上述官方声明。……据记者了解,在今日举行的2011中国(深圳)IT领袖峰会上,出席峰会的百度董事长兼CEO李彦宏首次公开回应了百度文库问题。他说,百度希望加强相关管理,目前正在尝试共同探讨跟版权方和作家一种让各方‘共赢’的商业模式。”新华网于2011年3月29日转载《国际金融报》文章《李彦宏首度回应版权纠纷:百度文库“不好就关”》,该文提及百度公司副总裁朱光在接受媒体采访时表示,百度给作家们真诚道歉,能否履行约定,让作家们看百度行动……类似的报道还可见于网易、财经网等多家网站。

人民网于2011年3月30日转载《新京报》文章《百度兑现“三日内清空”承诺 文库非授权作品近消失》,提到“百度文库昨日宣布,文库对非授权文学类作品的清理工作已基本完成,此前‘三日内清空’的承诺兑现。自百度文库纠纷爆发以来,先后经历了作家‘3·15’发公开信、双方代表谈判、百度声明‘三日内清空’等阶段。昨天,是百度发出‘清理文库非授权文学类作品’声明的第三天。记者昨天下午登录百度文库,发现文库文学分类下的文档数减至不到150份,在文库纠纷前,这一数字为270多万份。百度副总裁朱光昨日接受本报记者采访时表示,3月26日开始,百度调集公司各部门的技术力量,加速对文库中可能侵犯他人著作权的文档进行清理。即日起,百度文库用户如果上传1000字以上的文档,将由百度员工人工审核内容,确定没有侵权内容后才予以放行。‘现在我们是人拉肩扛,全员上阵,但这种情况不可能持续。’朱光称。……朱光表示,文库文学分类是版权纠纷的‘重灾区’,因此百度现在集中精力先清理文学类的侵权作品。对于非文学类文档,也在采用人工审核的方式清理。他呼吁,如果在文库中发现侵权文档,可通过文库首页的投诉通道直接投诉。朱光昨日透露,人工审核方式将持续到4月中旬。'4月11日之后,版权DNA比对系统将开始内测,五一之后正式运行。此后百度文库将依靠这一系统维护版权方的权益。'朱光称。据悉,版权DNA比对系统是百度正式上线前研发的技术,通过对文档内容分析后提取的特征点进行判别,如发现侵权文档,则阻止上传。朱光表示,版权方可将作品电子文档提供给百度供提取特征点使用,百度也会自行采购一些热销、常见的文学作品制作特征点,以避免在没有版权方配合的情况下发生侵权……"

本案第二次庭审中,百度公司表示,2011年3月与作家的协商谈判中涉及到韩寒,但未涉及《像》书;双方只谈了关闭文库、侵权赔偿和道歉事宜,谈判最终破裂了;此次谈判与本案无关。对此,韩寒当庭表示还需要核实情况,将于庭后三日内将核实情况提交法院。庭后,韩寒未提交书面核实意见,也未向法院作解释。

上述事实,有韩寒提交的(2011)京长安内经证字第22067号公证书,百度公司提交的(2012)京方圆内经证字第8281号公证书及本院开庭笔录在案佐证。

四、百度文库中使用《像》书及韩寒与百度公司协商情况

(2011)京方正内经证字第5755号公证书(以下简称第5755号公证书)显示:2011年7月1日,在百度文库搜索栏中输入"像少年啦飞驰",可搜索到3100条结果,点击搜索结果第一项,在"幼儿/小学教育"栏目中以WORD文档形式出现《像》书,该书分206页显示,可在线浏览全文。网页右侧的"当前文档信息"中注明已有117人评价,浏览2489次、下载927次,贡献者为沐阳雪葭,贡献时间2011年4月20日。网页右侧栏显示有"相关推荐文档像少年啦飞驰"。可免费下载该文档,下载框提示文件大小:377KB,所需财富值:0。诉讼中,双方确认该文档基本全部使用了《像》书,字数为100千字。该公证书还用于公证保全多部作品。

2011年7月20日,北京市中闻律师事务所(以下简称中闻所)王国华、王书宁律师向百度公司发出律师函,表示该所受作家维权联盟成员委托就百度公司经营的百度文库中上传并提供下载涉嫌侵犯著作权的作品,侵犯

了作家维权联盟作家成员的著作权事宜，要求百度公司关闭百度文库、删除侵权作品、与该所协商赔偿等。该函注明附涉案作品目录、链接例举、《要求删除侵权网络内容的通知》、版权证明、授权委托书。涉案作品目录中包括韩寒的《像》书及该书文档链接，版权证明有《像》书版权页，授权委托书显示韩寒于2011年7月15日签署委托王国华、王书宁代为提起诉讼等内容。

2011年8月1日，中闻所王国华、王书宁律师代表包括韩寒在内的8位作者就百度文库侵权事宜再次向百度公司发函提出作者关心的问题，包括百度公司是否愿意协商解决纠纷、百度公司是否采取了积极措施纠正侵权行为以及如何避免此类行为再次发生。随函附韩寒身份证复印件。

2011年8月26日，王国华、王书宁再次作为韩寒代理人向百度公司发出邮件，其中包括《要求删除或断开链接侵权网络内容的通知》及第5755号公证书，该通知所列侵权内容包括《像》书，侵权链接即为第5755号公证书所显示的地址。

百度公司确认收到上述三封邮件，但表示，百度公司收到的2011年7月20日和2011年8月1日发出的邮件中不包括授权委托书及委托人身份证明，即使这样，百度公司仍及时删除了百度文库中的涉案作品，并提交了百度公司委托代理人于2011年7月22日申请保全的公证书，该公证书显示：在IE地址栏中输入第5755号公证书中所列《像》书链接地址，提示该文档已经被删除。百度公司同时提交了其法务部于2011年7月26日发给中闻所王国华律师的电子邮件，该邮件确认收到2011年7月20日邮寄的律师函，要求补充包括委托人身份证明文件、授权委托书、对律师函陈述内容真实性作出保证的保证书等。韩寒的代理人确认收到该电子邮件。

(2011)京长安内经证字第15035号公证书(以下简称第15035号公证书)显示，2011年8月25日，在百度文库搜索栏输入“韩寒最新作品”，搜索结果第一项为“韩寒最新作品——第六部”，点击进入后显示该文档处于“专业文献/行业资料”栏目，共分99页显示，可在线浏览全文。网页右侧的当前文档信息注明已有81人评价，浏览2618次、下载668次，贡献者为yangka918，贡献时间为2011年3月10日。网页右侧栏显示有“相关推荐文档韩寒、韩寒现象、韩寒语录、韩寒入选……”。可免费下载该文档，下载框提示 txt 文件大小:194.6KB,所需财富值:0。诉讼中,双方确认该文档基本全部使用了《像》书,字数为 99 千字。该公证书还用于公证保全多部作品。

诉讼中,百度公司提出其于 2011 年 11 月收到第 15035 号公证书后亦及时删除了文库中的上述文档,并提交了其通过公证处于 2011 年 11 月 17 日保全的显示第 15035 号公证书中涉案文档链接地址所对应网页内容已删除的公证书。百度公司同时表示该文档上传者使用"韩寒最新作品——第六部"为标题上传作品及公证保全者使用"韩寒最新作品"为关键词进行搜索的行为存在主观恶意,意图规避百度公司对涉案作品已经采取的必要措施。对于搜索使用的关键词,韩寒解释其能想到的就是网友正常的搜索方式。

上述事实,有韩寒提交的第 5755、15035 号公证书、律师函、快递单,百度公司提交的电子邮件、(2011)京方圆内经证字第 16671、16672、23646 号公证书及本院证据交换笔录、开庭笔录等在案佐证。

五、韩寒主张百度公司侵权的情况

诉讼中,韩寒提出百度公司在百度文库推荐、编辑加工《像》书,向用户提供免费浏览、下载服务,并从中获利。推荐行为体现在文档页右侧显示的"相关推荐文档"栏;编辑行为体现为百度公司改变了涉案文档格式;获利行为体现为百度文库有很多合作伙伴,有合作就会有经济利益存在。百度公司解释,"相关推荐文档"是百度文库针对网民的搜索意图,根据文档关键词、题目和内容自动识别、匹配出与网民搜索需求类似的文档,这与百度公司主动推荐是不同的,百度公司在百度文库设有"热门推荐"栏目,其中的作品系百度公司的合作权利人提供,《像》书并不在"热门推荐"栏目中,也未在其他显著位置上;百度公司对文库中上传的作品不做编辑加工;百度文库中文档的浏览和下载均是免费的,合作伙伴自愿将相关文档放在百度文库中给网民共享,百度公司未从中获利;百度文库设置的财富值只是其吸引和鼓励网民分享文档的方式,下载文档所需的财富值由上传者自己设定,财富值归属于网民,对百度公司没有任何商业价值。

本案第一次庭审中,韩寒要求百度公司采取有效措施防止侵权行为再次发生,对于何为有效措施,韩寒表示其不了解,百度公司应该清楚。韩寒代理人还代表韩寒表达了要求百度公司关闭百度文库的主张，理由为关闭百度文库可以消除盗版工具，如不关闭，盗版情况将更加猖獗。同时，韩寒代理人同时代表韩寒表达了不愿意与百度公司协商解决本案纠纷的意愿。此次庭审后，韩寒本人发表博客文章表示不希望关闭百度文库以及愿意与百度公司协商解决百度文库纠纷。对于韩寒本人意见与其代理人在诉讼中所提诉讼请求及对调解意愿表达之矛盾，本院分别于2012年7月20日、7月24日向韩寒代理人释明，要求韩寒本人就其诉讼请求、调解意愿向法院提交正式声明并提供韩寒本人的联系方式，后韩寒及其诉讼代理人未能就该情况给予说明，而韩寒代理人提供的韩寒本人联系电话无法接通。

上述事实，有本院谈话笔录、开庭笔录等在案佐证。

六、百度公司就百度文库预防侵权的措施

诉讼中，百度公司表示，百度文库预防侵权的措施主要有反盗版系统、百度文库网页中网民不得上传侵权作品的提示及百度文库设置的投诉举报通道。

1.关于百度公司的反盗版系统。百度公司表示，从2011年4月中旬开始建设该系统，经过研发完善，一期于2011年5月正式上线，首先比对文档标题，如果标题相似度达到要求，再进行文档内容的比对；如果标题相似度未达到要求，系统会认为该文档不是侵权的。二期于2012年1月正式上线，可实现句子级别的比对，对300字以上的文档都会进行审查，长度差在10%，句子重复90%以上，长度1000字节以上的文档都会被阻止上传或反查删除。百度公司同时解释其反盗版系统需要有用于比对的正版资源库，百度公司表示希望权利人能提供正版作品，但很少有权利人愿意提供，所以目前主要有两种方式获得：一是通过与文著协、中国作协、盛大文学等权利人进行合作，由权利人提供正版作品；二是将百度文库中被投诉的作品作为正版作品。目前正版资源库中已有300多万份正版作品。

百度公司同时提交了部分网页打印件，显示搜狐、新浪科技、腾讯科技等网站于2012年2月6日刊载的新闻，其中提及百度文库完成了反盗版技术的重大升级工作。至于反盗版系统“一期”“二期”这样的名称，仅是百度公司的内部称呼，并没有公开宣传过。韩寒表示对百度公司所使用的反盗版系统并不清楚。

为展示反盗版系统运行情况，百度公司还于2011年11月10日以公证保全方式将公证处电脑中题为《〈从百草园到三味书屋〉的节选》的txt文档上传到正版资源库，后通过注册为百度会员，登录百度文库上传文档界面试图上传《〈从百草园到三味书屋〉的节选》的txt文档，在页面中提示成功提交该文后，查询用户“我的文档”，显示“你目前还没有已上传并成功提交的文档”，未通过的原因为“可能侵犯他人版权”。上述公证中，用户“上传文档须知”提示“每次最多上传10份文档，每份文档不超过20M”以及百度支持.doc、.docx、.pdf、.txt等格式的文档上传。

韩寒认可百度公司所作上述公证内容的真实性，但提出这些仅能证明百度公司采取了相应技术措施，不能证明这些技术措施是有效的，因为百度公司称其反盗版系统于2011年5月开始正式运行，而韩寒于2011年7、8月还可搜索到涉案侵权文档，百度公司不能因此免除法律上的责任。

百度公司解释关于2011年7月1日公证保全到百度文库中的《像》书，原因是韩寒未向百度公司提供过正版作品，正版资源库中不存在《像》书正版作品，所以反盗版系统无法对该文档起作用。百度公司接到韩寒投诉通知后即于2011年7月22日将韩寒提供的侵权链接所对应文档作为正版作品放入资源库中。对于2011年8月25日还能在百度文库中保全到《像》书，百度公司表示这实际体现了反盗版系统起作用的情况，因为相关文档的名称使用了“韩寒最新作品——第六部”，与《像》书名称完全不同，反盗版系统无法识别。对此，韩寒除不认可百度公司的反盗版系统有效外，还不赞同百度公司将第一次公证保全的侵权文档作为正版作品纳入其反盗版系统正版资源库。

本案第二次庭审中，法院组织对百度公司反盗版系统当前的运行情况进行勘验。勘验文档由合议庭事先选取并修改好：原文文档为《浅谈民商事案件均衡结案的价值及建议》，修改文档有两篇，一是将原文文档修改标题并打乱正文内容生成为《民商事案件均衡结案》，二是将《民商事案件均衡结案》修改标题生成为《结案》。连接互联网进入百度文库，由百度公司技术人员操作将原文文档上传至百度文库的反盗版系统正版资源库，待生效后，使用注册用户账号、密码登录百度文库，点击“上传我的文档”，将《民商事案件均衡结案》进行上传，显示提交成功；点击“继续上传”，将《结案》

进行上传，点击提交后，提示“上传失败该文档与民商事案件均衡结案文档重复”；新建 WORD 文档，将《结案》修改题目为《均衡》，再次进行上传，显示上传成功；等待审核 20 分钟后，《民商事案件均衡结案》和《均衡》二文显示上传失败，仅上传人可在其“私有文档”中查看该二文。为检查文档是否实际上传，登录百度文库首页，在搜索栏中分别输入“民商事案件均衡结案”“均衡”，搜索结果显示无相关文档；登录反盗版系统后台，在搜索框中输入“浅谈民商事案件均衡结案的价值及建议”进行搜索，显示该文已于 2012 年 7 月 24 日添加成功。韩寒对上述庭审勘验过程及内容不持异议。

2.关于百度公司设置的侵权投诉提示。第 16298 号公证书还对百度文库页面底端的“文库协议”内容进行保全。“文库协议”的“权利提示”要求“请勿在未经授权的情况下，上传任何可能涉及侵权的文档，除非您是该文档的合法权利人或该文档不侵犯任何第三方的合法权益。……百度文库的用户不能侵犯包括他人著作权在内的知识产权以及其他权利。一旦由于用户上传的文档发生权利纠纷或侵犯了任何第三方的合法权益，其责任由用户本人承担，因此给百度或任何第三方造成损失的，用户应负责全额赔偿。……如因百度文库用户上传的内容侵犯了第三方的合法权利，第三方向百度提出异议，百度文库有权删除相关的内容……”

百度网站首页底端“使用百度前必读”中列有“权利保护声明”，其中“权利通知”中称“……权利人发现网络用户利用网络服务侵害其合法权益……务必以书面的通讯方式向百度提交权利通知”。同时留有百度公司联系方式。百度网站首页“关于百度”所链接页面的“用户联系”设有“投诉中心”，其中有“投诉规则”，告知百度公司受理投诉的范围、投诉方式、了解投诉处理结果等内容，同时还展示有包括文库在内百度产品的投诉方式及步骤介绍。百度文库首页左侧栏设有公告区，其中“产品投诉及意见反馈”所显示内容以及百度文库搜索结果页面设置的“百度文库投诉吧”与此前“投诉中心”所设文库投诉方式及步骤介绍内容一致。“文库投诉帮助”中列举了发起投诉的方式：可使用文库首页及浏览每一篇文档页面时点击“文库投诉中心”进入发起投诉页面，或点击“文库投诉”模块中的“我要投诉”进行投诉，发起投诉后需要按类别、项目等要求填写投诉帖，完成提交投诉，等待处理结果。百度公司表示百度网站及百度文库通过多种方式向网民公示了保护权利人权利的措施和步骤，详细告知了文库投诉规则，为权利人提供方便、快捷的投诉、举报通道。韩寒认可上述公证书显示内容的真实性，但表示这不能证明百度公司没有过错，并认为百度公司的投诉机制并没有发挥实质性作用，只是形式。

上述事实，有百度公司提交的(2011)京方圆内经证字第 16298、23960、23239、23240、23345、23600、23344 号公证书、(2012)京方圆内经证字第 8282 号公证书、网页打印件以及本院开庭笔录等予以证明。

七、百度公司针对《像》书所采用的制止侵权的措施

百度公司表示，除了使用百度文库一般的预防侵权措施以及于 2011 年 7 月 20 日、2011 年 11 月收到韩寒侵权通知及时删除涉案文档外，百度公司专门针对《像》书使用的制止侵权的措施有：

1.将第 5755 号公证书所显示的《像》书文档作为正版作品纳入反盗版系统正版资源库。百度公司为此提交了其于 2011 年 11 月 23 日申请公证处保全制作的(2011)京方圆内经证字第 23960 号公证书(以下简称第 23960 号公证书)。该公证书显示，通过管理员身份登录百度公司的后台管理页面(网址为 http://mis.wenku.baidu.com:8080/mis)，显示添加正版资源信息库，提示“上传文档”，在检索资源框中输入“像少年啦飞驰”进行搜索，书名显示“像少年啦飞驰”，添加时间为 2011-07-22，状态为已生效。

2.使用作者名加作品名称作为标题关键词进行文档屏蔽。百度公司委托代理人将在百度文库搜索栏中输入关键词“韩寒　像少年啦飞驰”进行搜索，无法找到对应文档的情况于 2011 年 7 月 26 日进行公证保全。

百度公司还对屏蔽“儒林外史”“老残游记”等关键词即无法搜索到“《儒林外史》的思想内容”“《老残游记》第二回之我见”等文档的情况进行公证保全，以证明如果将作品名称作为关键词进行屏蔽，将导致大量无关的合法文档被删除，影响网民自由分享与获取信息，故百度公司无法采取以作品名为关键词的屏蔽措施。诉讼中，百度公司强调，其也不能将作者名作为关键词进行文档屏蔽，为此当庭演示将“韩寒”作为关键词对百度文库进行搜索，结果中有“韩寒经典”等文档，百度公司解释如果使用作者名为关键词进行屏蔽，也将造成极大的误删。

上述事实，有百度公司提交的(2011)京方圆内经证字第 16672、23343、

23068、23069、23070、23960号公证书及本院开庭笔录、谈话笔录等予以证明。

八、关于合理费用

为证明韩寒为本案支出的维权费用，韩寒提交了其于2011年7月5日与北京亚华智权咨询有限公司（以下简称亚华智权公司）订立的《委托协议书》，约定韩寒因著作权维权事宜，委托亚华智权公司聘请该公司认为合适的律师事务所进行代理，签署维权代理合同，代韩寒支付律师费及证据保全费。2011年7月14日，亚华智权公司与中闻所订立《民事委托代理合同》，约定亚华智权公司因韩寒维权案，聘请中闻所律师作为韩寒的委托代理人，委托作品包括《像》书在内的5部作品，亚华智权公司支付代理费19000元。2011年8月8日，亚华智权公司向中闻所支付该笔律师费。韩寒在本案中主张1/5数额的律师费，即3800元。百度公司认为，韩寒向亚华智权公司出具的《委托协议书》中未明确维权作品，故亚华智权公司无权授权中闻所代理涉案作品维权事宜。

2011年8月25日，北京市长安公证处向亚华智权公司出具金额为2140元的公证费发票。

2011年9月5日，亚华智权公司出具《说明》，表明本案中的公证费、购买产品费和律师费均由其代韩寒支付。

2011年11月25日，亚华智权公司出具《说明》，表示"作家维权联盟曾于2011年3月通过公开途径发表声明，要求百度公司立即删除百度文库中侵犯权利人著作权的作品，停止侵权并采取一切措施避免再次侵犯权利人的著作权"。作家维权联盟成员包括：贾平凹、刘心武、韩寒、何马、慕容雪村等作家以及沈浩波、路金波等人。韩寒提交该《说明》以证明韩寒为作家维权联盟成员之一。百度公司不认可该《说明》的证明效力，并认为与本案无关。

上述事实，有韩寒提交的《委托协议书》、《民事委托代理合同》、《说明》、律师费发票、公证费发票及本院开庭笔录等予以证明。

基于上述事实，本院认为：

一、韩寒是否享有《像》书之信息网络传播权

如无相反证据，在作品上署名的公民为作者。《像》书作者署名韩寒，

在无相反证据且百度公司对韩寒为《像》书作者不持异议的情况下,本院确认韩寒为《像》书之作者。针对万榕公司出具的《像》书的专有信息网络传播权未授予他人的《说明》,百度公司虽不予认可,但未提交相反证据,故本院根据现有证据确认韩寒享有对该书包括信息网络传播权在内的著作权。

二、百度公司是否侵权并应承担侵权责任

本案中,双方均认可网络用户将《像》书文档上传至百度文库,使他人可以在选定的时间和地点获得该作品,网络用户的行为未经韩寒许可,故上传《像》书文档的网络用户直接侵犯了韩寒对《像》书享有的信息网络传播权。百度公司作为提供上传《像》书的信息存储空间的网络服务提供者,虽然没有直接实施上传行为,但其是否应对涉案文档的传播承担侵权责任是双方的分歧所在。对此,本院认为,著作权侵权为一般的民事侵权行为,民事责任的构成通常实行过错责任原则。我国《侵权责任法》第 6 条规定了行为人因过错侵害他人民事权益,应当承担侵权责任。本案中,要认定百度公司侵权并应承担侵权责任,需要满足以下条件:百度公司所实施的涉案行为侵害了韩寒享有的信息网络传播权、百度公司的行为与损害后果之间存在因果关系以及百度公司主观上存在过错。

百度公司经营管理百度文库,为网络用户上传《像》书文档供其他用户在线浏览和下载提供信息存储空间服务。显然,百度公司为网络用户上传、存储并分享《像》书文档的行为提供了帮助,使该文档在上传后的数月内被用户共浏览 5000 余次、下载 1500 余次,对韩寒就《像》书享有的信息网络传播权造成损害。正是百度公司的帮助行为为《像》书侵权文档的广泛传播提供可行性和便利条件,因此,百度公司的行为与韩寒所遭受的损害之间存在因果关系。

百度公司是否存在主观过错是双方争议的焦点。我国《侵权责任法》第 36 条规定了“网络用户利用网络服务实施侵权行为的,被侵权人有权通知网络服务提供者采取删除、屏蔽、断开链接等必要措施。网络服务提供者接到通知后未及时采取必要措施的,对损害的扩大部分与该网络用户承担连带责任。网络服务提供者知道网络用户利用其网络服务侵害他人民事权益,未采取必要措施的,与该网络用户承担连带责任”。可见,网络服务提供者存在主观过错的情形包括接到被侵权人通知后未及时采取必要措施、网络服务提供者知道网络用户利用其网络服务侵害他人权益而未采取必要措施等。

百度公司作为经营百度文库这个信息存储空间的网络服务提供者，一般不负有对网络用户上传的作品进行事先审查、监控的义务，如本案提及的人工审核清理侵权文档的行为属于百度公司在特殊时期自愿采用的措施，并非法律要求其作为信息存储空间服务提供者为制止侵权应惯常采用的措施。当然，这不意味着百度公司对百度文库中的侵权行为可以不加任何干预和限制。

本案中，韩寒两次公证保全了百度文库中存在的《像》书文档，百度公司在接到含有涉案侵权文档链接的通知后及时删除了相关文档，韩寒对此予以认可。本院认为，作为信息存储空间网络服务提供者，在不知道其存储空间中的作品侵权的情况下，一般应采用被侵权人通知，再由网络服务提供者及时删除侵权作品的方式来制止侵权，并可予免责。当然，上述情形中需要强调的适用条件，是网络服务提供者不存在主观过错，也就是不知道或没有合理的理由应当知道网络用户利用其网络服务侵害他人权益。具体到本案，本院认为，百度公司若明知或应知百度文库中的文档侵权，而未采取其预见水平和控制能力范围内制止侵权的必要措施，应认定百度公司存在主观过错。

首先，本院分析百度公司对百度文库中的涉案侵权文档是否明知。韩寒主张百度公司明知百度文库中的《像》书文档侵权，理由是百度公司对该文进行了编辑、推荐，并从中获得经济利益。本院认为，第一，编辑系对作品内容的修改，韩寒所称的“改变”仅指文档格式转化，并非对作品内容的改变。第二，通常意义上理解“推荐”，应为通过主动行为以引人注意的方式向他人介绍，希望他人接受，因此，所推荐的内容通常会处于突出、显著的位置从而最大程度地吸引他人注意力。本案中，韩寒提出其两次公证百度文库中的《像》书文档页面右侧出现了“相关推荐文档”栏目，继而主张百度公司对《像》书进行了推荐。百度公司对“相关推荐文档”栏目的解释为百度文库的搜索系统根据网民的搜索意图自动匹配出与网民搜索需求类似的文档，并非百度公司主动推荐，其主动推荐的栏目为百度文库首页的“热门推荐”，而《像》书未出现在该栏目中。本院注意到，韩寒提交的证据无法显示“相关推荐文档”栏目列举的“像少年啦飞驰”“韩寒”“韩寒现象”等标题所对应的文档是否真实存在或与题目相关，同时也没有其他证据证明《像》书被推荐至突出、显著的位置。第三，除非有证据证明百度文库存在专门利用《像》书获取经济利益的情形，韩寒所称的百度公司从合作伙伴处获得经济利益不能想当然地推断百度公司知道百度文库中的《像》书文档侵权。故此，本院根据现有证据无法认定百度公司明知百度文库中的《像》书文档侵权。

其次，百度公司是否有合理的理由应当知道百度文库中的《像》书侵权。对此，本院需要结合百度文库的客观现状、韩寒及《像》书的知名度、韩寒与百度公司就百度文库引发纠纷及百度公司对侵权行为的预见水平和实际控制能力等因素综合考虑。

第一，百度文库群集了极大数量的各类文档，由于存在格式、大小、文字排版等方面的限制，其中某一文档本身能因作者、作品知名度或者文档所含标题与作品内容的完整性等原因而与其他文档存在明显的外观区别的可能性不大。某一侵权文档若是未被推荐至首页或其他显著位置，在众多文档中就并非显而易见。在这种情况下，百度公司是否没有合理的理由应当知道其百度文库中的某文档侵权，而只能消极被动地等待权利人通知后再采取屏蔽、删除等措施制止侵权，本院认为不能一概而论，需要具体分析。

第二，韩寒为当代有影响力的知名作家，《像》书为其小说代表作，销量甚大，百度公司对此不持异议。韩寒曾于2011年3月作为作家代表之一就百度文库侵权一事与百度公司协商谈判，百度公司积极回应并处理此次纠纷，此事件受到社会各方的广泛关注。百度公司理应知道韩寒不同意百度文库传播其作品，也应知道百度文库中存在侵犯韩寒著作权的文档，因此，百度公司对百度文库中侵犯韩寒著作权的文档应有比其他侵权文档更高的注意义务。

第三，本院结合韩寒两次公证保全的《像》书文档进行分析认为，百度公司应有合理的理由知道涉案文档侵权。

1.关于第5755号公证书中的《像》书文档。该文档于2011年4月20日上传至百度文库，韩寒于2011年7月1日公证保全时，该文档仍在百度文库中。鉴于韩寒及《像》书的知名度以及此前曾与百度公司就百度文库侵权事宜协商谈判的广泛影响力,百度公司对百度文库中的涉案作品就负有较高的注意义务,应采取其预见水平和能力范围内的措施制止侵权。

既然百度公司提出在人工审核之后采用反盗版系统来制止侵权,故其应对该系统正常运行的需求进行必要的准备。百度公司提出只有将正版作品纳入正版资源库中才能使反盗版系统对侵权文档起作用。可见,是否有正版作品作为比对基础是百度公司反盗版系统得以有效运行的前提。百度公司表明其目前取得正版作品主要有两项来源,一是由百度公司的合作方提供,二是百度文库中被投诉的作品。但本院注意到,百度公司至少在2011年3月就已经明确认识到其正版资源库中正版作品的来源问题,百度公司副总裁朱光当时公开表示,“百度也会自行采购一些热销、常见的文学作品制作特征点,以避免在没有版权方配合的情况下发生侵权”。但本案中,百度公司强调希望权利人能主动向其提供正版作品用于反盗版系统,正因为韩寒未向其提供《像》书正版作品,才导致反盗版系统未对涉案文档起作用。本院认为,百度公司对其反盗版系统的正常运行所做之准备应主要由其发挥主动性实现,而不能依赖权利人主动提供。著作权人是否将自己的作品交给百度公司用于百度文库的经营活动,应完全出于自愿,即对于著作权人而言是一项自主决定如何行使著作权的权利,而非著作权人必须履行的义务。

第5755号公证书中的《像》书文档使用了原作标题,基本使用原作全文,按照百度公司陈述的一期反盗版系统功能,若有该文正版作品,就能通过标题比对进而进行正文内容比对,发现并删除百度文库中的该侵权文档。对于负有较高注意义务的《像》书侵权文档,百度公司消极等待权利人提供正版作品或通知,未能确保其反盗版系统正常运行之功能,也未能采取其他必要措施制止该侵权文档在百度文库传播,使其有合理理由应当知道的百度文库中的《像》书侵权文档未被删除或屏蔽,故本院认为百度公司存在主观过错。

2.关于第15035号公证书中的《像》书文档。该文档上传时间为2011年3月10日,早于作家与百度公司就百度文库发生纠纷以及百度公司采用人工审核清理侵权文档的时间。百度公司副总裁朱光曾公开表示,自

2011 年“3 月 26 日开始，百度调集公司各部门的技术力量，加速对文库中可能侵犯他人著作权的文档进行清理。即日起，百度文库用户如果上传1000 字以上的文档，将由百度员工人工审核内容，确定没有侵权内容后才予放行……百度现在集中精力先清理文学类的侵权作品。对于非文学类文档，也在采用人工审核的方式清理……人工审核方式将持续到 4 月中旬”。既然百度公司承诺自 2011 年 3 月 26 日起至 4 月中旬采用人工审核方式清理文库中的侵权作品，考虑到上文提及的关于韩寒的特殊因素，百度公司在人工审核时理应对韩寒的《像》书文档负有比一般文档更高的注意义务。2011 年 3 月 10 日上传的《像》书文档基本全文使用原作，字数达到 99 千字，因此，本院认为百度公司应有合理的理由知道该文档侵权，该文档未被删除，百度公司存在过错。

在作家与百度公司因文库侵权纠纷广受关注的时候，百度公司既然为了展现其制止侵权的决心和能力，并赢得公众的理解和支持，向包括维权作家在内的公众作出短时间内清理侵权文档的承诺并为此广泛宣传，就应当以诚实信用的负责任态度切实兑现承诺。因此，对于百度公司提出的《像》书侵权文档名称被冠以“韩寒最新作品——第六部”、公证保全者使用“韩寒最新作品”为关键词进行搜索，以及百度公司无法使用作者名或作品名进行标题关键词屏蔽等辩称，并非其否认存在过错的恰当理由。

作为依靠数以千万计的他人作品实现自身商业经营的百度公司，应当对维护他人著作权抱有善意，对因显而易见的因素并有合理理由而需负较高注意义务的侵权文档，百度公司未采取相应措施，则应认定其存在过错。因此，百度公司的行为满足侵权责任构成要件，应为此承担相应的法律责任。

三、关于百度公司所采取的制止侵权的措施

本案中，百度公司强调其为了制止百度文库中的侵权文档传播，采取了多项措施，包括在多个网页提示用户不得上传侵权作品、设置侵权投诉举报通道、人工审核清理侵权文档、启用反盗版系统以及专门针对本案纠纷的及时删除侵权文档、采取作者名加作品名为标题关键词进行文档屏蔽等措施。韩寒认可百度公司采取的上述措施，但认为这些措施并未发挥有效作用。

本院认为，百度文库拥有数千万份分享文档且文档数量时刻增加，不仅关系这些文档著作权人的切身利益,而且影响社会公众对文化资源的获取和使用。作为百度文库的经营者,百度公司要实现百度文库的持续健康发展,在最大程度创造自身商业利益的同时,不可回避其在文化资源传播、著作权人权利保护与社会公众利益维护中的社会责任。上述措施在一定程度上体现了百度公司为制止百度文库侵犯著作权问题所付出的努力。其中,侵权提示、投诉举报通道等单方声明完全靠网络用户自觉自愿地配合,是倡导式的,没有强制约束力。人工审核则无法持久。这些措施虽然能在一定程度上、一段时间内起到制止侵权的作用,但效果显然是有限的。

百度公司在诉讼中一再坚持其无法采用作者名、作品名为标题关键词进行文档屏蔽的措施,否则会造成相关合法文档被误删。本院认为,对于文字作品而言,含有作者名与作品名的标题无法唯一对应某一作品,采用这种方式有可能使相当多与该作者及该作品有关的他人作品亦同时被屏蔽,容易造成百度公司所称的误删情况,故本院不认为采用作者名加作品名为标题关键词进行文档屏蔽的方式是制止百度文库侵权的合理方式。

本案中,百度公司专门强调其采用反盗版系统来制止百度文库中侵权文档传播。百度公司表示,该系统目前可以实现句子级别侵权文档的识别。就当庭演示情况看,反盗版系统确实能在相当程度上实现百度公司所宣称的功能,是目前百度文库制止侵权的比较有效的措施,但单凭技术措施来制止侵权会存在限制性因素。一是技术措施的发展完善并非一蹴而就,这个过程往往会持续一段不确定的时间,正如百度公司称反盗版系统于 2011 年 5 月上线,直至 2012 年 1 月才能达到目前的功能。二是技术措施功能的充分实现还需要相关辅助配合工作的实施,正如反盗版系统得以有效发挥作用的重要基础就是正版资源库中收录有相应的正版作品。现实中,侵权方式和类型是多样的且不断发生变化,制止侵权的技术措施需要针对层出不穷的侵权行为不断完善发展,因技术措施本身的缺陷而造成一些侵权行为无法及时被发现并被制止的情形是客观的,难以避免。本院结合相关因素认定百度公司采取相关措施却未能制止涉案文档侵权存在过错,并不意味着对采取了一定反盗版措施的百度公司课以法定义务及其能力范围以外的义务。若是有证据显示百度公司充分尊重权利人的合法权益而采取相应措施,即使该措施在某阶段存在不完善之处,也可认定百度公司尽到了注意义务,不存在过错,因而无须承担责任。

综合百度公司所采取的上述措施,本院认为,作为经营现有规模的百度文库的百度公司,一方面在多页面鼓励用户上传文档,并对所上传文档的格式、大小、数量等作相当宽松之要求;另一方面强调应适用法律规定的“接到通知后删除”的“避风港规则”,并将反盗版工作主要寄托于网民自觉性和尚不完善的技术措施,一定程度上造成百度文库“文学分类”等栏目一度成为侵权“重灾区”,未能实现在文库资源丰富程度与制止侵权方面基本同步,确实存在经营中尚待发展完善之处。对因显而易见的因素应当知道的侵权文档,百度公司除了履行针对一般侵权文档的注意义务,还需充分发挥主动性履行更高的注意义务。相比百度公司采取的纠纷爆发时的应急措施及尚不完善的技术措施,这种更高的注意义务要求百度公司应更加注重百度文库经营管理规范化的问题,从而切实保护著作权人权利。

四、韩寒的诉讼请求能否得到支持

鉴于双方均认可百度公司已经删除百度文库中的《像》书,本院再行判令百度公司停止本案侵权行为并无必要。关于韩寒提出的要求百度公司采取有效措施制止侵犯韩寒著作权的行为再次发生的主张,至于何为有效措施,韩寒未给予说明并提交证据,且有效措施会随着认识的提高和技术的发展不断完善,具有不确定性,故本院对韩寒的此项请求不予支持。

关于韩寒授权的委托代理人代表韩寒当庭提出的关闭百度文库的主张,本院认为,百度文库属于百度公司商业经营模式之一,一定程度上具有文化传播等方面的进步意义,具有实质性非侵权用途。百度公司作为经营百度文库的信息存储空间服务提供者,在对百度文库的经营管理中,有自己法定的权利和义务,也会为自己的违法行为承担相应的法律责任,故要求关闭百度文库的主张并无法律依据,本院对此不予支持。需要指出的是,韩寒授权的代理人当庭陈述关闭百度文库的意见与韩寒本人庭后发表不希望百度文库关闭的意见矛盾,在本院多次释明后,韩寒仍不对此矛盾作出合理解释,而且在本院主动与其本人联系的情况下消极回避。韩寒作为权利人,有权通过司法程序对侵害其权利的行为寻求法律救济,也有义务按照诉讼程序配合法院查明事实并对自己的主张作出适当解释。韩寒以自行发表博客文章形式表达的意见即使是其真实意思,也需要向法院作明确陈述才能在诉讼中成为正式的法律意见。这是韩寒行使诉讼权利并履行诉讼义务的基本要求,而韩寒在诉讼中的此项态度既是对法律的不尊重,也是对法律赋予其自身民事权利的不尊重。

关于赔礼道歉,适用于著作人身权被侵犯而应承担责任的情形,本案中,在韩寒未主张其著作人身权被侵犯,且无证据显示韩寒的著作人身权实际被侵犯的情形下,本院对此项请求无法予以支持。关于赔偿损失,韩寒虽然提交了万榕公司出具韩寒稿酬 2 万元/千字的说明,但经本院多次释明,未提交包括出版合同、纳税证明等其他任何证据证明此稿酬标准的客观性及稿酬实际支付情况,百度公司对此稿酬标准亦不予认可。经双方共同确认,两次公证保全的百度文库中的《像》书字数分别为 100 千字和 99 千字,韩寒在本案中主张按 2000 元/千字×版权页字数的方式计算赔偿数额,没有事实依据。本院根据韩寒及《像》书知名度、畅销情况以及百度公司的侵权行为情节、过错程度、侵权影响等因素酌情考虑赔偿数额,韩寒所提赔偿数额请求过高,本院不予全部支持。韩寒因本案支出费用的合理部分,百度公司应一并予以赔偿。由于韩寒提出过高的赔偿请求产生的案件受理费,不应全部由百度公司负担。

综上,依据《中华人民共和国侵权责任法》第六条第一款、第三十六条,《中华人民共和国著作权法》第四十八条第(一)项、第四十九条,《信息网络传播权保护条例》第二十二条之规定,判决如下:

一、本判决生效之日起十日内,被告北京百度网讯科技有限公司赔偿原告韩寒经济损失三万九千八百元及合理开支四千元;

二、驳回原告韩寒的其他诉讼请求。

如被告北京百度网讯科技有限公司未按本判决所指定的期间履行给付金钱义务,则应依据《中华人民共和国民事诉讼法》第二百二十九条之规定,加倍支付延迟履行期间的债务利息。

案件受理费五千一百七十元(原告韩寒预交),由原告韩寒负担二千元,已交纳;由被告北京百度网讯科技有限公司负担三千一百七十元,于本判决生效之日起七日内交纳。

如不服本判决,可于判决书送达之日起十五日内,向本院递交上诉状,并按对方当事人的人数提出副本,交纳上诉案件受理费,上诉于北京市第一中级人民法院。如在上诉期满后七日内不交纳上诉案件受理费的，按自动撤回上诉处理。

审 判 长 闫 肃
审 判 员 李 颖
代理审判员 曹丽萍
二〇一二年九月十七日
书 记 员 焦 阳

（本章编写：韩璐 华风霞）

集体管理机构的维权

——中国音像著作权集体管理协会 VS 沈水荣

这一案例有两个特点，一是涉及卡拉OK经营中的音乐版权问题，二是维权主题是著作权集体管理机构而非原始版权人，相关经验值得借鉴。

一、相关背景

本案原告中国音像著作权集体管理协会(以下简称音集协)，是经国家版权局正式批准成立(国权200530号文)的我国唯一音像集体管理组织，依法对音像节目的著作权以及与著作权有关的权利实施集体管理。协会宗旨是遵守我国法律、法规和我国参加的国际著作权条约，本着提供服务、反映诉求、规范行为的精神，维护会员的合法权利，规范音像节目的合法使用，促进我国音像业及音像市场的发展。音集协作为音像著作权集体管理机构，有权代表原著作权人向侵权人提出直接诉讼，本案是一个典型的集体管理组织诉讼案例。

本案被告沈水荣,系湖州凤凰阿玛依娱乐总汇经营者,其卡拉OK业务涉及音乐版权问题,卷入这一场版权纠纷。

二、案情回顾

音集协于2012年12月28日,就湖州凤凰阿玛依娱乐总汇侵犯其部分音像制品的复制权和放映权的行为,向浙江省湖州市中级人民法院起诉。

浙江省湖州市中级人民法院于2013年2月5日公开开庭进行了审理。原告音集协表示,《流行歌曲经典·中国音像著作权集体管理协会会员作品精选集(第一辑)》收录了北京太合麦田音乐文化发展有限公司等21个协会会员享有著作权的音乐电视作品。

被告未经原告许可,也未向原告支付使用费,以营利为目的,在其营业场所的点唱机中完整地收录了原告管理的上述部分作品供公众点播,原告通过公证人员对其中的涉案作品进行了证据保全,共计百余首歌曲。

原告音集协的委托代理人王利民到庭参加诉讼,并向法院提交了上述专辑的正版光盘及封面,原告与原始著作权人签订的音像著作权授权合同并得到的相关公证处出具的公证书,以及公证机关依法作出公证的文书及光盘;被告沈水荣经本院传票传唤无正当理由未到庭参加诉讼,而且在法院指定的举证期间内也没有提交证据材料。

法院认定原告提供的证据有效,被告沈水荣经营的KTV歌曲库提供了涉案作品的卡拉OK点播服务,即在点播设备上对不特定的观众进行放映。被告未经权利人许可,在其KTV歌曲库中存储涉案作品,并以放映的方式传播涉案作品,侵犯了原告音集协的复制权和放映权,被告沈水荣应承担停止侵害、赔偿损失的民事责任。

2013年3月15日,音集协诉沈水荣侵权案终于有了判决结果:被告沈水荣于本判决生效之日起立即停止向公众提供点播涉案的音乐电视作品的服务,并从曲库中删除上述音乐电视作品;被告沈水荣于本判决生效之日起10日内赔偿原告音集协不同程度的经济损失(包括为制止侵权而支出的合理费用);驳回原告中国音集协的其他诉讼请求。

原告音集协以沈水荣为被告所起诉的案件，共有12起，分别以被侵权歌曲所在专辑的具体所在光盘为单位，以其被侵权的歌曲为维权对象，进行诉讼，作为一起案件。每起案件都会有一份判决书。

涉案歌曲明细及赔偿结果表

文书编号	涉案歌曲	涉案歌曲所在专辑或光盘位置	涉案歌曲原始著作权人	赔偿结果
1	12首	所在专辑《最炫民族风》	佛山市顺德区孔雀廊娱乐唱片有限公司	停止侵害；经济损失6600元；案件受理费500元，原告190元，被告310元
2	11首	《流行歌曲经典·中国音像著作权集体管理协会会员作品精选集（第一辑）》专辑的第一张光盘	北京太合麦田音乐文化发展有限公司	停止侵害；经济损失6050元；案件受理费235元，原告77元，被告158元
3	4首	《流行歌曲经典·中国音像著作权集体管理协会会员作品精选集（第一辑）》专辑的第四张光盘	北京竹书房文化传播有限责任公司	停止侵害；经济损失2200元；案件受理费50元，原告17元，被告33元
4	4首	查无	查无	查无
5	4首	《流行歌曲经典·中国音像著作权集体管理协会会员作品精选集（第一辑）》专辑的第十五张光盘	《听雪》《和寂寞说分手》著作权人为北京星光国际传媒有限公司，《白发亲娘》《我的士兵兄弟》著作权人为北京英冠国际文化发展有限公司	停止侵害；经济损失2200元；案件受理费50元，原告15元，被告35元

（续表）

文书编号	涉案歌曲	涉案歌曲所在专辑或光盘位置	涉案歌曲原始著作权人	赔偿结果
6	1首	《流行歌曲经典·中国音像著作权集体管理协会会员作品精选集（第一辑）》专辑的第十四张光盘	加中音国际文化传播（北京）有限公司	停止侵害；经济损失550元；案件受理费50元，原告20元，被告30元
7	2首	《流行歌曲经典·中国音像著作权集体管理协会会员作品精选集（第一辑）》专辑的第十二张光盘	北京易柏文化发展有限公司	停止侵害；经济损失1100元；案件受理费50元，原告18元，被告32元
8	2首	《流行歌曲经典·中国音像著作权集体管理协会会员作品精选集（第一辑）》专辑的第三张光盘	北京竹书房文化传播有限责任公司	停止侵害；经济损失1100元；案件受理费50元，原告18元，被告32元
9	16首	《流行歌曲经典·中国音像著作权集体管理协会会员作品精选集（第一辑）》专辑的第七张光盘	北京海蝶音乐有限公司	停止侵害；经济损失8800元；案件受理费422元，原告136元，被告286元
10	7首	《流行歌曲经典·中国音像著作权集体管理协会会员作品精选集（第一辑）》专辑的第九张光盘	北京当然文化传播有限公司	停止侵害；经济损失3850元；案件受理费85元，原告28元，被告57元

（续表）

文书编号	涉案歌曲	涉案歌曲所在专辑或光盘位置	涉案歌曲原始著作权人	赔偿结果
11	13首	《流行歌曲经典·中国音像著作权集体管理协会会员作品精选集(第一辑)》专辑的第二张光盘	北京麒麟童文化传播有限责任公司	停止侵害;经济损失7150元;案件受理费310元,原告100元,被告210元
12	21首	《流行歌曲经典·中国音像著作权集体管理协会会员作品精选集(第一辑)》专辑的第八张光盘	北京海蝶音乐有限公司	停止侵害;经济损失11550元;案件受理费612元,原告197元,被告415元

三、相关法律条文

本案主要涉及《中华人民共和国著作权法》《最高人民法院关于审理著作权民事纠纷案件适用法律若干问题的解释》以及《中华人民共和国民事诉讼法》相关条款。

《中华人民共和国著作权法》

第三条　本法所称的作品,包括以下列形式创作的文学、艺术和自然科学、社会科学、工程技术等作品:

……

(六)电影作品和以类似摄制电影的方法创作的作品;

……

第十条　著作权包括下列人身权和财产权:

……

(五)复制权,即以印刷、复印、拓印、录音、录像、翻录、翻拍等方式将作品制作一份或者多份的权利;

……

(十)放映权,即通过放映机、幻灯机等技术设备公开再现美术、摄影、电影和以类似摄制电影的方法创作的作品等的权利;

……

著作权人可以许可他人行使前款第(五)项至第(十七)项规定的权利,并依照约定或者本法有关规定获得报酬。

……

第十一条 ……

如无相反证明,在作品上署名的公民、法人或者其他组织为作者。

……

第十五条 电影作品和以类似摄制电影的方法创作的作品的著作权由制片者享有,但编剧、导演、摄影、作词、作曲等作者享有署名权,并有权按照与制片者签订的合同获得报酬。

电影作品和以类似摄制电影的方法创作的作品中的剧本、音乐等可以单独使用的作品的作者有权单独行使其著作权。

……

第四十八条 有下列侵权行为的,应当根据情况,承担停止侵害、消除影响、赔礼道歉、赔偿损失等民事责任;同时损害公共利益的,可以由著作权行政管理部门责令停止侵权行为,没收违法所得,没收、销毁侵权复制品,并可处以罚款;情节严重的,著作权行政管理部门还可以没收主要用于制作侵权复制品的材料、工具、设备等;构成犯罪的,依法追究刑事责任:

(一)未经著作权人许可,复制、发行、表演、放映、广播、汇编、通过信息网络向公众传播其作品的,本法另有规定的除外;

……

第四十九条 侵犯著作权或者与著作权有关的权利的,侵权人应当按照权利人的实际损失给予赔偿;实际损失难以计算的,可以按照侵权人的违法所得给予赔偿。赔偿数额还应当包括权利人为制止侵权行为所支付的合理开支。

权利人的实际损失或者侵权人的违法所得不能确定的,由人民法院根据侵权行为的情节,判决给予五十万元以下的赔偿。

《最高人民法院关于审理著作权民事纠纷案件适用法律若干问题的解释》

第七条　当事人提供的涉及著作权的底稿、原件、合法出版物、著作权登记证书、认证机构出具的证明、取得权利的合同等，可以作为证据。

在作品或者制品上署名的自然人、法人或者其他组织视为著作权、与著作权有关权益的权利人，但有相反证明的除外。

……

第二十五条　权利人的实际损失或者侵权人的违法所得无法确定的，人民法院根据当事人的请求或者依职权适用著作权法第四十八条第二款的规定确定赔偿数额。

人民法院在确定赔偿数额时，应当考虑作品类型、合理使用费、侵权行为性质、后果等情节综合确定。

……

第二十六条　著作权法第四十八条第一款规定的制止侵权行为所支付的合理开支，包括权利人或者委托代理人对侵权行为进行调查、取证的合理费用。

人民法院根据当事人的诉讼请求和具体案情，可以将符合国家有关部门规定的律师费用计算在赔偿范围内。

《中华人民共和国民事诉讼法》

第一百四十四条　被告经传票传唤，无正当理由拒不到庭的，或者未经法庭许可中途退庭的，可以缺席判决。

四、案例评述

类似音集协诉沈水荣这样的侵权案件有很多，其中大多数的被告人为卡拉 OK 的经营者。而且，此类案件中 KTV 经营者败诉的概率较大。

从 2008 年经国家版权局批准成立以来，音集协在获得歌曲原始权利人的授权后，就致力于会员合法权利的维护。

据广州市中级人民法院知识产权庭王维法官介绍，2013 年音集协在广州的娱乐场所提起了大批维权诉讼,其中仅南沙区法院就受理该机构发起的维权官司596件,被告的卡拉OK经营场所达30家。

为何卡拉OK经营场所的侵权行为屡禁不止?音集协与卡拉OK的经营者是否可以达到共赢?如何使这个行业得到更好的发展?

首先,卡拉OK经营者缺乏著作权保护意识,导致侵权行为屡屡发生,屡禁不止。音集协的负责人表示,一些知名的KTV品牌都是非常积极主动地缴费,只有部分中小经营者才会屡屡出现类似侵权现象。因此,卡拉OK经营者应具备拒绝侵权的意识,从根本上树立品牌意识,以使卡拉OK得到更好更长远的发展,为整个行业的可持续发展尽可能地开辟科学之途。

其次,音集协在积极维权的同时,应该将更多的精力放在阻止侵权行为的发生上。音集协可以在市场投放的过程中,尽可能地坐在谈判桌前,与对方就收费标准进行协商谈判,或者,可以制定统一的标准,在维护自身利益的基础上,尽可能地为卡拉OK经营者提供便利,以期实现双方的共赢。

最后,当侵权行为发生,双方争论的实质必然在于利益分配的不均衡。如果双方和平谈判,而不是将司法诉讼定为必由之路,将音像制品的合理使用费用和侵权人给音集协造成的经济损失,通过协商的方式进行合理沟通,达成双方都欣然接受的结果,这样,既可以避免浪费司法资源,也可以真正实现音集协与卡拉OK经营者的共赢。

“我们希望所有的卡拉OK经营者依法取得音乐音像作品的著作权使用许可,同时呼吁全社会关注知识产权保护。”音集协负责人说。知识产权的保护并不简单地是双方当事人的问题,维权的道路上也并非只有中国音集协,面对侵权行为的多样性和复杂性,无论是学界还是业界,都应积极献言献策,为行业健康发展贡献力量。

五、判决书

中国音像著作权集体管理协会与沈水荣著作权权属、侵权纠纷一审民事判决书①

浙江省湖州市中级人民法院民事判决书

(2013)浙湖知初字第9号

原告中国音像著作权集体管理协会。

法定代表人王化鹏。

委托代理人王利民。

被告沈水荣。

原告中国音像著作权集体管理协会(以下简称音集协)与被告沈水荣著作权侵权纠纷一案,原告音集协于2012年12月28日向本院起诉,本院于同日立案受理后,依法组成合议庭并于2013年2月5日公开开庭进行了审理。原告音集协的委托代理人王利民到庭参加诉讼,被告沈水荣经本院传票传唤无正当理由未到庭参加诉讼。本案现已审理终结。

原告音集协公司诉称:《流行歌曲经典·中国音像著作权集体管理协会会员作品精选集(第一辑)》收录了北京太合麦田音乐文化发展有限公司等21个协会会员享有著作权的音乐电视作品。根据原告与该21个协会会员签订的《音像著作权授权合同》及《著作权集体管理条例》的规定,原告有权以自己的名义同使用者商谈使用条件并发放使用许可,征集使用情况,向使用者收取使用费;以及以自己的名义向侵权使用者提起诉讼。被告未经原告许可,也未向原告支付使用费,以营利为目的,在其营业场所的点唱机中完整地收录了原告管理的上述部分作品供公众点播,原告通过公证人员对其中的《被风吹过的夏天》《笨蛋》《换季》《空气》《停电》《委屈》《第三滴眼泪》《我的超人》《不可思议》《星月神话》《雪绒花》《我介意》《相思垢》《这种爱》《平行线》《大小姐》16首歌曲进行了证据保全。被告的上述行为,严重侵犯了原告的合法权益,给原告造成了较大的经济损失,故原

---

① 参见中国裁判文书网。

告音集协起诉请求:1.判令被告沈水荣立即停止播放,并从曲库中删除侵权作品《被风吹过的夏天》等16首歌曲,赔偿原告经济损失24000元(侵犯损失计算截止时间为本案起诉之日,以后侵犯另计赔偿);2.判令被告沈水荣支付原告为制止侵权所产生的合理费用900元;3.判令被告沈水荣承担本案全部诉讼费用。

被告沈水荣未作答辩。

原告音集协为支持其主张的事实,向本院提交了以下证据材料:

1.《流行歌曲经典·中国音像著作权集体管理协会会员作品精选集(第一辑)》的正版光盘及封面;

2.北京市长安公证处出具的(2011)京长安内经证字第11533号公证书一份(附音集协与北京海蝶音乐有限公司于2010年11月11日签订的音像著作权授权合同一份);

证据1-2拟证明原告音集协对涉案作品享有相应权利的事实。

3.北京市东方公证处出具的(2012)京东方内民证字第2533号公证书一份及相应光盘一份,拟证明被告沈水荣所经营的湖州凤凰阿玛依娱乐总汇实施了侵权行为的事实。

被告沈水荣经本庭传票传唤无正当理由未到庭参加诉讼视为放弃质证权利。本院经审查认为,证据1系合法出版物,该专辑(17碟)中收录了涉案作品的第7碟上标注有“中国唱片总公司出版,ISRC CN-A01-11-375-00/V·J6”字样;包装盒封面上载明有“版权声明:本出版物内音乐电视作品的全部著作权分别归属于本出版物内页所标示的著作权人所有,未经许可,均不得使用,违者必究”;包装盒内附手册上标注了《被风吹过的夏天》等16首涉案作品的著作权人为北京海蝶音乐有限公司。故在无相反证明的情况下,已经足以证明其为涉案作品的著作权人。证据2系公证处依法作出,可以证明所附音像著作权授权合同的复印件与原件一致,该音像著作权授权合同明确约定了北京海蝶音乐有限公司将其依法拥有的音像节目的放映权、复制权等信托音集协管理,且音集协有权以自己的名义向侵权使用者提起诉讼等内容。因而,证据1、2的真实性、合法性及与本案的关联性,本院予以认定。证据3系公证机关依法作出的公证文书及光盘,该证据符合证据的三性,本院予以认定。

被告沈水荣在本院指定的举证期间内未提交证据材料。

经对上述有效证据的认定，结合双方当事人的陈述，本院认定本案事实如下：《流行歌曲经典·中国音像著作权集体管理协会会员作品精选集（第一辑）》专辑封面显示：中国唱片总公司出版，中国音像著作权集体管理协会监制，17 碟装。封底显示“版权声明：本出版物内音乐电视作品的全部著作权分别归属于本出版物内页所标示的著作权人所有，未经许可，均不得使用，违者必究。”字样。涉案音乐电视作品《被风吹过的夏天》《笨蛋》《换季》《空气》《停电》《委屈》《第三滴眼泪》《我的超人》《不可思议》《星月神话》《雪绒花》《我介意》《相思垢》《这种爱》《平行线》《大小姐》16 首歌曲被收录在该专辑的第七张光盘中，光盘上载明有以下字样：“中国唱片总公司出版，ISRC CN-A01-11-375-00/V·J6”。该专辑包装盒内附手册内标有涉案 16 首作品名称和“著作权人：北京海蝶音乐有限公司”等信息。

2010 年 11 月 11 日，北京海蝶音乐有限公司与原告音集协签订《音像著作权授权合同》，约定北京海蝶音乐有限公司同意将其依法拥有的音像节目的放映权、复制权信托原告音集协管理，以便上述权利在其存续期间及在本合同有效期内完全由原告行使，原告有权以自己的名义向侵权使用者提出诉讼。该合同自签订之日起生效，有效期为三年，至期满前六十日北京海蝶音乐有限公司未以书面形式提出异议，本合同自动续展三年。

北京市东方公证处接受原告音集协关于办理保全证据公证的申请，2012 年 3 月 21 日，在该处公证员及公证处工作人员监督下，申请人的委托代理人葛加东到“阿玛依娱乐总汇”的 VIP303 号房间，以普通消费者的身份进入该房间进行消费。公证人员首先对申请人提供的用于本次取证使用的摄像设备的硬盘内存状况进行清洁度检查、确认，随后由葛加东在该房间内设置的点歌系统上进行查找、点击、播放，依次点播了包括涉案 16 首音乐电视作品在内的多首歌曲。由葛加东操作摄像设备对上述音乐电视作品的播放过程进行了摄像，消费结束后，葛加东得到该 KTV 经营场所出具的金额为 3000 元的《浙江省地方税务局通用机打发票》一张，发票号码为 23010514，发票上盖有湖州凤凰阿玛依娱乐总汇的发票专用章。该处公证员与工作人员全程监督了上述查找、点播、摄像的全过程，摄像完毕后由葛加东将摄像设备带出，在公证人员的监督下，葛加东将本次保全所拍摄的视频文件刻录成光盘。2012年5月17日,北京市东方公证处对上述证据保全过程出具(2012)京东方内民证字第2533号公证书,证明公证书所附的取证过程中取得的《浙江省地方税务局通用机打发票》一张的复印件与原件相符;经公证员密封并加贴该处封条的证物袋中所存光盘,确为在现场采用摄像方式保全证据得到的音乐电视作品播放过程刻录之光盘,光盘录像内容与现场实际情况相符。原告音集协以沈水荣为被告所起诉的案件,包括本案在内共有十二起,该公证书中《浙江省地方税务局通用机打发票》的金额3000元系该十二起案件的共同支出。庭审中,原告音集协明确其主张的作品类型为以类似摄制电影的方法创作的作品,被告侵犯了其对涉案作品享有的复制权和放映权。

(2012)京东方内民证字第2533号公证书所附光盘记录了《被风吹过的夏天》等16首涉案作品的部分内容,经比对,与专辑中的涉案16首音乐电视作品相同。

另查明,沈水荣所经营的湖州凤凰阿玛依娱乐总汇成立日期为2008年1月25日,经营范围为酒吧、KTV服务;卷烟、雪茄烟零售。

本院认为,根据我国著作权法和著作权法实施条例的规定,以类似摄制电影的方法创作的作品受著作权法的保护。以类似摄制电影的方法创作的作品,是指摄制在一定的介质上,由一系列有伴音或者无伴音的画面组成,并借助适当装置放映或者以其他方式传播的作品。涉案作品是制作者以特定音乐作品为题材,以类似摄制电影的方法,根据不同的音乐和歌词配以相应画面,歌曲与画面形成有机统一,在制作过程中包含了创意、摄制、剪辑等一系列创造性劳动,属于以类似摄制电影的方法创作的作品,应受到著作权法的保护。从原告音集协提交的专辑外包装盒内附手册标注的信息看,其上标有"著作权人:北京海蝶音乐有限公司"字样,依照《中华人民共和国著作权法》第十一条第四款"如无相反证明,作品上署名的公民、法人或者其他组织为作者"之规定,可以确认北京海蝶音乐有限公司为涉案16首音乐电视作品的原始著作权人。本案中,原告音集协经著作权人合法授权,有权对《被风吹过的夏天》等16首涉案作品行使复制权、放映权等著作权权利,并可以自己名义维权,且授权在有效期内,其合法权益受法律保护。

被告沈水荣作为卡拉OK经营者,在其KTV歌曲库中提供了涉案作品的卡拉OK点播服务,即在点播设备上对不特定的观众进行放映。被告的上述行为,系未经权利人许可,在其KTV歌曲库中存储涉案作品,并以放映的方式传播涉案作品,侵犯了原告音集协的复制权和放映权,被告沈水荣应承担停止侵害、赔偿损失的民事责任。

对于赔偿数额,因原告音集协没有证据证明系其因侵权所受到的损失或被告沈水荣因侵权所获得的利益,根据《中华人民共和国著作权法》第四十九条“侵犯著作权或者与著作权有关的权利的,侵权人应当按照权利人的实际损失给予赔偿;实际损失难以计算的,可以按照侵权人的违法所得给予赔偿。赔偿数额还应当包括权利人为制止侵权行为所支付的合理开支。权利人的实际损失或者侵权人的违法所得不能确定的,由人民法院根据侵权行为的情节,判决给予五十万元以下的赔偿”之规定,且原告音集协在庭审中明确主张要求法定赔偿,故本院综合考虑涉案音乐电视作品的知名度、数量、原告音集协获得授权的期限、被告沈水荣的经营规模、侵权行为的性质及后果、合理维权费用等因素确定赔偿数额。其中合理维权费用,原告音集协提供了消费发票,但该发票的金额为本案与其他案件的共同支出,故予以酌定。

综上,依照《中华人民共和国著作权法》第三条第(六)项,第十条第一款第(五)项、第(十)项、第二款,第十一条第四款,第十五条,第四十八条第(一)项,第四十九条,《最高人民法院关于审理著作权民事纠纷案件适用法律若干问题的解释》第七条,第二十五条第一款、第二款,第二十六条及《中华人民共和国民事诉讼法》(2012年修正)第一百四十四条之规定,判决如下:

一、被告沈水荣于本判决生效之日起立即停止向公众提供点播《被风吹过的夏天》《笨蛋》《换季》《空气》《停电》《委屈》《第三滴眼泪》《我的超人》《不可思议》《星月神话》《雪绒花》《我介意》《相思垢》《这种爱》《平行线》《大小姐》16首音乐电视作品的服务,并从曲库中删除上述音乐电视作品;

二、被告沈水荣于本判决生效之日起10日内赔偿原告中国音像著作权集体管理协会经济损失8800元(包括为制止侵权而支出的合理费用);

三、驳回原告中国音像著作权集体管理协会的其他诉讼请求。

如果未按本判决指定的期间履行给付金钱义务，应当按照《中华人民共和国民事诉讼法》(2012 年修正)第二百五十三条之规定加倍支付迟延履行期间的债务利息。

本案案件受理费 422 元，由原告中国音像著作权集体管理协会负担 136 元，被告沈水荣负担 286 元。

如不服本判决，可在判决书送达之日起十五日内向本院递交上诉状及副本，上诉于浙江省高级人民法院，并向浙江省高级人民法院预交上诉案件受理费 422 元。在上诉期满后七日内仍未交纳的，按自动撤回上诉处理。(浙江省高级人民法院开户银行杭州市农行西湖支行，户名：浙江省省本级财政专户结算分户，账号：39800010104000657551500l)

审　判　长　沈国祥
代理审判员　朱　莹
人民陪审员　费　微
二〇一三年二月十八日
书　记　员　沈　飞

(本章编写：王晓鸽　华风霞)

数字图片版权纠纷
——华盖创意 VS 中企动力

图片作为摄影作品,其版权在一般情况下归拍摄人所享有。因此如果未经允许在网站等媒体上使用数字图片将侵害版权人的合法权益。长期以来,图片版权意识在内容传播领域较为淡薄,而随着图片版权人权益意识的苏醒以及数字图片在传播过程中的使用不规范,关于数字图片使用的版权纠纷近年来也相对密集。本案是图片版权商和图片使用企业之间的一场版权纷争,在数字图片使用纠纷领域有一定的代表性。

一、相关背景

华盖创意(北京)图像技术有限公司(以下简称华盖创意)是美国 Getty Images 公司在中国的合资公司,成立于 2005 年,公司总部设于北京,并在上海、广州设有分公司,深圳设有办事处,大连设有法律维权部。华盖创意秉承国际化资源,通过中文网站平台向中国大陆地区的客户提供来自全球的优质创意图片和影视素材;同时,公司也与亚洲,包括中国本土的优秀摄影师紧密合作,持续补充大量优质的中国元素,满足客户的多样化需求。美国 Getty Images 公司在全球设有 65 个分支机构,服务于 120 多个国家和地区,拥有全球 4500 余位签约摄影师、摄像师,超过 1500 万张的在线创意图片,内容几乎涵盖全部主题,每月更新超过 5 万张图片,是全球公认的容量最大的商业图片库。美国 Getty Images 公司的成功源于与全球顶级摄影师及品牌的合作,为其产品库源源不断地提供新鲜的、品质一流的内容。

中企动力科技股份有限公司(以下简称中企动力)成立于 1999 年,是一家大型高科技股份制企业。公司注册资本为 5000 万元人民币,注册地在北京,营运总部位于北京亦庄。现已在全国设立了 80 余家直属分支机构,员工总数逾 8000 人,拥有研发及运营工程师 1200 余人,成为规模庞大、实力雄厚的信息化运营商。中企动力是世界上首家以运营模式面向企业用户提供 IT 应用服务的企业。它运用先进的高科技手段为企业搭建了一个适合业务和管理需要的信息化应用服务平台。依托这个服务平台,中企动力为企业客户提供不间断的、全方位的 IT 应用服务。

二、案情回顾

2010 年 6 月 30 日,北京市第一中级人民法院受理了华盖创意和中企动力的案件。原告华盖创意控告中企动力在未经许可下,在其商业宣传广告册《一大把——中国首家企业门户》中采用了原告享有著作权的图片。对于这样的控告,中企动力也有自己的说辞,他们认为华盖创意不是著作权所有人,没有权利起诉,而且在宣传中,公司所使用的图片均在合同期内。根据《中华人民共和国著作权法》中的规定,华盖创意有权对被告中企动力进行起诉。美国 Getty Images 公司还提供了《确认授权书》以及附件,附件里列举的公司均与美国 Getty Images 公司有合作关系,美国 Getty Images 公司享有这些品牌的知识产权(版权,包括精神权利),经多方核实在由华盖公司所注册的域名为 www.gettyimages.cn 的网址上,涉案图片左上角均有“gettyimages”字样的水印,图片信息栏中记载了图片的品牌是

Stockbyte,版权所有部分写明版权所有1995—2010。该网站标注有“本网站所有图片均由Getty Images公司授权发布,侵权必究”字样。而被告并没有继续提供证明未侵权的证据,最终法院判决被告应该承担相应的法律责任。

三、相关法律条文

华盖创意诉中企动力涉及著作权一案属于图片侵权事件,案件中涉及《中华人民共和国著作权法》和《最高人民法院关于民事诉讼证据的若干规定》的相关内容。

《中华人民共和国著作权法》

第二条　……

外国人、无国籍人的作品根据其作者所属国或者经常居住地国同中国签订的协议或者共同参加的国际条约享有的著作权,受本法保护。

……

第十条　著作权包括下列人身权和财产权:

……

(五)复制权,即以印刷、复印、拓印、录音、录像、翻录、翻拍等方式将作品制作一份或者多份的权利。

(六)发行权,即以出售或者赠与方式向公众提供作品的原件或者复制件的权利。

……

第十一条　……

如无相反证明,在作品上署名的公民、法人或者其他组织为作者。

……

第四十八条　有下列侵权行为的,应当根据情况,承担停止侵害、消除影响、赔礼道歉、赔偿损失等民事责任;同时损害公共利益的,可以由著作权行政管理部门责令停止侵权行为,没收违法所得,没收、销毁侵权复制品,并可处以罚款;情节严重的,著作权行政管理部门还可以没收主要用于制作侵权复制品的材料、工具、设备等;构成犯罪的,依法追究刑事责任:

（一）未经著作权人许可，复制、发行、表演、放映、广播、汇编、通过信息网络向公众传播其作品的，本法另有规定的除外。

……

第四十九条　侵犯著作权或者与著作权有关的权利的，侵权人应当按照权利人的实际损失给予赔偿；实际损失难以计算的，可以按照侵权人的违法所得给予赔偿。赔偿数额还应当包括权利人为制止侵权行为所支付的合理开支。

权利人的实际损失或者侵权人的违法所得不能确定的，由人民法院根据侵权行为的情节，判决给予五十万元以下的赔偿。

《最高人民法院关于民事诉讼证据的若干规定》

第二条　当事人对自己提出的诉讼请求所依据的事实或者反驳对方诉讼请求所依据的事实有责任提供证据加以证明。

没有证据或者证据不足以证明当事人的事实主张的，由负有举证责任的当事人承担不利后果。

四、案例评述

对于华盖创意对图片进行维权的案例我们已经很熟悉，根据 2008 年华盖创意公司维权总监张宏麟的一封公开信可以看出，仅 2006、2007 两年国内数千家企业均侵犯了美国 Getty Images 公司的万张图片的著作权。近几年此类侵权案件也在不断地发生。很多人认为华盖创意这样的行为是恶意诉讼，利用中国法律的漏洞进行起诉。从网上查询，华盖创意在中国各大法院都有类似案件的起诉，只有在上海等法院因“图片著作权权属证据不足”没有得到相应的赔偿。华盖创意对所有案件的诉讼请求基本与本案相似。美国 Getty Images 公司所提供的证明基本为：1.《确认授权书》用以证明北京华盖创意有权“以自己的名义”提出诉讼。2.华盖创意公司网站相应网页的打印件，为证明美国 Getty Images 公司对涉讼图片享有著作权。3.《图片使用许可合同》及合同付款凭证，用来证明图片的正常使用许可价格。这些也与本案相吻合。

这些有关图片侵权案件的焦点在于以下几点:1.华盖创意是否有原告的资格? 2.美国 Getty Images 公司享有著作权的证据是否充分? 3.图片的正常价格到底是多少? 4.索要的赔偿是否合理?

华盖创意是否拥有原告的资格,换个角度说就是其通过美国 Getty Images 公司授权获取的诉讼权是否成立。这让我们不得不思考有关起诉权转让的问题。本案的判决中并没有对这个问题进行合理的解释,我们不禁会产生疑问:以这样的形式来授予著作权是否合理? 谁又能保证美国 Getty Images 公司没有在自己的网站上或在水印方面做手脚? 至于图片的价格,华盖创意对每张涉案图片索要的金额 10000 元是否合理? 这些都成了华盖创意被质疑的焦点。

本案最终结果依然是以华盖创意的胜诉而告终。暂不论华盖创意是否恶意上诉,目前随便使用来源不明的图片或者未经著作权人允许擅自使用其图片的现象已经屡见不鲜,透过这样的现象我们应该开始进行深刻的反思。在法律方面,《中华人民共和国著作权法》尚有很多的细节还需要完善,例如本案中有关著作权的授权和转让的问题以及涉案图片是否在合约期内,法院并没有进行过多的阐述。对于被告公司来说,侵权事件的不断出现和败诉,除了客观上带来的一些警醒,增强企业自身的法律意识势在必行。

五、判决书

华盖创意诉中企动力著作权纠纷一案判决书[①]

北京市第一中级人民法院民事判决书

(2010)一中民初字第 11892 号

原告华盖创意(北京)图像技术有限公司,住所地北京市海淀区学院南路 68 号 20 号楼 4042 室。

法定代表人迈克尔(MICHAEL DALE TEASTER),董事长。

委托代理人李欣。

① 参见中国电子商务法律网。

被告北京中企动力商务信息有限公司，住所地北京市北京经济技术开发区地盛北街 1 号 A 区 2 号楼 2 层 206 室。

法定代表人陈丹，董事长。

委托代理人李泽旭。

委托代理人张凡强。

原告华盖创意（北京）图像技术有限公司（简称华盖公司）诉被告北京中企动力商务信息有限公司（简称中企动力公司）侵犯著作财产权纠纷一案，本院于 2010 年 6 月 30 日受理后，依法组成合议庭，于 2010 年 11 月 8 日公开开庭进行了审理。原告华盖公司的委托代理人李欣，被告中企动力公司的委托代理人李泽旭、张凡强到庭参加了诉讼。本案现已审理终结。

原告华盖公司诉称：美国 Getty Images（US），Inc.（简称 Getty Images 公司）是全球最大的创意摄影图片供应商，在 120 多个国家以网站授权形式开展销售服务，是中国国务院办公厅新闻办图片供应商及 2008 年奥运会官方指定摄影机构，在全球图片业有着举足轻重的影响。原告为该公司设立于中国的外商投资企业，依法享有相关图像素材在中国境内展示、销售和许可他人使用的权利，同时 Getty Images 公司就中国境内对其图像素材发生的任何侵权事宜授予原告索赔权。被告未经原告许可，在其商业宣传广告册《一大把——中国首家企业门户》中采用了原告享有著作权的 Stockbyte 品牌的 9 张摄影图片（编号：57436088、57434661、stk15568cbu、71017116、57436291、57433983、71045177、57433999、57563558），用于其商业宣传活动。为此，原告曾多次要求被告提供授权使用文件，或停止侵权行为并赔偿原告的经济损失，但被告予以拒绝。原告作为上述摄影图片的合法权利人，被告在未经合法授权的情况下使用的行为严重侵害了原告的著作权，依法应当承担侵权责任。综上，原告请求人民法院判令被告：1.赔偿原告经济损失人民币 90000 元；2.赔偿原告合理开支（律师费）5000 元；3.承担本案全部诉讼费用。

被告中企动力公司辩称：一、现有证据显示，被告已就涉案图片支付了对价，原告不得重复索要。二、华盖公司不是本案适格的原告，其不是著作权所有人，也不是著作权集体管理组织，不具有原告资格。综上，请求人民法院依法驳回原告的全部诉讼请求。

本院经审理查明：

Getty Images 公司高级副总裁、总顾问 John J.Lapham Ⅲ 于 2008 年 6 月 9 日出具一份《确认授权书》，确认 Getty Images 公司有权展示、销售和许可他人使用该授权书附件 A 中所列出之品牌相关的所有图像。这些图像展示在 Getty Images 公司的互联网站 www.gettyimages.com 上，在中华人民共和国境内亦能看到。确认华盖公司是 Getty Images 公司在中华人民共和国的授权代表，Getty Images 公司授权该公司在中华人民共和国境内展示、销售和许可他人使用附件 A 中所列出之品牌相关的所有图像。依据 2005 年 8 月 1 日生效的图像许可和销售服务协议的条款，华盖公司有权在中华人民共和国境内以其自己的名义就任何第三方对于 Getty Images 公司的知识产权（版权，包括精神权利）的侵犯和未经授权使用附件 A 中所列出之品牌相关图像的行为采取任何形式的法律行为。该授权涵盖 2005 年 8 月 1 日之前可能已经在中华人民共和国境内出现的对于 Getty Images 公司知识产权（版权，包括精神权利）的侵犯。确认本人（即 John J.Lapham Ⅲ）由 Getty Images 公司适时授权以公司之名义行使上述授权书及证明中所赋予之权利。该授权书之附件 A 所列品牌中包括 Stockbyte。该《确认授权书》经美国公证机构公证，及中国驻美国旧金山总领事馆认证，北京市方圆公证处对影印本与原本内容相符及中文译本与英文原本内容相符的情况进行了公证，并出具了（2008）京方圆内经证字第 21711 号公证书。

2010 年 3 月 17 日，在网址为 www.gettyimages.cn 的网站上展示有 57436088、57434661、stk15568cbu、71017116、57436291、57433983、71045177、57433999、57563558 九幅图片，图片左上角上均有“gettyimages”字样的水印，图片信息栏中记载：上述图片的品牌均为 Stockbyte，版权所有部分写明版权所有 1995—2010。该网站标注有“本网站所有图片均由 Getty Images 公司授权发布，侵权必究”字样。另，域名 www.gettyimages.cn 系由华盖公司所注册。

华盖公司于 2010 年 3 月 17 日在江苏省南京市白下公证处公证人员监督下对网址为 www.gettyimages.cn 的网站中载有涉案图片的情况进行证据保全，并制作了（2010）宁白证经内字第 254 号公证书。

华盖公司向本院提交了《一大把——中国首家企业门户》宣传广告册一本，该刊物中使用了标号为 57436088、57434661、stk15568cbu、71017116、

57436291、57433983、71045177、57433999、57563558 的九幅图片，该刊物没有全国统一发行刊号。

2007 年 10 月 17 日，华盖公司（甲方）与中企动力公司（乙方）签订了《年度合作协议》，约定：甲方授权乙方使用的图片包括 Getty Images 特定使用范围版权图片 RM 及（或）Getty Images 免版税金使用版权图片 RF；合作协议自 2007 年 8 月 1 日起生效，满 12 个月之日终止，最长延期至 14 个月；乙方承诺在协议有效期内共购买数量为 40000 张以上的图片，甲方在此基础上提供了图片不同用途、不同购买量的价格；乙方签署协议 10 日内支付人民币 3 万元的预付款，之后每季度月初交付 3 万元为本季度的预付款，合同有效期届满后，如乙方购买数量不到或者超过 40000 张时，按购买数量重新计算总金额，并于合同届满后 30 日内双方结清盈余。该协议附件一的“授权图片品牌”中的 RF 图片中包括 stockbyte 品牌。该协议附件二“合同应当包含的重要条款及内容”中约定的交付方式为，乙方签署图片定购确认单后（传真、公司邮箱确认皆可），甲方将所定图片下载并上传 FTP，并将链接地址告知乙方，即可下载。同日，双方签订的《年度合作协议之——补充协议》中约定，“乙方画册用途”的图片，购买数量在 50 张以下时，单幅价格为 1000 元。同日，中企动力公司向华盖公司支付了“图片服务费”3 万元。

2006 年 6 月 16 日，第 29 届奥林匹克运动会组织委员会授予 Getty Images 公司“北京奥组委官方图片社”称谓。华盖公司向本院提交了其与北京三星广告有限公司签订的两份图片使用许可合同，其中图片的许可使用单价分别为 9800 元、7000 元；华盖公司与武汉杰士邦卫生用品有限公司签订的和解协议，其中六幅图片的使用款共计 120000 元。华盖公司与江苏致邦律师事务所于 2010 年 3 月 28 日就本案签订了《委托代理合同》，华盖公司于 2010 年 4 月 6 日支付了律师费 5000 元。

在本案庭审过程中，中企动力公司对宣传广告册的真实性予以认可，但主张该宣传广告册的制作时间应为 2008 年 5 月前，其使用的相关图片包含在《年度合作协议》中，并已于 2007 年 10 月 17 日支付了对价；双方均认可协议届满后未进行结算。

上述事实，有（2008）京方圆内经证字第 21711 号公证书、CN 域名注册证书、(2010)宁白证经内字第254号公证书、《一大把——中国首家企业门户》宣传广告册、荣誉证书、图片使用许可合同、和解协议、委托代理合同、发票、《年度合作协议》及其附件、补充协议及发票等证据在案佐证。

本院认为:

一、关于原告是否为本案适格诉讼主体的问题。

根据《中华人民共和国著作权法》的规定,如无相反证明,在作品上署名的公民为作者;除法律另有规定外,作者对作品享有著作权。基于涉案图片在网址为www.gettyimages.cn网站上的展示情况,涉案图片上均有"gettyimages"的水印,即Getty Images公司的署名,该网站还标注了"本网站所有图片均由Getty Images公司授权发布,侵权必究"字样,且涉案图片相关信息的记载与Getty Images公司对原告的确认授权书内容能够相互印证,故在无相反证据的情况下,可以确认Getty Images公司享有著作权。Getty Images公司高级副总裁、总顾问John J.Lapham Ⅲ于2008年6月9日签署的《确认授权书》经美国公证机构公证,及我国驻美国旧金山总领事馆认证,对此证据效力应予采信。原告作为Getty Images公司在中国大陆地区的授权代表,依据授权有权在中国大陆地区展示、销售和许可他人使用涉案图片,并有权在中国大陆地区以自己的名义就侵犯涉案图片著作权的行为提起诉讼,故原告系本案适格诉讼主体。被告关于原告没有相应权利的诉讼理由缺乏事实与法律根据,本院对此不予支持。

二、关于被告的行为是否构成侵权的问题。

根据《最高人民法院关于民事诉讼证据的若干规定》第二条的规定,当事人对自己提出的诉讼请求所依据的事实或者反驳对方诉讼请求所依据的事实有责任提供证据加以证明。没有证据或者证据不足以证明当事人的事实主张的,由负有举证责任的当事人承担不利后果。本案中,原告向本院提交了《一大把——中国首家企业门户》宣传广告册,被告对其真实性予以认可。被告反驳认为涉案图片属于双方《年度合作协议》的范围且已经支付了对价,但双方在该协议届满后未进行结算,故被告应就其上述主张负有举证责任。本案中,被告并未提交图片定购确认单等相关证据予以佐证,应承担举证不能的法律后果。被告未经原告许可,擅自使用涉案图片,并用于宣传推广,侵犯了原告依法享有的复制权和发行权,应当承担赔偿损失的民事责任。至于赔偿数额,本院将根据被告侵权行为的性质、主观过错等因素,酌情予以确定。对于律师费,该项费用中的合理部分属正当的诉讼支出,应由被告予以负担。

综上所述,根据《中华人民共和国著作权法》第二条第二款,第十条第一款第(五)项、第(六)项,第十一条第四款,第四十八条第(一)项,第四十九条,《最高人民法院关于民事诉讼证据的若干规定》第二条的规定,本院判决如下:

一、被告北京中企动力商务信息有限公司自本判决生效之日起七日内赔偿原告华盖创意(北京)图像技术有限公司经济损失及合理支出三万元。

二、驳回原告华盖创意(北京)图像技术有限公司的其他诉讼请求。

如逾期给付,应当按照《中华人民共和国民事诉讼法》第二百二十九条之规定,加倍支付迟延履行期间的债务利息。

案件受理费二千一百七十五元,由原告华盖创意(北京)图像技术有限公司负担一千六百二十五元(已交纳),由被告北京中企动力商务信息有限公司负担五百五十元(于本判决生效后七日内交纳)。

如不服本判决,双方可在判决书送达之日起十五日内,向本院递交上诉状并按对方当事人的人数提出副本,交纳相应的上诉案件受理费,上诉于北京市高级人民法院。

审　判　长　赵　明
代理审判员　江建中
代理审判员　李轶萌
二〇一一年二月十五日
书　记　员　张　琳

(本章编写:姚旭　华风霞)

网络视频版权问题

——乐视网 VS 百视通

随着数字传输技术的日益进步,网络视频业务渐渐成为数字出版商的重要阵地,而对优秀影视版权资源的争夺也成为各家企业的重中之重,围绕一部优秀作品的版权大战时有发生。本案是国内两家大型网络视频运营商的版权争执,其间的很多结论具有一定的指导意义。

一、相关背景

2004 年 11 月,乐视网信息技术(北京)股份有限公司(以下简称乐视网公司)成立于北京中关村高科技产业园区,享有国家级高新技术企业资质,2010 年 8 月 12 日在中国创业板上市,是行业内全球首家 IPO(首次公开募股)上市公司,中国 A 股唯一上市的视频公司。乐视网公司致力于打造垂直整合的“平台+内容+终端+应用”的生态模式,涵盖了互联网视频、影视制作与发行、智能终端、大屏应用市场、电子商务、生态农业等。自2004年乐视网公司成立以来,一直坚持正版长视频策略。版权部作为乐视网公司正版视频的购置部门,是乐视网公司最早成立并在视频行业内颇具影响力的一支团队,并为乐视网公司建立了视频行业最全的正版视频版权库。版权部与众多华语优秀影视机构建立了良好的合作关系,包括保利博纳、光线影业、小马奔腾、华谊兄弟、华策影视等知名出品方;在全球范围内也与索尼、派拉蒙、米高梅、哥伦比亚、环球、华纳、迪士尼、尼克等建立了合作关系。与此同时,版权部与各大知名网络媒体、网络视频同业伙伴也有着密切的接触,新浪、搜狐、优酷等都与版权部进行过相关合作。

百视通网络电视技术发展有限责任公司(以下简称百视通公司)是国内领先的 IPTV(网络电视)新媒体视听业务运营商、服务商,由 SMG(上海文广新闻传媒集团)和清华同方股份公司合资组建。百视通公司依托 SMG,拥有强大的视听内容创意与生产、交互产品研发与应用、新媒体管理与运营的综合优势;同时,其在 IPTV 技术方面与微软、思科(Cisco)等国际公司合作,拥有业界领先的运营管理平台。国际媒体评价百视通公司为全球最著名的 IPTV 产业品牌之一。

两家公司在网络视频领域有所交叉,本案就是双方因一部视频作品版权争议而走上法庭。

二、案情回顾

2011 年 8 月 18 日,乐视网公司通过“京东商城”从北京京东世纪信息技术有限公司(以下简称京东公司)购买了万利达集团有限公司(以下简称万利达公司)生产的万利达 MBD-906DVD 播放机(高清版)一台。其中,京东公司销售的该播放机是从万利达公司购进的。2011 年 9 月 22 日,将该播放机连接互联网和电视机后,可以在电视机上观看由百视通公司存储在其互联网电视集成播控平台服务器而非存储在该播放机中的影视作品《非常舞者》。

而乐视网公司表示其经授权获得了影视作品《非常舞者》的独占专有信息网络传播权以及转授权,期限为 2010 年 12 月 31 日至 2015 年 12 月 30

日。故乐视网公司于2013年9月2日向北京市朝阳区人民法院提起原审诉讼。

经证实,2010年12月31日,百视通公司(甲方)与乐视网公司(乙方)签署《节目授权播出协议》,约定乙方授权甲方与甲方的关联企业包括涉案电影《非常舞者》在内的共计17部电影。授权平台为百事通公司运营的IPTV平台和上海东方龙新媒体有限公司运营的手机电视平台。授权范围为通过网络对机顶盒、电脑等终端客户提供视频点播、直播(包括VOD、IPTV等)方式进行传播的权利,不包括数字电视,不包括互联网机顶盒和互联网电视机。授权区域为中国大陆地区。授权性质为非独家使用权,不含转授权。电影《非常舞者》授权期限为内地院线公映之日(2010年12月3日)后28天起一年。

原审法院认为:乐视网公司对涉案电影《非常舞者》享有的信息网络传播权受法律保护。百视通公司所实施的行为是通过互联网机顶盒将存储在其服务器上的涉案作品传播给用户,供用户使用电视机终端观看涉案电影。根据百视通公司与乐视网公司签订的协议,该约定明确将通过互联网机顶盒传播涉案作品的方式排除在了授权范围之外,百视通公司的涉案行为显然超出了授权范围。涉案播放机本身并未存储涉案影片,当百视通公司从其服务器上删除涉案影片后,通过该播放机无法再点播涉案影片,故播放机本身并不属于侵权物,京东公司销售该播放机的行为不属于侵权行为。

原审法院判决:1.原审被告百视通网络电视技术发展有限责任公司于本判决生效之日起立即从其互联网电视集成播控平台服务器中删除涉案电影《非常舞者》;2.原审被告百视通网络电视技术发展有限责任公司于本判决生效之日起十日内赔偿原审原告乐视网信息技术(北京)股份有限公司经济损失及合理费用共计12000元;3.驳回原审原告乐视网信息技术(北京)股份有限公司的其他诉讼请求。

百视通公司不服原审判决,向北京市第三中级人民法院提起上诉。北京市第三中级人民法院对原审法院经审理查明的事实予以确认。驳回上诉,维持原判。

三、相关法律条文

本案主要涉及的法律包括《中华人民共和国著作权法》《中华人民共和国合同法》《中华人民共和国民事诉讼法》。

《中华人民共和国著作权法》

第十条　著作权包括下列人身权和财产权

……

(十二)信息网络传播权,即以有线或者无线方式向公众提供作品,使公众可以在其个人选定的时间和地点获得作品的权利;

……

第二十七条　许可使用合同和转让合同中著作权人未明确许可、转让的权利,未经著作权人同意,另一方当事人不得行使。

……

第四十八条　有下列侵权行为的,应当根据情况,承担停止侵害、消除影响、赔礼道歉、赔偿损失等民事责任;同时损害公共利益的,可以由著作权行政管理部门责令停止侵权行为,没收违法所得,没收、销毁侵权复制品,并可处以罚款;情节严重的,著作权行政管理部门还可以没收主要用于制作侵权复制品的材料、工具、设备等;构成犯罪的,依法追究刑事责任。

(一)未经著作权人许可,复制、发行、表演、放映、广播、汇编、通过信息网络向公众传播其作品的,本法另有规定的除外。

……

第四十九条　侵犯著作权或者与著作权有关的权利的,侵权人应当按照权利人的实际损失给予赔偿;实际损失难以计算的,可以按照侵权人的违法所得给予赔偿。赔偿数额还应当包括权利人为制止侵权行为所支付的合理开支。

权利人的实际损失或者侵权人的违法所得不能确定的,由人民法院根据侵权行为的情节,判决给予五十万元以下的赔偿。

《中华人民共和国合同法》

第一百二十五条　当事人对合同条款的理解有争议的，应当按照合同所使用的词句、合同的有关条款、合同的目的、交易习惯以及诚实信用原则，确定该条款的真实意思。

《中华人民共和国民事诉讼法》

第一百七十条　第二审人民法院对上诉案件，经过审理，按照下列情形，分别处理：

（一）原判决、裁定认定事实清楚，适用法律正确的，以判决、裁定方式驳回上诉，维持原判决、裁定；

……

第一百七十一条　第二审人民法院对不服第一审人民法院裁定的上诉案件的处理，一律使用裁定。

……

第一百七十五条　第二审人民法院的判决、裁定，是终审的判决、裁定。

四、案例评述

艾瑞咨询公司的调查结果显示，网络视频用户在视频网站上收看电影的比例高达97%，收看电视剧的比例为90%，收看综艺娱乐节目的比例也达到了80%。由于广阔的市场需求，视频网站近年来得到了快速的发展。但内容资源的版权问题一直是其发展道路上的绊脚石。此次，乐视网公司和百视通公司关于《非常舞者》信息网络传播权纠纷案件中，百视通公司未经权利人授权，越过与乐视网公司签订协议中不包括互联网机顶盒和互联网电视机的授权范围，通过互联网机顶盒将存储在其服务器上的《非常舞者》传播给用户，供用户使用电视机终端观看涉案电影，侵犯了乐视网公司对该影片享有的信息网络传播权。

其中，百视通公司和乐视网公司双方签订的《节目授权协议》中的“通过网络对机顶盒、电脑等终端客户提供视频点播、直播（包括 VOD、IPTV

等)方式进行传播的权利,不包括数字电视”与“不包括互联网机顶盒和互联网电视机”是否存在矛盾,百视通公司的行为是否超出授权范围成了双方争议的热点。

依据《中华人民共和国合同法》第一百二十五条第一款规定,当事人对合同条款的理解有争议的,应当按照合同所使用的词句、合同的有关条款、合同的目的、交易习惯以及诚实信用原则,确定该条款的真实意思。法院认为,由于 IPTV 本身并无法定义,且“网络”不仅包括互联网,还包括电视网等其他网络,“机顶盒”与“互联网机顶盒”也不必然等同。其中,“通过网络对机顶盒、电脑等终端客户提供视频点播、直播(包括 VOD、IPTV 等)方式”的具体表现形式有多种,通过“互联网机顶盒和互联网电视机”进行传播仅是其中之一。同时,“互联网机顶盒和互联网电视机”与 IPTV 平台两种传播方式也并不相同。因此双方当事人写明的授权范围并不矛盾,而是进一步对授权范围的排除。依照《中华人民共和国著作权法》第二十七条规定,许可使用合同和转让合同中著作权人未明确许可、转让的权利,未经著作权人同意,另一方当事人不得行使。所以,百视通公司的行为属于未经乐视网公司许可使网络用户可以在个人选定的时间和地点获得涉案电影,侵害了乐视网公司就涉案电影享有的信息网络传播权。

“乐视网自成立开始就坚持正版的发展道路,已经连续盈利三年,从长远发展来看,视频网站想要成功必须走正版路线。”乐视网高级副总裁刘弘介绍说。随着影视作品版权越来越受到关注,各大网络视频提供商对影视作品版权的争夺也将越发激烈。为了抵制网络侵权盗版行为,国家版权局和行业组织都作出了努力,如 2006 年以来启动的“剑网行动”、2009 年国内网络视频行业共同创建的最广泛反盗版统一战线“中国网络视频反盗版联盟”等。虽然取得了一定的成效,但难免会有一些“漏网之鱼”。

视频网站盗版的原因,除了现有法律规定的不足、适用效果有欠缺,也有视频网站自身发展的不完善这些主观原因。

首先,高额的版权费用。对于资金短缺、“无依无靠”、刚起步的视频网站来说,想要取得发展,就必须要有足够的正版视频资源。各大视频网站不惜花费巨资购买独家网络版权。据悉,乐视网公司 2011 年热播电视剧的独家网络版权占有率已超过 70%。水涨船高的版权费用迫使一些小网站开始走上盗播的道路。

其次,视频网站发展模式的不成熟。在我国由于付费观看意识的淡薄,大部分视频网站主要还是依赖视频的播放吸引流量,进而吸引广告的模式盈利。因此热播影视作品的版权就成了各大视频网站的竞争焦点。乐视网公司具有独家网络版权的影视作品《潜伏》《疯狂的赛车》等都引起了很大纠纷。

再次,视频网站的版权意识欠缺。由几个高清蓝光视频爱好者组建的高清门户网站"思路网"盗版国内外最新知名高清影视剧作品18772部,其CEO(首席执行官)周某在面对被判处5年有期徒刑、100万元处罚金时,仍然拒不认侵犯著作权罪。

最后,行业之间的恶性竞争。除了对版权的合法维护,许多视频网站之间还存在着多种业务的竞争关系,商业利益是其中深层次的原因。乐视网申请起诉中国互联网电视(ICNTV)与小米盒子盗播《后宫甄嬛传》《失恋33天》等十部影视作品中,乐视盒子与小米盒子的市场竞争关系也不可忽视。

五、判决书

(一)一审判决书

乐视网信息技术(北京)股份有限公司与北京京东世纪信息技术有限公司等侵害作品信息网络传播权纠纷一审民事判决书①

北京市朝阳区人民法院民事判决书

(2013)朝民初字第34490号

原告乐视网信息技术(北京)股份有限公司,住所地北京市海淀区学院南路68号19号楼六层6184号房间。

法定代表人贾跃亭,董事长。

委托代理人王磊,北京浩润恒勤律师事务所律师。

被告北京京东世纪信息技术有限公司,住所地北京市朝阳区北辰西路

---

① 参见中国裁判文书网。

8号北辰世纪中心A座F06层0603—0615。

法定代表人刘强东,董事长。

委托代理人马晨,女,1986年11月4日出生。

被告百视通网络电视技术发展有限责任公司,住所地上海市长宁区长宁路1027号1008E座。

法定代表人张大钟,执行董事。

委托代理人刘春泉,上海泛洋律师事务所律师。

原告乐视网信息技术(北京)股份有限公司(简称乐视网公司)与被告北京京东世纪信息技术有限公司(简称京东公司)、被告百视通网络电视技术发展有限责任公司(简称百视通公司)侵害信息网络传播权纠纷一案,本院受理后,依法由审判员李自柱独任审判,公开开庭进行了审理。乐视网公司的委托代理人王磊、京东公司的委托代理人马晨、百视通公司的委托代理人刘春泉,到庭参加了诉讼。本案现已审理终结。

乐视网公司起诉称:我公司独占享有影视作品《非常舞者》的信息网络传播权。2011年8月18日,我公司从京东公司购买了万利达集团有限公司(简称万利达公司)生产的万利达MBD-906DVD播放机(高清版)(简称涉案播放机)一台。将涉案播放机连接互联网及电视机后,可以在电视机上观看百视通公司通过其互联网电视集成播控平台提供的涉案影视作品。百视通公司侵害了我公司对该作品享有的信息网络传播权。京东公司作为涉案侵权播放机的销售者,也应当承担相应的法律责任。故我公司要求:京东公司立即停止销售涉案播放机;百视通公司立即停止在涉案播放机上提供涉案影视作品《非常舞者》的在线观看服务并删除相应的视频文件;百视通公司赔偿我公司经济损失3.7万元及律师费3000元。

京东公司答辩称:我公司销售涉案播放机有合法的进货渠道;涉案播放机所具有的在线播放功能是该商品的功能之一,所播放的影片是否构成侵权,我公司无法预知;我公司不提供涉案影视作品的信息网络传播服务;我公司接到诉状后已经将涉案播放机下架。综上,我公司不应承担侵权责任。

百视通公司答辩称:乐视网公司本案起诉已经超过了诉讼时效;我公司将涉案作品存储在互联网电视集成播控平台上,并通过涉案播放机将作品传播给用户，是得到了乐视网公司授权的，不构成侵权；乐视网公司主张索赔数额依据不足。综上，我公司不同意乐视网公司的诉讼请求。

经审理查明：乐视网公司经授权获得了涉案影片《非常舞者》的独占专有信息网络传播权以及转授权的权利，期限自2010年12月31日—2015年12月30日。

2011年8月18日，乐视网公司通过“京东商城”从京东公司购买了万利达公司生产的涉案播放机一台。京东公司销售的涉案播放机是从万利达公司购进的。

2011年9月22日，将购买的涉案播放机接入互联网并与电视连接后，打开涉案播放机，电视屏幕下方显示有“文件复制”“媒体库”“在线影院（测试版）”等栏目，用遥控器选择“在线影院（测试版）”后，在屏幕上显示有“百视影院”“百视剧场”“哈哈少儿”和“新闻联播”四个栏目。进入百视影院界面，左侧显示有“最新上线”“高清影院”“国内经典”“好莱坞大片”“喜剧”“惊险”“剧情”“爱情”“速度与激情”等分类，右侧显示有对应类别栏目中的相关电影海报。在选择“爱情”类别后，右侧的界面中显示有涉案电影《非常舞者》海报。点击进入后，显示有涉案电影《非常舞者》海报、剧情简介、导演、地区、演员等信息。该电影可以正常播放。

上述播放的涉案电影《非常舞者》由百视通公司存储在其互联网电视集成播控平台服务器中，并未存储在涉案播放机中。2011年7月1日，百视通公司（作为甲方）与万利达公司（作为乙方）签署了《关于互联网电视机顶盒项目的合作协议》（简称《合作协议》），约定：1.互联网机顶盒（网络机顶盒）是指通过互联网为电视机用户提供合法版权的视听内容及其他基于互联网的电视增值服务：服务于有1M以上互联网接入的家庭，提供在线视听节目的点播服务，提供以电视为终端的互联网增值业务，操控简单并符合传统电视的操作体验；2.双方在互联网电视机顶盒合作项目中，乙方自出品牌机顶盒对接甲方的互联网电视集成平台；3.甲方负责双方合作产品平台上所有在线试听内容的集成、播控、管理、监看，并对内容的合法性、安全性负责。甲方同意合作过程中不向乙方收取服务授权费。为便于乙方开发合作产品，甲方同意向乙方开放甲方服务平台的相关动态链接库、API接口文件等有关技术资料；4.乙方同意根据国家广电总局的相关管理规定，对乙方自主品牌推广的机顶盒产品,所有与甲方的合作产品中唯一接入甲方互联网电视集成平台,终端产品不得对接其他互联网服务提供商,乙方也不得对内容进行编辑、推介或者任何干预;5.乙方自主品牌合作产品的首页应体现“Bestv 百视通”的相应呼号,甲方允许乙方的自主品牌的合作产品在销售过程中使用“BestvInside”的称谓用于对外宣传,具体使用规范由甲方后续提供;6.甲方负责提供内容运营必需的服务器和宽带,高质量的内容和服务;7.协议有效期自2011年7月1日起至2014年6月30日止。百视通公司认可乐视网公司上述从京东公司购买的涉案播放机即为该《合作协议》中的互联网机顶盒。

另查一,2010年12月31日,百视通公司(作为甲方)与乐视网公司(作为乙方)签署《节目授权播出协议》,约定:1.甲方是上海东方传媒集团所属公司,乙方是甲方的版权供应方;2.节目指按照协议约定,由乙方许可甲方及关联企业通过数字播出平台在中华人民共和国大陆境内向用户播出的视听作品;关联企业以及使用平台是由上海东方传媒集团有限公司或上海东方传媒集团有限公司参股的公司,即百视通公司运营的IPTV平台和上海东方龙新媒体有限公司运营的手机电视平台;3.乙方授权甲方与甲方的关联企业,按照本协议约定的授权期限、授权平台、授权区域与授权性质,可重复播放节目,播放形式包括但不限于直线播放、点播播放或剪辑片断播放、局域网播放等形式(不包括互联网机顶盒和互联网电视机);4.授权节目包括涉案电影《非常舞者》在内的共计17部电影。授权平台为百事通公司运营的IPTV平台和上海东方龙新媒体有限公司运营的手机电视平台。授权范围为通过网络对机顶盒、电脑等终端客户提供视频点播、直播(包括VOD、IPTV等)方式进行传播的权利,不包括数字电视,不包括互联网机顶盒和互联网电视机。授权区域为中国大陆地区。授权性质为非独家使用权,不含转授权;5.涉案电影《非常舞者》授权期限为内地院线公映之日后28天起一年。在该《节目授权播出协议》所附的《授权书》记载的“授权范围”与《节目授权播出协议》约定的“授权范围”表述一致,均包括“不包括数字电视,不包括互联网机顶盒和互联网电视机”。百视通公司认为上述《节目授权播出协议》约定的“授权范围”中的“不包括互联网机顶盒和互联网电视机”是衍文,该内容并不是双方真实的意思表示,故其传播涉案电影的涉案行为是有合法授权的。乐视网公司对此不予认可,百视通公司就此也未提供充分的证据。

另查二,乐视网公司于2013年9月2日向本院提起本案诉讼。

另查三,乐视网公司提供了凤凰网的网页打印件,显示涉案电影《非常舞者》于2010年12月3日在全国各大院线上映。

以上事实,有涉案电影《非常舞者》、(2008)京方正内经证字第07196—07174号公证书、(2009)京方正内经证字第02824号公证书、(2011)京方正内经证字第10821号公证书、《产品购销协议》、增值税发票、《购销证明》、《合作协议》、《节目授权播出协议》及当事人陈述等在案佐证。

本院认为:乐视网公司对涉案电影《非常舞者》享有的信息网络传播权受法律保护。

我国著作权法第二十七条规定,许可使用合同和转让合同中著作权人未明确许可、转让的权利,未经著作权人同意,另一方不得行使。

百视通公司本案所实施的行为是通过互联网机顶盒将存储在其服务器上的涉案作品传播给用户,供用户使用电视机终端观看涉案电影。根据百视通公司与乐视网公司签订的协议,百视通公司获得的涉案电影的授权范围为“通过网络对机顶盒、电脑等终端客户提供视频点播、直播(包括VOD、IPTV等)方式进行传播的权利,不包括数字电视,不包括互联网机顶盒和互联网电视机”。该约定明确将通过互联网机顶盒传播涉案作品的方式排除在了授权范围之外,百视通公司的涉案行为显然超出了该授权范围。百视通公司称该“不包括互联网机顶盒和互联网电视机”的约定是衍文,乐视网公司对此不予认可,且百视通公司对此也未举证证明,故本院对此不予采信。而且,在双方合同及授权书中有三处明确写明“不包括互联网机顶盒和互联网电视机”,如此多次重复该内容,显系双方着重强调之结果,百视通公司称之为衍文,明显与此不符。另外,由于IPTV本身并无法定定义,且“网络”不仅包括互联网,还包括电视网等其他网络,“机顶盒”与“互联网机顶盒”也不必然等同,故将“互联网机顶盒和互联网电视机”排除在授权范围之外与“通过网络对机顶盒、电脑等终端客户提供视频点播、直播(包括VOD、IPTV等)方式进行传播的权利”的授权并不矛盾。综上,本院对百视通公司辩称的其涉案播放行为经过了乐视网授权的意见不予支持。此外,百视通公司获得涉案影片授权的期限截止于 2011 年 9 月 13 日,乐视网公司在 2011 年 9 月 22 日公证取证时百视通公司仍然在提供涉案影片的播放,也明显超出了授权期限。百视通公司涉案超出授权范围及期限播放涉案影片的行为,属于未经权利人授权的使用行为,侵犯了乐视网公司对该影片享有的信息网络传播权,应当为此承担停止侵权等相应的侵权责任。

尽管乐视网公司于 2011 年 8 月 18 日购买了涉案播放机,但其于 2011 年 9 月 22 日才通过该播放机查找并播放涉案影片,故其知道或应当知道其权利被侵害的日期应当是 2011 年 9 月 22 日。从该日期至其向本院提起诉讼,并未超过两年的诉讼时效。故百视通公司提出的诉讼时效的抗辩意见不成立,乐视网公司有权要求百视通公司承担赔偿损失的法律责任。

乐视网公司主张的赔偿数额过高,且没有充分依据,本院不予全额支持。本院将综合考虑到涉案影视作品的出品时间、独创性大小、百视通公司的主观过错大小、侵权情节和侵权范围等因素酌情确定具体的赔偿数额。鉴于乐视网公司委托律师出庭参加了诉讼,本院对其主张的律师费酌情予以支持。

涉案播放机本身并未存储涉案影片,且涉案侵权行为发生的根源在于百视通公司在其服务器上存储涉案影片并通过涉案播放机供用户点播,当百视通公司从其服务器上删除涉案影片后,通过该播放机自然无法再行点播涉案影片,故播放机本身并不属于侵权物,京东公司销售该播放机的行为不属于侵权行为,乐视网公司要求京东公司停止销售的诉讼请求,本院不予支持。

综上,依据《中华人民共和国著作权法》第十条第一款第(十二)项、第二十七条、第四十八条第(一)项、第四十九条之规定,判决如下:

一、被告百视通网络电视技术发展有限责任公司于本判决生效之日起立即从其互联网电视集成播控平台服务器中删除涉案电影《非常舞者》;

二、被告百视通网络电视技术发展有限责任公司于本判决生效之日起十日内赔偿原告乐视网信息技术(北京)股份有限公司经济损失及合理费用共计一万二千元;

三、驳回原告乐视网信息技术(北京)股份有限公司的其他诉讼请求。

如果未按本判决指定的期间履行给付金钱义务,应当依照《中华人民共和国民事诉讼法》第二百二十九条之规定,加倍支付迟延履行期间的债务利息。

案件受理费400元,由原告乐视网信息技术(北京)股份有限公司负担100元(已交纳);由被告百视通网络电视技术发展有限责任公司负担300元(于判决生效后7日内交纳)。

如不服本判决,可在判决书送达之日起十五日内,向本院递交上诉状,并按对方当事人的人数提出副本,上诉于北京市第三中级人民法院。

审判员　李自柱

二〇一四年四月二十八日

书记员　沈　飞

(二)二审判决书

百视通网络电视技术发展有限责任公司与乐视网信息技术(北京)股份有限公司等侵害作品信息网络传播权纠纷二审民事裁定书①

北京市第三中级人民法院民事裁定书

(2014)三中民终字第02645号

上诉人(原审被告)百视通网络电视技术发展有限责任公司,住所地上海市长宁区长宁路1027号1008E座。

法定代表人张大钟,董事长。

被上诉人(原审原告)乐视网信息技术(北京)股份有限公司,住所地北京市海淀区学院南路68号19号楼六层6184号房间。

法定代表人贾跃亭,董事长。

委托代理人王磊,北京浩润恒勤律师事务所律师。

原审被告北京京东世纪信息技术有限公司,住所地北京经济技术开发区科创十四街99号2幢B178室。

法定代表人刘强东,董事长。

---

① 参见中国裁判文书网。

委托代理人马晨,女,1986 年 11 月 4 日出生,北京京东世纪信息技术有限公司职员。

上诉人百视通网络电视技术发展有限责任公司(简称百视通公司)因与被上诉人乐视网信息技术(北京)股份有限公司(简称乐视网公司)、原审被告北京京东世纪信息技术有限公司(简称京东公司)侵害作品信息网络传播权纠纷一案,不服北京市朝阳区人民法院(2013)朝民初字第 34490 号管辖权异议民事裁定,向本院提起上诉。本院于 2014 年 2 月 10 日受理后,依法组成合议庭审理了此案。

乐视网公司在一审中起诉称:2010 年 12 月 31 日乐视网公司经授权取得了电影《非常舞者》的独占专有的信息网络传播权,授权期限为自 2010 年 12 月 31 日起 5 年。2011 年 8 月 18 日乐视网公司通过京东商城网站购买了万利达集团有限公司(以下简称万利达公司)生产的万利达(Malata)MBD-906DVD 播放机(高清版)一台,发票显示销售单位为京东公司。经查,该机设置"在线影院"栏目,连接互联网进入"在线影院"后,显示有"百视影院"栏目,在该栏目内可以在线观看涉案电影。万利达公司和百视通公司于 2011 年 7 月 1 日签署《关于互联网电视机顶盒项目的合作协议》,约定在万利达公司生产的互联网机顶盒内对接百视通公司的互联网电视集成平台,由百视通公司通过该平台提供影视剧等节目的在线观看服务;百视通公司亦认可涉案播放机里面的在线影视剧等节目内容由自己提供,存储于自己的服务器内。百视通公司侵害了乐视网公司的信息网络传播权,应当承担侵权的法律责任;涉案播放机属于侵权产品,京东公司应当承担停止销售的法律责任。为此,乐视网公司诉至一审法院,要求京东公司立即停止销售提供电影《非常舞者》在线观看服务的万利达(Malata)MBD-906DVD 播放机(高清版)等。

一审法院向京东公司、百视通公司送达起诉状后,百视通公司在法定答辩期内向一审法院提出了管辖权异议,其事实与理由为:《中华人民共和国民事诉讼法》规定,因侵权行为提起的诉讼,由侵权行为地或者被告住所地人民法院管辖。《最高人民法院关于适用〈中华人民共和国民事诉讼法〉若干问题的意见》第 4 条规定,公民的住所地是指公民的户籍所在地,法人的住所地是指法人的主要营业地或者主要办事机构所在地。本案侵权公证时间为 2011 年 9 月，当时百视通公司主要的营业地、主要办事机构所在地均为上海市静安区威海路 232 号，本案的被告住所地属上海市静安区。上海市静安区人民法院尚未设立知识产权庭，上海市静安区内的知识产权案件归上海市普陀区人民法院管辖。据此，百视通公司请求将本案移送至上海市普陀区人民法院管辖。

一审法院经审理认为：《中华人民共和国民事诉讼法》规定，因侵权行为提起的诉讼，由侵权行为地或者被告住所地人民法院管辖。同一诉讼的几个被告住所地、经常居住地在两个以上人民法院辖区的，各该人民法院都有管辖权。本案是侵权之诉，可以根据侵权行为地或者各个被告的住所地确定管辖法院。本案京东公司住所地在一审法院辖区，故一审法院对本案具有管辖权。百视通公司所提管辖权异议不成立。综上，一审法院裁定：驳回原审被告百视通公司对本案管辖权提出的异议。

百视通公司不服一审裁定向本院提起上诉，其上诉理由与其一审期间提出的《管辖权异议申请书》的理由一致。百视通公司请求撤销一审裁定，将本案移送上海市普陀区人民法院管辖。

乐视网公司对于百视通公司的上诉未向本院提交书面答辩意见。

本院经审查认为，乐视网公司系以侵害作品信息网络传播权纠纷向京东公司、百视通公司提起诉讼，故本案属于侵权之诉。《中华人民共和国民事诉讼法》第二十八条规定："因侵权行为提起的诉讼，由侵权行为地或者被告住所地人民法院管辖。"故京东公司和百视通公司的住所地人民法院对本案均享有管辖权。《最高人民法院关于适用 < 中华人民共和国民事诉讼法 > 若干问题的意见》第 4 条规定："公民的住所地是指公民的户籍所在地，法人的住所地是指法人的主要营业地或者主要办事机构所在地。"本案中，虽然原审被告京东公司在工商行政管理部门登记的住所地为北京市北京经济技术开发区科创十四街 99 号 2 幢 B178 室，但其主要营业地位于北京市朝阳区北辰西路 8 号北辰世纪中心 A 座 F06 层 0603-0615 号，故北京市朝阳区是京东公司的住所地，北京市朝阳区人民法院依法对本案有管辖权。乐视网公司选择向北京市朝阳区人民法院提起诉讼，符合《中华人民共和国民事诉讼法》第三十五条关于"两个以上人民法院都有管辖权的诉讼，原告可以向其中一个人民法院起诉；原告向两个以上有管辖权的人民法院起诉的,由最先立案的人民法院管辖”之规定。百视通公司的上诉理由不成立,其上诉请求应予驳回。综上,一审法院裁定结果正确,应予维持。依照《中华人民共和国民事诉讼法》第一百七十条第一款第(一)项、第一百七十一条、第一百七十五条之规定,裁定如下:

驳回上诉,维持原裁定。

案件受理费七十元,由百视通网络电视技术发展有限责任公司负担(于本裁定生效之日起七日内向一审法院交纳)。

本裁定为终审裁定。

审　判　长　刘险峰
代理审判员　何　京
代理审判员　蔡　琳
二〇一四年三月五日
书　记　员　彭艳艳

(本章撰写:宗贝贝　华风霞)

春晚非法下载
——央视国际 VS 快车网

央视国际网络有限公司(以下简称央视国际)是中央电视台,也称央视,网络新媒体业务的平台,是央视各类电视节目的信息网络传播和推广的独家授权机构;快车(FlashGet)是知名的下载软件,在全球拥有1亿多的用户,于2006年被北京智通无限科技有限公司(以下简称智通公司)收购。这两家看似毫不相干的公司却因为《2009年中央电视台春节联欢晚会》(以下简称《2009春晚》)而联系在了一起。央视国际作为《2009春晚》的独家授权机构起诉快车网擅自提供《2009春晚》下载服务,双方就春晚的法律定性各执一词,此案件引起了社会对春晚法律定性的广泛关注,并引发了法学界对春晚法律定性的思考。那么春晚作为我国最受关注的综艺晚会,为什么会引发一系列的著作权纠纷?其著作权的法律定性是什么?我们通过央视国际诉快车网的侵权案件来了解一下。

一、相关背景

央视国际网络有限公司是中国中央电视台的一家全资子公司，成立于2006年4月28日，是中央电视台网络新媒体业务的平台，拥有国家主管部门颁发的开展信息网络传播的全业务资质，包括网络电视、手机电视、IP电视等。央视国际以视频为核心，整合中央电视台以及国内外其他传播机构优质节目资源，提供视频内容的直播、转播、点播、下载以及视音频搜索服务，是目前中国大陆最具实力的互联网和手机视听节目传播机构。用户覆盖美国、英国、法国、日本、德国等150多个国家和地区。

快车网所经营的软件快车是一个快速下载工具。快车之所以受到人们的喜爱，是因为它的功能多、下载速度快，还具有全球首创的“插件扫描”功能，在下载过程中自动识别文件中可能含有的间谍程序及捆绑插件，并对用户进行有效提示。

二、案情回顾

2009年5月14日，原告央视国际发现被告智通公司在其官方网站快车网向用户提供《2009春晚》的下载服务，通过快车这个快速下载工具，网络用户只需要三四分钟的时间就可以免费下载整台晚会内容。这一下载行为无疑会影响央视国际网络有限公司官网上的节目点播观看，最终影响其市场收益。面对未经授权的下载行为，原告对被告提起侵权诉讼。

原告央视国际认为，该公司从中央电视台处得到《2009春晚》信息网络传播的独家授权，因此有权通过信息网络向公众传播、广播、提供涉案节目。由于该权利许可的排他性约定，原告有权许可或者禁止他人行使或部分行使上述权利。而被告在未获得任何权利人许可的情况下提供非法下载，涉嫌侵权。由于《2009春晚》是中央电视台和原告花费巨大的人力、物力和财力摄制并传播，被告行为给原告造成了重大经济损失，并且社会影响恶劣，侵权情节严重。基于此，原告提出要求被告赔偿相应损失105万、停止侵权、赔礼道歉并承担本案的全部诉讼费用。

被告快车网则从两个方面作出辩护。一是认为《2009 春晚》系汇编作品，中央电视台不具备完整的授权人资质。作为节目播出方，电视台的独创性仅仅表现为灯光、舞美的设计，就节目本身而言中央电视台并没有明显的独创性活动，因此不足以构成电影作品，因此央视授权需要节目表演者的许可，而当前对于央视国际的授权存在瑕疵。二是认为赔偿数额不具有合理性。就节目下载而言，快车网提供的仅仅是《2009 春晚》节目的链接，而不是存储服务，因此受到“避风港规则”的保护。而且快车网从始至终未收到过原告的相关权利告知函件，这种情况下直接提起诉讼不符合网络诉讼惯例。而且在涉案作品中，被告并没有植入广告也未因此获利，因此不予认可原告的索赔金额要求。

2010 年 12 月 16 日，北京市海淀区人民法院开庭审理此案，并当庭作出一审判决。原告快车网的法人单位智通公司不服一审判决结果，向北京市第一中级人民法院提起上诉。二审中法院依法组成合议庭进行了审理，最后驳回上诉，维持原判。

两审后，法院认定《2009 春晚》所具有的独创性并没有达到电影作品所要求的高度，不足以构成电影作品或类似于以电影摄制方式创作的作品。因此，依据《中华人民共和国著作权法实施条例》的有关规定，认定《2009 春晚》属于录像制品，中央电视台对该节目享有录像制作者权。最终判决被告北京智通无限科技有限公司赔偿原告央视国际网络有限公司经济损失及合理诉讼支出共计六万元。

三、相关法律条文

《中华人民共和国著作权法》

第十四条　汇编若干作品、作品的片段或者不构成作品的数据或者其他材料，对其内容的选择或者编排体现独创性的作品，为汇编作品，其著作权由汇编人享有，但行使著作权时，不得侵犯原作品的著作权。

第十五条　电影作品和以类似摄制电影的方法创作的作品的著作权由制片者享有，但编剧、导演、摄影、作词、作曲等作者享有署名权，并有权按照与制片者签订的合同获得报酬。电影作品和以类似摄制电影的方法创作的作品中的剧本、音乐等可以单独使用的作品的作者有权单独行使其著作权。

……

第四十八条　有下列侵权行为的，应当根据情况，承担停止侵害、消除影响、赔礼道歉、赔偿损失等民事责任；同时损害公共利益的，可以由著作权行政管理部门责令停止侵权行为，没收违法所得，没收、销毁侵权复制品，并可处以罚款；情节严重的，著作权行政管理部门还可以没收主要用于制作侵权复制品的材料、工具、设备等；构成犯罪的，依法追究刑事责任：

……

（四）未经录音录像制作者许可，复制、发行、通过信息网络向公众传播其制作的录音录像制品的，本法另有规定的除外；

……

第四十九条　侵犯著作权或者与著作权有关的权利的，侵权人应当按照权利人的实际损失给予赔偿；实际损失难以计算的，可以按照侵权人的违法所得给予赔偿。赔偿数额还应当包括权利人为制止侵权行为所支付的合理开支。

权利人的实际损失或者侵权人的违法所得不能确定的，由人民法院根据侵权行为的情节，判决给予五十万元以下的赔偿。

《中华人民共和国著作权法实施条例》

第四条　著作权法和本条例中下列作品的含义：

……

（十一）电影作品和以类似摄制电影的方法创作的作品，是指摄制在一定介质上，由一系列有伴音或者无伴音的画面组成，并且借助适当装置放映或者其他方式传播的作品。

第五条　著作权法和本条例中下列用语的含义：

……

（三）录像制品，是指电影作品和以类似摄制电影的方法创作的作品以外的任何有伴音或者无伴音的连续相关形象、图像的录制品；

……

（五）录像制作者，是指录像制品的首次制作人。

四、案例评述

央视国际的官方网站央视网是国人通过网络了解央视电视节目的重要平台,快车网则是众多网友热爱的下载软件,此案原、被告都为广大用户所熟悉。同时该案诉讼标的又是一年一度国人必看的春晚,因此案件审理吸引了广泛关注。

这一案件审理的尘埃落定,首先厘清了晚会类节目的作品性质,即录像制品。相应地,平台方拥有专有的录像制作权利。在审理中,原、被告双方的分歧主要是《2009春晚》究竟是电影作品、汇编作品还是录像制品,不同类型作品所蕴含的独创性价值不同,被告责任也就有所差别。被告辩称春晚系汇编作品,因此被汇编作品的权利人享有著作权。如果中央电视台将春晚系列节目授权给原告,应该先取得具体单个节目作者的许可。故在此情况下央视无权将著作权授予原告,授权瑕疵导致原告没有取得作品的独家信息网络传播权,也就不是本案适格主体。而原告则认为《2009春晚》是中央电视台以类似电影摄制方式制作的作品,即电影作品。中央电视台在摄制春晚节目中投入了大量人力、物力、财力,进行了独创性的工作,而且也获得了相关节目权利人的授权,故原告所获授权合法有效。法院最终认定《2009春晚》是录像制品,中央电视台作为春晚的录制者,享有许可他人复制、发行、出租、通过信息网络向公众传播并获得报酬的权利。同样,其他晚会类等舞台作品的录像制作作品性质更有利于网络传播的界限处理。就本案而言,中央电视台作为录像制作者有权将录像制品发行权独家授予央视国际,而其他非法下载或传播者则涉嫌侵权。

此外,下载平台以"链接"为由规避侵权责任的一般方式得到制止。在本案中,快车网强调作为平台方,其提供的仅是内容方的链接,下载是用户行为,与平台无关。因此平台作为一个传播者只是为用户提供了一定便利,并无主观纵容用户恶意下载的行为。然而法院经过取证后认为,快车网涉案链接在用户下载过程中没有网页跳转等直观性的提示,而是造成内容就是来自快车网平台的客观效果,这一层面的"深链接"显然不同于传统搜索引擎的"浅链接"。虽然网页上没有明显的广告或植入广告行为,但由于非法下载行为所带来的网站流量增加,客观上已经带来非法利益,因此快车网应该对侵权行为负责。此外,被告也辩称其从未收到原告的权利通知书却被直接提起诉讼,认为其不符合“避风港规则”的“通知-删除”机制。然而这项辩护显然不能得到支持,因为春晚是广大群众耳熟能详的节目,因此其权利归属较为明确,在这种情况下向用户提供下载支持,无疑明知或应知这是一种侵权行为,而这一主观态度就将平台排除于“避风港规则”保护之外。

综上,本案的判决,不仅明确了晚会类节目的作品性质,为综艺节目等作品的版权保护指明了实践方向,同时也对一些平台利用“避风港规则”打“擦边球”实施侵权行为的现象予以了警示,无疑有利于我国整体版权保护环境的进一步改善。

五、判决书

央视国际诉快车网侵权案件二审判决书①

北京市第一中级人民法院民事判决书

上诉人(原审被告)北京智通无限科技有限公司,住所地北京市海淀区青云里满庭芳园小区 9 号楼青云当代大厦二十层 2007-7 室。

法定代表人黄明明,董事长。

委托代理人李文娟。

被上诉人(原审原告)央视国际网络有限公司,住所地北京市海淀区西三环中路 10 号 1 号楼、2 号楼。

法定代表人汪文斌,总经理。

委托代理人戎朝,上海天闻律师事务所律师。

委托代理人孙茂成,上海天闻律师事务所律师。

上诉人北京智通无限科技有限公司(以下简称智通公司)因侵犯著作权纠纷一案,不服北京市海淀区人民法院于 2010 年 12 月 16 日作出的(2010)海民初字第 8629 号民事判决,向本院提起上诉。本院于 2011 年 2

---

① 参见 110 法律咨询网。

月24日受理此案,并依法组成合议庭进行了审理。本案现已审理终结。

原审法院经审理查明:

《2009春晚》由中央电视台制作完成。

2006年1月1日,中央电视台出具《授权书》(以下简称06年授权书),授权中国国际电视总公司(以下简称电视总公司)为中央电视台制作的各类电视节目全世界版权交易的总代理;授权书有效期为5年。2009年4月9日,中央电视台就06年授权书出具《补充授权书》,授权电视总公司以自身名义针对部分网站自2006年1月1日以来侵权使用中央电视台节目的行为作为诉讼主体独立主张权利;该补充授权书的授权期限为2006年1月1日至2010年7月1日。

2009年4月20日,中央电视台出具《授权书》(以下简称09年授权书),将中央电视台所有电视频道及其所含的包含但不限于春节联欢晚会的全部电视节目,通过信息网络向公众传播的权利授权央视国际网络有限公司(以下简称央视公司)在全世界范围内进行交易的独家代理。央视公司作为上述权利的独占被授权许可人,可以以自己的名义,对外主张、行使上述权利,可以许可或禁止他人行使或部分行使上述权利;可以针对侵权行为以自己的名义或委托律师等第三方采取各种法律措施;授权内容自2006年4月28日起生效,至中央电视台书面声明取消授权之日失效。2009年9月15日,中央电视台出具《关于著作权及相关权利授权情况的说明》(以下简称《情况说明》),证实09年授权书是中央电视台就通过信息网络向公众提供中央电视台频道和节目权利进行授权的最终授权证明文件;自2006年4月28日央视公司成立后,电视总公司不再享有通过信息网络向公众提供中央电视台频道和节目的权利;06年授权书及2009年《补充授权书》中授予电视总公司通过信息网络向公众提供中央电视台频道和节目的权利及相关诉权的内容,自2006年4月28日央视公司成立后无效。

2009年5月14日,上海市静安公证处对快车网上传播《2009春晚》的情况进行了证据保全公证。根据保全过程制作的(2009)沪静证经字第2950号公证书显示:进入工业和信息化部ICP/IP地址/域名信息备案管理系统,经查询,域名kuaiche.com的经营主体为智通公司;在浏览器地址栏输入http://www.baidu.com,进入页面后,在空白栏中输入“快车”,点击“百度一下”,在搜索结果中点击“快车网 中国领先的资源下载门户”,进入快车网首页,该页面设有影视、游戏、软件、图片、视频等分类;在快车网首页点击“影视”,进入快车影视页面,该页面有电影、电视剧、动漫、综艺、人物等分类;在快车影视页面点击“综艺”,进入页面“最新更新”项下的第三行右侧显示有“2009 年央视春节联欢晚会”,其左侧有《2009 春晚》海报,海报右侧的上映时间显示为“2009-01-25”;点击海报右侧的“2009 年央视春节联欢晚会”链接,进入的页面显示有三张节目海报,在“剧情介绍”部分载明“中央台的春节晚会现在已经成为全世界收视率最高的节目之一,每年大年三十的 20:00,CCTV-1、4……”,“相关搜索”下方显示有两个搜索结果“[2009 央视春节联欢晚会][高速下载][上]”和“[2009 央视春节联欢晚会][高速下载][下]”;点击“[2009 央视春节联欢晚会][高速下载][上]”,进入的页面在“[2009 央视春节联欢晚会][高速下载][上]”下方显示有“立即下载”,下载并安装快车软件“FlashGet3.0”后,对“[2009 央视春节联欢晚会][高速下载][上]”内容进行下载,下载完毕后,可以对该视频文件进行播放;按照同样的操作,可以对“[2009 央视春节联欢晚会][高速下载][下]”内容进行下载并播放。在播放过程中,播放画面有“2009 春节联欢晚会”“CCTV1”“现场直播”等标识。

双方当事人认可央视公司所诉之行为现已停止。

为证明正常授权情况,央视公司提交了 2008 年 2 月 5 日该公司与北京广视通达网络技术有限公司(以下简称广视公司)订立的《网络视频直播技术合作协议》一份,双方约定央视公司作为内容提供方,将 2008 年中央电视台春节联欢晚会提供给广视公司通过其点对点视频直播技术平台在互联网上进行传播,授权期限为 2008 年 2 月 5 日至 2008 年 2 月 7 日。央视公司另提交了相应的进账单及发票对此予以佐证。为证明诉讼支出,央视公司还向原审法院提交了 1200 元的公证费发票和 2480 元的差旅费票据。

此外,智通公司还向原审法院提交了含有歌曲《童年》《爱之初体验》《出发》《亲亲我的宝贝》的 CD,以证明《2009 春晚》中所用的上述四首歌曲,其著作权人均为滚石国际音乐股份有限公司。

以上事实,有《2009 春晚》光盘、06 年授权书、《补充授权书》、09 年授权书、《情况说明》、公证书、《网络视频直播技术合作协议》、发票、进账单、行程单、CD 等为证,原审法院的询问笔录、庭审笔录等亦在案佐证。

原审法院认为:

一、关于《2009 春晚》的性质

本案中,央视公司所主张的《2009 春晚》,是广大观众在荧屏前所看到的经摄制而成的电视节目,其与舞台现场表演的春晚有所不同,更不同于其中所涉及的音乐、舞蹈、戏剧等具体作品。因此,中央电视台作为涉案《2009 春晚》的摄制者,其独创性主要体现在对现场表演的拍摄上。

通常而言,电影和类似以摄制电影的方法创作的作品(以下简称电影作品),是凝聚了剧本编写、演员表演、导演执导以及摄像、配音、配乐、剪辑等大量前期创作和后期处理的综合性智力成果,其对独创性具有较高的要求。至于本案中的《2009 春晚》,不可否认的是,其在表现形式上与电影作品相近,均由一系列有伴音或者无伴音的画面组成,并且在其摄制过程中,同样存在机位的设置、镜头的选择以及编导的参与,包含了大量的投入和辛勤的劳动,体现了一定的独创性。然而尽管如此,其作为以展现现场精彩表演为主要目的的电视节目,在创作方法上仍与电影作品存在着较大区别。特别是在对拍摄内容的选择、舞台表演的控制、相关节目的编排等方面,摄制者并非处于主导地位,而节目的编导、摄像等人员按照其意志所能作出的选择和表达也都非常有限。由此决定了《2009 春晚》所具有的独创性尚未达到电影作品所要求的高度,不足以构成电影作品。因此,依据《中华人民共和国著作权法实施条例》的有关规定,原审法院认定《2009 春晚》属于电影作品以外的有伴音或者无伴音的连续相关形象、图像的录制品,应当作为凝聚了一定智力创造的录像制品予以保护。中央电视台对其享有录像制作者权。

二、关于央视公司的授权

尽管智通公司提交的证据显示中央电视台曾将其电视节目的相关权利授予电视总公司,但在随后的 09 年授权书中,中央电视台明确将包括春节联欢晚会在内的全部电视节目的信息网络传播权独家授权央视公司,此外还在《情况说明》中强调 09 年授权书为最终授权证明文件,而该台对电视总公司的 06 年授权书及 2009 年《补充授权书》自 2006 年 4 月 28 日央视公司成立后无效。上述文件足以证明央视公司自 2006 年 4 月 28 日起,经中央电视台合法授权,独家享有该台包括春节联欢晚会在内的全部电视节目的信息网络传播权。因此,原审法院认定央视公司有权在本案中就《2009春晚》向智通公司主张权利。

三、关于快车公司的责任

(2009)沪静证经字第2950号公证书显示,点击智通公司在快车网上预先设置的"影视""综艺"等分类,在"综艺"页面的"最新更新"项下直接显示有《2009春晚》的节目名称、海报和上映时间;点击"2009年央视春节联欢晚会"链接,进入的页面中还显示有多张节目海报、内容简介和下载链接;点击下载链接并安装快车软件,即可实现对上述《2009春晚》相关视频文件的下载和播放。尽管智通公司在其提供的下载链接上方注明为"搜索结果",但该结果并不是根据用户的指令搜索得出,而是直接列明在有关《2009春晚》介绍的页面上,并且只有"[2009央视春节联欢晚会][高速下载][上]"和"[2009央视春节联欢晚会][高速下载][下]"两个链接,在形式上与通常的搜索结果有明显不同,此外页面上也没有显示与第三方来源有关的任何信息。因此,原审法院认定智通公司向用户提供的并非是一般的搜索链接服务,而是在明知的情况下,对用户进行指示、引导,进而提供《2009春晚》的内容下载服务。其行为已构成对央视公司信息网络传播权的侵犯,应当承担侵权责任。

侵犯他人著作权的,应当依法承担赔偿责任。尽管央视公司提交了其与第三方的合作协议,但该协议所涉及的内容并非涉案的《2009春晚》,且仅以一份协议难以充分证明央视公司的损失或智通公司的获利。在此情况下,原审法院根据《2009春晚》的影响力,结合智通公司侵权行为的时间、方式、性质、过错程度等因素,酌情确定赔偿数额。央视公司因本案支出的公证费、差旅费等费用属于必要的诉讼支出,应由智通公司予以负担。

鉴于央视公司并不享有与《2009春晚》有关的著作人身权,故对其有关赔礼道歉的诉讼请求,原审法院不予支持。

综上,原审法院依据2001年修正的《中华人民共和国著作权法》第四十七条第(四)项、第四十八条,《中华人民共和国著作权法实施条例》第四条第(十一)项、第五条第(三)项和第(五)项之规定,判决如下:一、智通公司赔偿央视公司经济损失及合理诉讼支出共计六万元,于判决生效之日起十日内给付;二、驳回央视公司的其他诉讼请求。

上诉人智通公司不服原审判决,于法定期限内向本院提起上诉,其上诉称:一、《2009春晚》中所涉及的作品均有明确的著作权人,而中央电视台对《2009春晚》信息网络传播权授权行为需要在不侵犯第三人的权利下进行,如果未经原著作权人的许可,其对被上诉人的授权行为是无效的,而被上诉人也不具有合法的独家信息网络传播权,不是本案适格的权利主体。二、上诉人经营的网站仅仅提供搜索链接,上诉人未接到权利人的通知,该行为不是侵权行为,且没有给被上诉人造成任何的经济损失,不应承担赔偿责任。三、被上诉人提出的索赔要求和赔偿金额完全不具有合法性和合理性,且与上诉人无任何的关联性。被上诉人的诉讼支出与上诉人无直接关系,上诉人不应承担。上诉人认为原审判决认定事实不清,适用法律不当,请求二审法院撤销原审判决,改判驳回央视公司的全部诉讼请求。

被上诉人央视公司同意原审判决。

本院经审理查明的事实与原审判决认定的事实相同,本院予以确认。

本院认为:央视公司所主张的《2009春晚》,是观众在荧屏前所看到的经摄制而成的以展现现场精彩表演为目的的电视节目,其在摄制过程中体现了一定的独创性,原审法院将其作为电影作品以外的有伴音或者无伴音的连续相关形象、图像的录制品予以保护并无不当。中央电视台作为涉案《2009春晚》的摄制者,享有录像制作者权。央视公司经中央电视台合法授权,独家享有该台包括春节联欢晚会在内的全部电视节目的信息网络传播权,其有权在本案中就《2009春晚》向智通公司主张权利。

作为录制品的《2009春晚》不同于其所展现的舞台现场表演,也不同于该表演所包含的各个具体作品,各个具体作品具有的各自的著作权人,并不影响作为摄制者的中央电视台对其所摄制的《2009春晚》享有录像制作者权,录像制作者对其制作的录像制品享有许可他人通过信息网络向公众传播并获得报酬的权利,中央电视台将其所具有的权利授予央视公司并未违反法律规定,亦未侵害第三人权益,上诉人认为该授权无效缺乏根据,其主张本院不予支持。尽管被许可人复制、发行、通过信息网络向公众传播录像制品,还应当取得著作权人、表演者许可并支付报酬,但这并不影响当侵权行为发生时,享有录像制作者权的主体可以独立于著作权人和表演者,单独依据录像制作者权向侵权行为人主张权利。上诉人认为被上诉人不是本案适格权利主体缺乏根据,其主张本院不予支持。

网络服务提供者为服务对象提供搜索或者链接服务,在接到权利人的通知书后,断开与侵权的作品、表演、录音录像制品的链接的,不承担赔偿责任。但是,明知或者应知所链接的作品、表演、录音录像制品侵权的,应当承担侵权责任。本案中,智通公司向用户提供的并非是一般的搜索链接服务,而是在明知的情况下,对用户进行指示、引导,进而提供《2009 春晚》的内容下载服务,其行为已构成对央视公司信息网络传播权的侵犯,应当承担相应侵权责任。上诉人认为其未接到权利人的通知,因此其行为不构成侵权,不应承担赔偿责任的上诉理由缺乏根据,本院不予支持。

原审法院根据《2009 春晚》的影响力,结合智通公司侵权行为的时间、方式、性质、过错程度等因素,酌情确定赔偿数额并认为央视公司因本案支出的公证费、差旅费等必要的诉讼支出由智通公司负担符合法律规定且确定数额适当。上诉人相关上诉理由缺乏根据,本院不予支持。

综上所述,原审判决程序合法,认定事实清楚,适用法律正确,本院应予维持。上诉人的上诉理由缺乏事实与法律依据,本院不予支持。据此,依照《中华人民共和国民事诉讼法》第一百五十三条第一款第(一)项之规定,本院判决如下:

驳回上诉,维持原判。

一审案件受理费一万四千二百五十元,由央视国际网络有限公司负担四千二百五十元(已交纳),由北京智通无限科技有限公司负担一万元;二审案件受理费一千三百元,由北京智通无限科技有限公司负担(已交纳)。

本判决为终审判决。

审 判 长 佟 姝

代理审判员 毛天鹏

代理审判员 李冰青

二〇一一年五月三十日

书 记 员 卓 锐

(本章编写:李娜 王志刚)

动画版权纠纷
——"葫芦娃"形象著作权权属纠纷案

本案的典型意义在于这是一起计划经济时期关于职务作品著作权归属的纠纷案件,且在涉案动画影片再创作的时下,我国有关知识产权的制度尚未完全建立,特定历史时期的背景使得这起案件有诸多争议之处。这是案件的复杂所在,其判决结果值得我们深思。

一、相关背景

《葫芦兄弟》(又名《葫芦娃》),是上海美术电影制片厂于 1986 年原创出品的 13 集系列剪纸动画片,是中国动画第二个繁荣时期的代表作品之一,至今已经成为中国动画经典。《葫芦兄弟》讲述了 7 只神奇的葫芦,变为 7 个本领超群的兄弟后,为救亲人前赴后继,与妖精们周旋的故事。《葫芦兄弟》自1986年播出以来,一直受到广大观众尤其是少年儿童的喜爱。

胡进庆,男,1936年3月生于江苏常州。上海美术电影制片厂一级导演,中国动画协会副会长。其主要作品有剪纸片《葫芦兄弟》《渔童》《金色的海螺》《人参娃娃》《鹬蚌相争》等,曾获文化部优秀影片奖、“金鸡奖”、西柏林国际电影节最佳短片“银熊奖”等。他因所创造的葫芦娃形象深入人心,被广大动画片爱好者称为“葫芦娃之父”。

二、案情回顾

2008年,作为“葫芦娃”造型著作权人,胡进庆、吴云初向北京市朝阳区人民法院起诉珠海出版社和北京世纪卓越信息技术有限公司出版销售的《魔法大迷宫——金刚葫芦娃》侵犯其“葫芦娃”造型著作权。既而得知上海美术电影制片厂(以下简称美影厂)已于早前向上海市第二中级人民法院起诉汕头市宏裕化妆品有限公司,主张该公司商标图案侵犯1986年至1987年形成的“葫芦娃”角色造型美术作品著作权,获得该院(2008)沪二中民中五(知)初字第224号判决支持。因此,胡进庆、吴云初一方面从北京市朝阳区人民法院撤诉,另一方面以著作权人身份要求该案二审上海市高级人民法院准许参与诉讼或重审,上海市高级人民法院通知胡进庆、吴云初应另案提起确权诉讼。

2010年1月,胡进庆、吴云初获准向指定管辖法院上海市黄浦区人民法院起诉美影厂。2011年8月4日,一审法庭判定原告胡进庆、吴云初只能享有署名权,“葫芦娃”角色造型的美术作品著作权归属被告美影厂。

原告胡进庆、吴云初不服原审判决,向上海市第二中级人民法院提起上诉。二审法院认为“‘葫芦娃’形象依法应当认定为‘特殊职务作品’,由胡进庆、吴云初享有署名权,著作权的其他权利由上海美术电影制片厂享有”,驳回上诉,维持原判。

三、相关法律条文

本案主要涉及《中华人民共和国著作权法》《中华人民共和国著作权法

实施条例》《中华人民共和国民法通则》《中华人民共和国民事诉讼法》的相关法律条文。

《中华人民共和国著作权法》

第三条　本法所称的作品，包括以下列形式创作的文学、艺术和自然科学、社会科学、工程技术等作品：

……

（四）美术、建筑作品；

……

第十一条　著作权属于作者，本法另有规定的除外。

创作作品的公民是作者。

……

如无相反证明，在作品上署名的公民、法人或者其他组织为作者。

……

第十五条　电影作品和以类似摄制电影的方法创作的作品的著作权由制片者享有，但编剧、导演、摄影、作词、作曲等作者享有署名权，并有权按照与制片者签订的合同获得报酬。

电影作品和以类似摄制电影的方法创作的作品中的剧本、音乐等可以单独使用的作品的作者有权单独行使其著作权。

第十六条　……

有下列情形之一的职务作品，作者享有署名权，著作权的其他权利由法人或者其他组织享有，法人或者其他组织可以给予作者奖励：

……

（二）法律、行政法规规定或者合同约定著作权由法人或者其他组织享有的职务作品；

……

第六十条　本法规定的著作权人和出版者、表演者、录音录像制作者、广播电台、电视台的权利，在本法施行之日尚未超过本法规定的保护期的，依照本法予以保护。

本法施行前发生的侵权或者违约行为，依照侵权或者违约行为发生时的有关规定和政策处理。

第六十一条　本法自1991年6月1日起施行。

《中华人民共和国著作权法实施条例》

第四条　著作权法和本条例中下列作品的含义：

……

（八）美术作品，是指绘画、书法、雕塑等以线条、色彩或者其他方式构成的有审美意义的平面或者立体的造型艺术作品；

……

（十一）电影作品和以类似摄制电影的方法创作的作品，是指摄制在一定介质上，由一系列有伴音或者无伴音的画面组成，并且借助适当装置放映或者以其他方式传播的作品；

……

第十一条　著作权法第十六条第一款关于职务作品的规定中的“工作任务”，是指公民在该法人或者该组织中应当履行的职责。

著作权法第十六条第二款关于职务作品的规定中的“物质技术条件”，是指该法人或者该组织为公民完成创作专门提供的资金、设备或者资料。

《中华人民共和国民法通则》

第四条　民事活动应当遵循自愿、公平、等价有偿、诚实信用的原则。

《中华人民共和国民事诉讼法》

第一百七十条　第二审人民法院对上诉案件，经过审理，按照下列情形，分别处理：

（一）原判决、裁定认定事实清楚，适用法律正确的，以判决裁定方式驳回上诉，维持原判决、裁定；

……

第一百七十五条　第二审人民法院的判决、裁定，是终审的判决、裁定。

四、案例评述

“葫芦娃”动画形象著作权归属的漫长争论最终以“特殊职务作品”这一概念予以解决。总体来看,这一判决结果虽然在情感层面一时难以接受,但仔细探究后我们又深深认同法院的最后裁决。“葫芦娃”动画形象的产生有其特殊历史背景,而“葫芦娃”商业形象的现代化开发又必须厘清其商业关系。动画形象的产业化开发,需要更多动画形象设计师的创意推出,更需要动画作品制片者的商业运作。综合历史语境与现代商业因素,认定“葫芦娃”动画形象为“特殊职务作品”,而将其版权归属于单位就较为容易接受。这一案件虽然结束,但其判决结果却令人深思。

1.如何平衡动画设计者和动画作品制片者的版权利益

对于“葫芦娃”动画形象著作权归属的这场“生养父”之争,已经尘埃落定。“葫芦娃”归“养父”美影厂所有,“生父”胡进庆和吴云初只有署名权,这样的判定可能让人感觉在道义上不太说得过去,孩子不是生父的而是养父的？这起案件给了以后对于计划经济时期作品的权属有一定的借鉴意义,同时最重要的是给广大的动画设计师等美术工作者很大的警示。特别是在知识产权越来越受到重视的今天,知名动画形象背后所隐藏的巨大商业价值越来越受到瞩目,动画设计师们将如何保护自己的“孩子”？动画作品制片者又如何平衡和艺术家们之间的利益？目前来看,对造型设计的权属及收益分配以合同约定是目前最好的选择。

此外,对于动画形象和动画角色形象造型原创美术作品之间是否能划上等号也是一个值得探索的问题。在实践中,对动画角色的侵权,大部分是侵犯了原作品的使用权,即未经许可而出于商业目的使用动画角色。但是在我国目前的著作权法体系中均未对使用权这一权利作出明确的规定,对动画角色形象商业化使用方面仍然还是以著作权保护为手段。我们应当加快完善我国的知识产权体系,营造更加健康的保护知识产权的环境。

2.如何看待同一版权纠纷案件判决结果的截然不同

在分析案例的过程中,我们发现早在1992、1993年,上海市静安区人民法院与上海市中级人民法院在一审、二审中曾都作出了“胡进庆等人是动画片《葫芦小金刚》的编剧和人物造型作者,依法享有著作权"的判决,但时隔18年之后,上海市浦东区人民法院却推翻此前法院判决,认为胡进庆等人只有署名权。如此,两个生效判决打架似乎有损法院判决权威性。

事实上,不仅版权纠纷,其他案件也会出现同一纠纷不同年代出现不同判决结果。因为尽管法律条文是客观的,但是不同时代下对事实的认定、法律的解读与使用充满了丰富各异的主观因素。微观层面上,法官个人的教育背景、成长历程、生活环境、价值观念等都能影响判决的认定;宏观层面上,年代不同构成法律环境和解读语境的不同,更是能从整体上影响法官的专业判断以及公众的社会认知。就本案而言,90年代的很多人包括法律工作者,大多是从书本中了解、接纳和喜爱"葫芦娃"这个形象,因此就在一定程度上对这一形象的设计者有着亲近心理。而21世纪大部分公众则多以视频形式认识并喜爱"葫芦娃",无疑更加认同动画作品出品方的努力付出。虽然这部出色的作品是由形象设计者和动画制片人共同完成,不同年代的不同认知环境无疑会影响价值判断。同时随着包括动画产业在内的文化产品商业化进程的逐步加快,文化商人也掌握更多话语权,其对公共领域的影响显然比单纯的形象设计者更为强势,无疑也会影响判决倾向。事实上,就现代公众而言,目前这一判决结果较易接受。因此,虽然最终判决与90年代的早期判决截然相反,但其法理阐释符合当代社会价值观,从判决效应上不仅支持了动画形象的进一步市场开发,更是满足了公众期望,所以更易为公众所理解和接纳。

五、判决书

(一)一审判决书

胡进庆与上海美术电影制片厂著作权权属纠纷案一审判决书

上海市黄浦区人民法院

(2010)黄民三(知)初字第28号

原告胡进庆,男,* *,住址上海市静安区* *。

原告吴云初,男,* *,住址上海市静安区* *。

两原告的共同委托代理人孙昶林,上海市锦天城律师事务所律师。

被告上海美术电影制片厂,住所地上海市静安区＊＊。

法定代表人汪天云,上海电影(集团)有限公司副总裁。

委托代理人曹岭,上海市国泰律师事务所律师。

委托代理人陶宏,上海富兰德林律师事务所律师。

原告胡进庆、吴云初诉被告上海美术电影制片厂著作权权属纠纷一案,本院受理后,依法组成合议庭,公开开庭进行了审理。原告胡进庆、吴云初的委托代理人孙昶林,被告上海美术电影制片厂的委托代理人曹岭、陶宏到庭参加诉讼。本案现已审理终结。

原告胡进庆、吴云初诉称:

1.早在《葫芦兄弟》摄制组成立之前的1984年,原告胡进庆即开始创作"葫芦娃"造型美术作品并酝酿被告方的第一部系列剪纸动画片。与现代动画电影不同,当时的剪纸动画片需要导演用墨笔画出融剧情、文字、角色造型、拍摄方式于一体的分镜头台本。1984年3月和1984年5月原告胡进庆分别绘制《葫芦兄弟》第一、二集和第三集的分镜头台本,并勾勒出包含"葫芦娃"发型、脸型、体型、服装、颈饰等特征的基本美术造型,确立用七色区分七兄弟的原则。原告吴云初强化其葫芦冠饰,将胡进庆创作的"葫芦娃"暗含葫芦形的菱形头饰、右边一片叶子改为头戴葫芦冠,左右各点缀一片叶子,并勾画出"葫芦娃"美术造型的正面完善稿、侧面稿和彩色稿,该美术造型经全厂征集评选于1985年年底被被告全部采用,并运用于影片之中,故两原告成为"葫芦娃"角色造型形象的原创作者。1986年3月至10月,原告胡进庆分别绘制《葫芦兄弟》第四集至第十三集分镜头台本,交由两个摄制组分别拍摄。

2. 1988年1月至6月原告胡进庆绘制《葫芦兄弟》续集《葫芦小金刚》六集分镜头台本。"金刚葫芦娃"的造型与"葫芦娃"基本一致,仅改为身穿白衣、颈部佩戴金光闪闪的葫芦挂件。在上述两部影片的每集片尾均标明"造型设计:进庆、吴云初",即表明被告承认两原告系"葫芦娃"角色造型的创作人员。

3.两原告从未利用被告的物质技术条件创作涉案影片的分镜头台本,原、被告双方就角色造型美术作品的著作权也无任何约定。被告所谓的组织影片主创人员深入生活与"葫芦娃"角色造型美术作品的创作无关。涉案影片的酬金和获奖奖励分配已收到，但其性质是劳务费，与涉案美术作品的著作权无关。虽然“葫芦娃”角色造型美术作品的最终定稿系被告决定，但其创作却是两原告主动而为，应属于职务作品，而非法人作品。

4.虽然“葫芦娃”角色造型美术作品诞生于著作权法施行之日前，但由于本案涉及的作品仍在保护期内，故著作权法可回溯适用本案争议。在美术电影中，人物角色表演的载体是由人创作的美术作品所虚拟的形象造型，其角色造型美术作品先于电影而存在，根据著作权法的规定，可以独立于影片而由作者即两原告享有著作权，而且映射在影片中的“葫芦娃”形象的著作权也应归两原告所有，遂诉至本院，请求法院判令：1.确认《葫芦兄弟》及其续集《葫芦小金刚》系列剪纸动画电影中“葫芦娃”（即葫芦兄弟和金刚葫芦娃）角色形象造型原创美术作品的著作权归原告胡进庆、吴云初所有；2.本案诉讼费由被告承担。

被告上海美术电影制片厂辩称：

1.系争角色造型是由两原告等人绘制草稿张贴于摄制组内，经组内人员集体讨论修改，并经厂创作办公室、艺术委员会反复讨论，提出修改意见并不断完善，最终由厂艺术委员会审定。原告胡进庆依据定稿的剧本、角色造型、背景设计，绘制分镜头台本，该项工作是导演的职责。被告并不否认两原告对系争角色造型所作贡献，但作品的创作系在被告领导下，体现法人的意志，并由法人承担责任，系法人作品。署名为两原告，是因为成立摄制组时确定的工作岗位是由两原告负责造型设计，并由两原告具体执笔。

2.涉案影片的摄制是在计划经济体制的背景下，被告根据国家下达的制片任务指标编制拍摄计划，报电影局审批后成立摄制组投入拍摄，所有的摄制人员均受被告指派，工作任务由被告分配，应系摄制组集体创作的作品，影片完成后也由国家按计划统包统销。涉案影片的主创人员深入生活、投资拍摄、制作、出版发行等费用均由被告承担。当时著作权法尚未颁布，双方不可能签订合同约定著作权的归属。

3.根据单位规章制度的规定，导演每年需完成一部长片（约20分钟）或二部短片（约10分钟）的工作任务，其他创作人员参照导演的标准完成相应的工作。自《葫芦兄弟》影片开始，对创作人员首次实行酬金制，《葫芦兄弟》还获得国内外多个奖项,奖励已按比例发放给主创人员。

4.创作“葫芦娃”角色造型是为了拍摄影片,影片中的“葫芦娃”形象是连续的、动态的,截取任何一幅画面而单独使用,缺乏法律依据。角色造型不可以脱离影片单独使用,即使可以单独使用,也应由被告享有著作权,这样更有利于动漫产业的发展。综上,被告请求驳回原告的诉讼请求。

经审理查明:

一、两原告在被告处的履历情况

原告胡进庆曾用名墨犊、进庆。1953 年原告胡进庆进入被告处工作,历任动画设计、动作设计、造型设计、导演、艺术委员会副主任等职。1988 年 3 月原告胡进庆晋升为一级导演,曾先后代表国家出访南斯拉夫、苏联、日本、意大利等国参加国际动画电影节或考察当地的动画电影厂。1990 年 10 月 5 日原告胡进庆在其《中国共产党党员登记表》中填写:本人能遵守厂纪厂规,能较好地执行各项制度,能较好地完成组织上赋予的各项本职工作,在影片创作上能发挥积极带头作用。1964 年 8 月原告吴云初进入被告处工作,历任动作设计、造型设计、作监、导演等职,1996 年 10 月原告吴云初被评为一级美术设计师。两原告均拥有高级专业技术职务,在两原告人事档案表格的工作业绩或业务水平一栏,均填写有关参与拍摄《葫芦兄弟》影片,该片多次荣获奖项等内容。

二、涉案影片的创作背景

1985 年 11 月 9 日被告向文化部电影局上报 1986 年题材计划,在暂定节目项下共有各类影片四十本,其中包含剪纸片《七兄弟》(民间故事)八本。1986 年 3 月 3 日上海电影总公司向所属各单位、部门发文下达《一九八六年各项任务指标安排》:一、制片生产。美术片:任务三十五本,计划超产十三本,完成四十八本。其中,动画片二十五本、木偶片十一本、剪纸片十一本、纪录片一本。二、拷贝洗印。中影公司下达的任务是 3700 万米,计划完成 4000 万米。三、发行放映。计划放映 30 万场次,观众 16000 万人次,收入 1500 万元。四、利润计划。总公司的利润计划为 3000 万元,其中,美影厂 120 万元。五、劳动人事。继续贯彻市府的指示,做好大中专毕业生、复员退伍军人的接收分配工作,并进行机构定编、人员定额的工作,在建立和健全岗位责任制的基础上,加强对干部和工人的考核。积极争取上海各电影制片厂(包括被告)等单位按事业单位工资标准套改工资,并实行企业化管理办法。改进奖金发放办法,自1月1日起停发岗位(职务)津贴,创作人员实行酬金制。1987年1月12日上海电影总公司向上海市人民政府报告《上海电影总公司一九八六年工作概况》时称,在广播电影电视部和上海市委、市府、市委宣传部的领导下,我局今年的创作生产、拷贝洗印和发行收入等主要指标都超额完成了年度计划。一、创作生产。美术片,国家下达任务三十五本,完成三十八本。今年美术片生产的主要突破是,根据广大观众特别是少年儿童的要求,在系列片创作方面作了尝试,包括剪纸片《葫芦兄弟》在内的五个系列影片,试映后获得不同程度的好评,也满足了社会对于国产系列美术片的要求。二、对外交流。被告今年为日本加工了十六集动画片……,创外汇32万美元(国家下达给被告方的全年任务是三十五本,产值仅250万元,扣除成本所剩无几)。另外,全局还派出36批58人去美国、日本、法国、苏联、加拿大、德国等17个国家访问、拍片、参加电影节活动。……六、其他工作。1、劳动人事。局属全民单位批准为事业性质企业化管理,参加1985年事业工资改革人均增资21元,比企业自费工改人均增资6元。

证人沈如东(时任涉案影片的动作设计)、龚金福(时任涉案影片的动作设计和绘景)、沈寿林(时任涉案影片的动作设计)均证实:分镜头台本是拍摄的大纲或指引,拍摄时需以剪纸的形式首先制作出定稿的角色造型,由动作设计使角色造型活动起来,如遇特殊表情、特殊动作、侧面、背影,还需动作设计人员依据定稿的角色造型进行设计,然后交由绘制进行制作,再由绘景画出背景画面,最后由动作设计人员操纵活动的角色造型根据一秒钟镜头需要24幅画面的原则进行拍摄形成连续的画面。1986年左右导演等创作人员均需完成厂创作办公室每年下达的任务指标,导演每年需完成一部长片(约20分钟)或二部短片(约10分钟),主要由被告指派任务,其他创作人员跟随导演完成相应工作量,创作成果均归属于单位。被告还经常组织创作人员深入生活或组织与业务相关的培训等。自《葫芦兄弟》影片开始,被告取消每月5元的奖金,对创作人员实行酬金制。就涉案影片证人沈如东、沈寿林均证实除工资、福利外,在影片完成后,均取得了相应的酬金和获奖奖励分配。

三、“葫芦娃”造型设计及影片的创作

1984年被告方的文学组编剧杨玉良根据民间故事《七兄弟》创作了《七兄弟》文学剧本大纲。1985年底被告成立《七兄弟》影片摄制组，指派胡进庆、周克勤、葛桂云担任导演，胡进庆、吴云初担任造型设计。两原告绘制了“葫芦娃”角色造型稿，葫芦七兄弟的造型一致，其共同特征是：四方的脸型、粗短的眉毛、明亮的大眼、敦实的身体、头顶葫芦冠、颈戴葫芦叶项圈、身穿坎肩短裤、腰围葫芦叶围裙，葫芦七兄弟的服饰颜色分别为赤、橙、黄、绿、青、蓝、紫。原告胡进庆先后绘制《葫芦兄弟》十三集分镜头台本。为加快影片拍摄进度，1986年1月至12月，被告成立单、双集摄制组，由胡进庆、葛桂云任导演，负责单集的拍摄，由胡进庆、周克勤任导演，负责双集的拍摄。经比对，分镜头台本中的“葫芦娃”角色造型与影片中的“葫芦娃”外形基本一致，前者为黑白、笔法简略、前后呈现细节上的诸多不一致，后者为彩色、画工精致、前后一致，影片中的“葫芦娃”造型配合情节、对话、配音、场景，呈现出正义善良、机智勇敢、团结协作等人物性格特征。1988年原告胡进庆先后绘制《葫芦小金刚》六集分镜头台本，“金刚葫芦娃”的造型与“葫芦娃”基本一致，仅改为身穿白衣、颈项佩戴金光闪闪的葫芦挂件，以示“金刚葫芦娃”由葫芦七兄弟合体而成。

四、涉案影片的署名

中华人民共和国广播电影电视部电影事业管理局（以下简称广电部电影管理局）编印的影片目录显示，《葫芦兄弟》《葫芦小金刚》每集的美术设计基本上均署名为吴云初、进庆、常保生。《葫芦兄弟》每集完成台本和1996年上海美术电影制片厂出品的葫芦兄弟系列VCD光盘的每集片尾工作人员名单均显示，单集的创作人员基本为编剧：姚忠礼、杨玉良、墨犊，导演：胡进庆、葛桂云，造型设计：吴云初、进庆，背景设计：常保生，动作设计：肖刚、陆松茂、王荣珍、周旭东、李建国，绘景：葛战、龚金福、李庆吉，绘制：岳慧敏、支仰泰、朱行如、段小西，摄影：吴华荣，作曲：吴应炬，录音：侯申康等21个工种共34位有姓氏的工作人员及上海电影乐团、上海市少年宫合唱队等团体。双集的创作人员基本为导演：胡进庆、周克勤，动作设计：沈祖慰、沈如东、伍仲文、孙能子、朱淑琴、林杰，绘景：沈同春、李庆吉、段小西、朱行和、龚金福、攸扬，绘制：岳慧敏、支仰泰，其余与单集创作人员基本相同,共涉及21个工种36位有姓氏的工作人员及上海电影乐团、上海市少年宫合唱队等团体。《葫芦小金刚》每集完成台本的片尾工作人员名单显示,编剧:姚忠礼、墨犊,造型设计:吴云初、进庆,总导演:胡进庆等。

五、涉案影片的发行和播映

1987年3月和1988年3月广电部电影管理局分别编印的1986年、1987年影片目录显示:1986年完成《葫芦兄弟》第一集至第九集,1987年完成《葫芦兄弟》第十集至第十三集。1990年3月、1991年3月和1992年3月广电部电影管理局分别编印的1989年、1990年、1991年影片目录显示:1989年完成《葫芦小金刚》第一集至第三集,1990年完成《葫芦小金刚》第四集至第五集,1991年完成《葫芦小金刚》第六集。涉案影片上映时先是以剪纸动画片的形式在电视台播出,后在电影院公映。1996年被告将涉案两部影片制作成六盒VCD进行出版发行,该出版物的封套显示:上海美术电影制片厂出品,上海电影音像出版社出版发行,中国标准音像制品编码为ISRC CN-E28-96-0060-0/V.J9(六盒VCD第四位序号依次自0060至0065)。2008年被告将《葫芦兄弟》十三集合成制作成一部电影进行公开放映。涉案影片的投资拍摄、拷贝洗印、出版发行,在电视台和电影院播映、音像市场发行等费用均由被告方出资。

六、涉案影片的奖励分配

1986年8月18日广电部电影管理局向包括被告在内的下属各电影制片厂发函《关于颁发一九八五年优秀影片奖金事》时表示,现发去广播电影电视部奖励各类优秀影片的奖金,奖金的分发仍按我局规定办理,即奖金全额发给获奖影片的摄制组,其中60%发给主要创作人员。为鼓励导演努力拍摄出更多的优秀影片,从今年开始分给导演的奖金应适当提高数额。1988年1月15日被告厂创作办公室向广电部电影管理局推荐包括剪纸片《葫芦兄弟》(第三、四集)在内的共四部影片评选1986年优秀影片。1988年5月20日被告向广电部电影管理局上报参加1986、1987年优秀影片颁奖大会名单,其中包括《葫芦兄弟》影片的代表:导演胡进庆和动作设计沈如东。同日,被告向广电部电影管理局发函表示,获评优秀美术片之一的《葫芦兄弟》是1986、1987年生产的系列剪纸片(共十三集),在上报评选时,我厂仅挑选其中第三、四集供评委审看,为鼓励今后的系列美术片创作,希望贵局在考虑《葫芦兄弟》一片的奖金时,能按系列长片的标准,给予适当优惠条件。1988 年 8 月 19 日被告向《葫芦兄弟》影片的创作人员发放 1986 年优秀影片奖的奖金 7000 元。此外,《葫芦兄弟》还获得 1987 年儿童电影“童牛奖”。

以上事实,有原告胡进庆提供的《葫芦兄弟》《葫芦小金刚》分镜头台本节选 70 页,中国社会出版社出版林继富所著的《民间故事》2006 年 9 月第 1 版第 49—52 页,两原告提供的上海市高级人民法院(2009)沪高民三(知)终字第 7 号民事判决书,被告提供的 1988 年 3 月胡进庆《高级专业技术职务评审呈报表》,1990 年 6 月胡进庆《出国人员审查表》,1990 年 10 月 5 日胡进庆《中国共产党党员登记表》,1992 年 2 月吴云初《干部履历表》,2001 年 11 月吴云初《职工登记表》和《高级专业技术职务评审呈报表》,《葫芦兄弟》十三集完成台本,《葫芦兄弟》剧本第二稿共十二集(除第 7 集外),《葫芦小金刚》六集完成台本,广电部电影管理局编印的 1987 年、1988 年、1990 年、1991 年、1992 年影片目录,上海美术电影制片厂出品的《葫芦兄弟》系列 VCD 光盘共 6 盒,1985 年 11 月 9 日被告向文化部电影局《上报 1986 年题材(产量)计划》,1986 年 3 月 3 日上海电影总公司向所属各单位、各部门所作的《一九八六年各项任务指标安排》,1986 年 8 月 18 日广电部电影管理局向所属各电影制片厂、影业公司所作的《关于颁发一九八五年优秀影片奖金事》,1987 年 1 月 12 日上海电影总公司向上海市人民政府所作的《上海电影总公司一九八六年工作概况》,1988 年 1 月 15 日上海美术电影制片厂创作办公室致广电部电影管理局推荐优秀影片函,1988 年 5 月 20 日被告向广电部电影管理局《上报参加 1986、1987 年优秀影片颁奖大会名单》及要求对《葫芦兄弟》影片给予奖励优惠的函,1988 年 8 月 19 日被告财务记账页,沈如东、龚金福、沈寿林证人证言及原、被告陈述予以证实。

本院认为:系争造型诞生于影片创作时的 1986 年,根据我国著作权法的规定,应当依照侵权或违约行为发生时的有关规定和政策处理,但当时的法律法规和政策并没有关于影片中角色造型著作权归属的规定,根据我国著作权法的规定,著作权人在该法施行之日尚未超过该法规定的保护期的,依照该法予以保护,故本案仍应适用我国著作权法的规定予以处理。

结合双方当事人的诉辩主张及本院查明的事实，本院认为，本案的争议焦点在于：

一、“葫芦娃”角色造型是否构成作品及由谁创作

两原告诉称，原告胡进庆在创作《葫芦兄弟》前三集分镜头台本的同时独立创作了“葫芦娃”角色造型，在被告厂艺术委员会有关葫芦兄弟造型设计的征集评选活动中，由其绘制的设计稿经原告吴云初整理后被最终采用，葫芦七兄弟和“金刚葫芦娃”的造型基本一致。原告胡进庆提供由其绘画的形成于全厂征集之时的“葫芦娃”角色造型美术作品三幅、上述两部影片分镜头台本节选共70页，原告吴云初提供《葫芦兄弟》《葫芦小金刚》人物美术资料6页予以证实。

被告辩称，“金刚葫芦娃”角色造型只是“葫芦娃”角色造型的延续，不具有独创性，不构成新的作品。“葫芦娃”角色造型艺术性体现在影片获得诸多奖项。两原告确实参与了葫芦兄弟的造型设计，但该设计是集体创作的成果。原告用于主张权利的分镜头台本不完整、无作者署名、无形成时间，每集片名系事后添加或涂改，证据有重大缺陷。原告胡进庆提供的“葫芦娃”角色造型美术作品三幅无形成时间和作者署名，其形象与影片中的角色形象有较大差异，原告吴云初提供的《葫芦兄弟》《葫芦小金刚》人物美术资料6页形成于《葫芦小金刚》影片完成之后，系事后制作。分镜头台本只是电影摄制过程中的一道工序，是电影摄制的说明书，不可以单独使用，也不构成著作权法意义上的作品，其权利归属于制片人，且台本和角色造型没有关联性，因此，原告的主张缺乏相关证据证实。

本院认为，无论是文言文形式的民间故事《七兄弟》，还是民间流传的十兄弟故事，直至涉案影片的《七兄弟》文学剧本大纲，均系文字作品，即便是《葫芦兄弟》的剧本及其中有关“葫芦娃”的描述，也是一种文字表达，“葫芦娃”造型设计的作者首次以线条勾勒出“葫芦娃”的基本造型，四方的脸型体现出善良和正直，粗短的眉毛、长长的睫毛、明亮的大眼、小嘴红唇透露出孩童的天真与慧黠，粗壮有力的手部与腿部线条暗含蕴藏的无穷力量与本领；上装的坎肩与下装的短裤相配显得精干利落；头顶的葫芦冠饰衬以两边各一片嫩绿的叶子，颈部的黑色项圈上点缀两片葫芦嫩叶，腰部的葫芦叶围裙清晰可见叶片的茎脉，既富有层次感又相互呼应，其巧妙

地将葫芦与中国男童形象相融合，塑造出炯炯有神、孔武有力、天真可爱的“葫芦娃”角色造型，并以七色区分七兄弟，既表明兄弟的身份又以示区别，体现了作者的匠心独运与绘画技巧，其通过手工绘制而形成的视觉图像，结合线条、轮廓、服饰以及颜色的运用形成特定化、固定化的“葫芦娃”角色造型，已不再停留于抽象的概念或者思想，其所具有的审美意义、艺术性、独创性和可复制性，符合我国著作权法规定的作品的构成要件，应当受到我国著作权法的保护。至于“金刚葫芦娃”，因其与“葫芦娃”的基本造型并无二致，仅在衣服的颜色和颈部佩饰方面稍做改动，故不构成新的作品，可归结为一个“葫芦娃”角色造型。综上，本院认定“葫芦娃”角色造型构成美术作品。

关于“葫芦娃”角色造型由谁创作的问题，两原告既未提供定稿的“葫芦娃”角色造型美术作品，也从未就该作品进行版权登记。原告胡进庆提供的据以证明其作者身份的70页分镜头台本既不完整，也无作者署名和形成时间，每集片名系事后添加或有涂改，且分镜头台本并不等同于角色造型；原告胡进庆提供的“葫芦娃”造型美术作品三幅无形成时间和作者署名；原告吴云初提供的《葫芦兄弟》《葫芦小金刚》人物美术资料6页无形成时间和作者署名，明显形成于《葫芦兄弟》影片完成之后，系事后制作，且上述造型稿与影片中的“葫芦娃”形象仍有差异，而原告提供的证人均未到庭作证，故本院对上述证据均不予采信。因此，两原告提供的上述证据尚不足以证明其独立创作了“葫芦娃”角色造型美术作品。但是，涉案影片的影片目录、每集的完成台本和1996年上海美术电影制片厂出品的《葫芦兄弟》系列VCD光盘的每集片尾工作人员名单均显示，造型设计：吴云初、进庆，对该署名自影片创作完成至今双方均无异议，被告亦承认两原告对系争造型所作的贡献。根据我国著作权法有关如无相反证明，在作品上署名的公民、法人或者其他组织为作者的规定，本院据此认定，两原告共同创作了“葫芦娃”角色造型美术作品。

二、“葫芦娃”角色造型美术作品的性质

两原告诉称，其从未利用被告的物质技术条件创作《葫芦兄弟》分镜头台本(前三集台本是系争造型的最初源头)，被告组织的采风活动与系争造型的创作无关，涉案影片的酬金和获奖奖励已收到，但具体金额不清楚，其性质是劳务费，双方也从未签订著作权归属的协议，因此，系争造型美术作品系职务作品，著作权应归两原告所有。被告辩称，无论是分镜头台本还是人物造型，都是法人作品，系争造型由摄制组及其他参与人员集体讨论确定，在法人的领导下，体现法人的意志，责任由法人承担，著作权应归被告所有。

本院认为，法律制度通常反映了一国的经济、文化、社会和时代特征，对系争权属的判定，同样不能脱离作品创作的时代背景和当时的法律制度。其一，从宏观的社会现实角度来看，被告提供的一系列证据显示，在涉案影片创作的当时，我国正处于计划经济时期，被告作为全民所有制单位，影片的创作需严格遵循行政审批程序，影片的发行放映需严格遵循国家的计划安排，如根据上级单位下达的年度指标任务上报年度创作题材规划，根据年初规划组织安排人员落实，创作成果归属于单位，单位并将创作成果交由相关单位统一出版发行，年底向上级单位、政府部门等汇报各项指标任务的完成情况等。在作品创作的当时，两原告作为被告方的造型设计人员完成被告交付的工作任务正是其职责所在，其创作的成果归属于单位是毋庸置疑的行业惯例，也是整个社会的一种约定俗成。其二，从当时的法律制度来看，1987 年 1 月 1 日起施行的《中华人民共和国民法通则》第九十四条仅原则性地规定，公民、法人享有著作权(版权)，依法有署名、发表、出版、获得报酬等权利。对于电影作品著作权的归属及电影作品中哪些作品可以单独使用并由作者单独行使著作权均未作出规定。可供参照的 1985 年 1 月 1 日起生效，现已失效的《图书、期刊版权保护试行条例》也仅规定，用机关、团体和企业事业单位的名义或其他集体名义发表的作品，版权归单位或集体所有。我们更无法要求本案当事人在系争造型创作的当时，能够预先按照于 1991 年 6 月 1 日起施行的我国著作权法的规定，就职务作品著作权的归属以合同的形式进行明确约定。因此，认定两原告对其创作的作品于创作的当时享有著作财产权缺乏法律依据。其三，从微观的规章制度来看，被告提供的三位证人证言均证实涉案影片创作的当时，导演等均需完成厂创作办公室每年下达的任务指标，其他创作人员跟随导演完成相应工作量。原、被告均认可被告就涉案影片成立了摄制组，并指派原告胡进庆担任导演，两原告任造型设计，此系完成被告交付的工作任务。

可见，完成法人交付的工作指标任务，取得工资、奖金及相关的医疗、分房等福利待遇，创作成果则归属于法人，符合当时社会人们的普遍认知，也是社会公众普遍认同的行为准则。其四，从取得的奖励来看，1986 年 3 月被告的上级公司下达的文件明确规定，自 1 月 1 日起创作人员实行酬金制；1986 年 8 月 18 日广电部电影管理局的发函明确表示，奖金全额发给获奖影片的摄制组，其中 60%发给主要创作人员；为鼓励导演努力拍摄出更多的优秀影片，从今年开始分给导演的奖金应适当提高数额，其制度设计的本身亦说明在当时的历史条件下国家对影片主创人员创造性劳动的鼓励、尊重和其劳动价值的体现。上述文件结合两原告陈述、三位证人有关已领取酬金和奖励的证言及被告提供的财务凭证均表明就系争造型的作品创作，两原告已取得远高于工资性奖金的酬金和奖励，自涉案影片最初播映的 1986 年起至 2010 年两原告起诉之日前的 24 年间也没有证据表明两原告曾就此向被告提出过异议。而且，在系争造型创作完成的 24 年间两原告也从未就系争造型的著作权向被告提出异议。综上，根据系争造型创作当时的时代背景、历史条件和双方当事人的上述行为，可以认定“葫芦娃”角色造型美术作品的著作权由被告享有，两原告仅享有表明其作者身份的权利。

至于被告关于系争造型系法人作品的辩称意见，本院认为，虽然两原告系单位职工，造型设计属于其职责范围，系争造型是在单位主持下，为了完成单位的工作任务而进行的创作，责任亦由单位承担，但是，我们不能将法人意志简单地等同于单位指派工作任务、就创作提出原则性要求或提出修改完善意见等，否则，所有的职务作品均可被视为法人作品，作为自然人的创作者将丧失作者地位。系争美术作品的创作无须高度借助单位的物质技术条件，创作的过程也并不反映单位的意志，而是体现了作者独特的思想、感情、意志和人格。无论是“葫芦娃”角色造型的线条、轮廓、色彩还是服饰、颈饰、腰饰、葫芦冠等的选择都体现了作者个人的构思、选择和表达。虽然，被告陈述摄制组其他成员和被告的部门负责人曾提出过修改意见，但这并不影响对“葫芦娃”角色造型作出实质性贡献的仍然是作者个人。而且，从片尾的署名来看，造型设计也已署名两原告个人，因此，“葫芦娃”角色造型美术作品并不是代表法人的意志创作，不应认定为法人作品，对被告的上述主张,本院不予采信。

三、"葫芦娃"角色造型能否作为可以单独使用的作品并由作者单独行使其著作权

两原告认为,动画电影中虚拟人物表演的载体是通过原告创作的美术作品来完成,在人物角色上存在美术作品的著作权,且美术作品先于电影而存在,系争造型作为受著作权法保护的美术作品,属于可以单独使用的作品应由两原告单独行使著作权,被告则以系争造型系法人作品且不得单独使用为由,否认两原告享有系争造型美术作品的著作权。

本院认为,我国著作权法第十五条第二款"电影作品和以类似摄制电影的方法创作的作品中的剧本、音乐等可以单独使用的作品的作者有权单独行使其著作权"的适用前提有三个,一是身份系作者,其意义在于进一步保护电影作品中合作作者的单独的著作权,如果不是作品的作者,就不能成为适用本条款的合格主体,也就丧失了获得单独保护的前提条件;本案中,被告在影片的片尾将造型设计署名两原告,即是承认两原告系涉案影片角色造型美术作品的作者;二是著作财产权归属于该位作者,即只有在作者已获得著作财产权的前提下,编剧、词曲作者等才能够独立地行使著作权,反之,如著作财产权归属于法人或其他组织,则即使系作品的作者也无权行使该作品的著作财产权,更谈不上独立行使其著作权,即只有根据我国著作权法第十一条和第十六条第一款的规定,著作财产权属于作者时,才能适用本条的规定;本案中,前已论述系争造型美术作品的著作权应属被告所有,两原告仅享有表明其作者身份的权利,故两原告也就丧失了适用本条的前提;三是作品可以单独使用,所谓单独使用,并非是指截取影片中的任何一幅截图进行使用,电影截图是电影整体表达的不可分割的组成部分,其本身并不具有独立于电影的表达,它仍然是在电影设定的背景和场景之下,表达着电影中的人物或故事内容,该等使用仍是对电影的使用,而不是一种对电影中其他作品的单独使用;本法条虽然仅列举剧本、音乐两类作品,但由于系争造型可以从电影中抽离出来,并独立地使用在其他的商品或服务标识之上,事实上,多年来原、被告分别起诉的众多著作权侵权案件,也从侧面印证了系争造型已被他人进行独立于影片的单独使用,故"葫芦娃"角色造型美术作品属于可以单独使用的作品。上述三个前

提条件只有在同时满足的情况下，才能适用本条，由于两原告并不享有系争造型美术作品除署名权以外的著作权，故两原告不得援引该条款获得法律的保护。

四、关于“葫芦娃”形象与“葫芦娃”角色造型美术作品的关系

原告在庭审中一再提及其所主张的著作权也包括映射在电影中的每一个“葫芦娃”形象，本院认为，就存在于影片中的每一个“葫芦娃”形象而言，由于两原告已同意被告将其作品拍摄成电影，而且，电影作品的整体著作权应由被告行使双方当事人均无异议，故两原告关于影片中“葫芦娃”形象的著作权归其所有的主张，本院不予采信。

当系争造型美术作品进入影片以后，经动作设计、背景设计、绘制、摄影、编剧、导演、配音等人员的创造性劳动，形成了“葫芦娃”具有个性特征的完整形象，该形象由包含姓名、身份、造型、声音、性格等个性特征、人物在特定环境下的经历和故事等情节以及人物对人的反应和对物的反应等组成，上述形象确认因素构成一个具有整体性的“葫芦娃”形象，当人们看到静态的“葫芦娃”形象时，它已不是单纯的一幅美术作品，而是包含个性特征、情节、反应等要素的生动形象，因此，本院认定被告对于“葫芦娃”形象的整体性作出了贡献。关于“葫芦娃”形象的知名度，结合被告提供的证据及陈述表明，“葫芦娃”形象之所以能够成为家喻户晓、深受观众朋友喜爱的动画形象，其知名度的形成有赖于：一是被告于 1986 年作出的投资拍摄《葫芦兄弟》系列剪纸动画电影的决定；二是被告在 1986 年至 1991 年期间连续不断地推出《葫芦兄弟》《葫芦小金刚》共十九集系列剪纸动画电影；三是二十多年来被告通过电视台播映、电影院放映、发行 VCD 等载体形式，公开、广泛、持续、全面地传播涉案影片及所涉的“葫芦娃”形象，使之成为具有机智、勇敢、正义、协作等精神品质的可爱中国男童的代表，在广大的少年儿童乃至成人社会中产生良好的公众效应，在社会公众中享有较高的知名度，两原告对于被告的上述投资、出版发行等行为均未表示异议。因此，从民法的公平原则角度出发，对于“葫芦娃”形象的整体性和知名度所作的贡献均应归功于被告，故两原告关于影片中“葫芦娃”形象的著作权归其所有的主张，本院不予支持。

综上所述，根据《中华人民共和国著作权法》第三条第(四)项，第十一

条第一、二、四款,第十五条,第十六条第二款第(二)项,第六十条,第六十一条,《中华人民共和国著作权法实施条例》第四条第(八)项、第(十一)项,第十一条第一款,《中华人民共和国民法通则》第四条的规定,判决如下:

1.对原告胡进庆、吴云初要求确认《葫芦兄弟》及其续集《葫芦小金刚》系列剪纸动画电影中"葫芦娃"(即葫芦兄弟和金刚葫芦娃)角色形象造型原创美术作品的著作权归原告胡进庆、吴云初所有的诉讼请求,不予支持;

2.案件受理费人民币八百元(原告已预缴),由原告胡进庆、吴云初负担。

如不服本判决,可在判决书送达之日起十五日内向本院递交上诉状,并按对方当事人的人数提出副本,上诉于上海市第二中级人民法院。

审　判　长　凌　崧
副　庭　长　戚继敏
代理审判员　孙巾淋
书　记　员　凌宗亮

(二)二审判决书

胡进庆、吴云初与上海美术电影制片厂著作权权属纠纷上诉案①

(2011)沪二中民五(知)终字第62号

原告:胡进庆,男,1936年4月15日出生,汉族,住址上海市静安区万春街。

原告:吴云初,男,1941年12月13日出生,汉族,住址上海市静安区武定西路。

被告:上海美术电影制片厂,住所地上海市静安区万航渡路。

法定代表人:汪天云,上海电影(集团)有限公司副总裁。

原告胡进庆、吴云初因与被告上海美术电影制片厂(以下简称美影厂)发生著作权权属纠纷,向上海市黄浦区人民法院提起诉讼。

两原告诉称:1.早在《葫芦兄弟》摄制组成立之前的1984年,原告胡进

① 参见上海市第二中级人民法院网。

庆即开始创作“葫芦娃”造型美术作品并酝酿美影厂的第一部系列剪纸动画片。与现代动画电影不同,当时的剪纸动画片需要导演用墨笔画出融剧情、文字、角色造型、拍摄方式于一体的分镜头台本。1984年3月和1984年5月原告胡进庆分别绘制《葫芦兄弟》第三集和第一、二集的分镜头台本,并勾勒出包含“葫芦娃”发型、脸型、体型、服装、颈饰等特征的基本美术造型,确立用七色区分七兄弟的原则。原告吴云初强化其葫芦冠饰,将胡进庆创作的“葫芦娃”暗含葫芦形的菱形头饰,右边一片叶子改为头戴葫芦冠,左右各点缀一片叶子,并勾画出“葫芦娃”美术造型的正面完善稿、侧面稿和彩色稿,该美术造型经全厂征集评选于1985年年底被被告全部采用,并运用于影片之中,故两原告成为“葫芦娃”角色造型形象的原创作者。1986年3月至10月,原告胡进庆分别绘制《葫芦兄弟》第四集至第十三集分镜头台本,交由两个摄制组分别拍摄。2. 1988年1月至6月原告胡进庆绘制《葫芦兄弟》续集《葫芦小金刚》六集分镜头台本。“金刚葫芦娃”的造型与“葫芦娃”基本一致,仅改为身穿白衣、颈部佩戴金光闪闪的葫芦挂件。在上述两部影片的每集片尾均标明“造型设计:进庆、吴云初”,即表明被告承认两原告系“葫芦娃”角色造型的创作人员。3.两原告从未利用被告的物质技术条件创作涉案影片的分镜头台本。原、被告双方就角色造型美术作品的著作权也无任何约定。被告所谓的组织影片主创人员深入生活与“葫芦娃”角色造型美术作品的创作无关。涉案影片的酬金和获奖奖励分配已收到,但其性质是劳务费,与涉案美术作品的著作权无关。虽然“葫芦娃”角色造型美术作品的最终定稿系被告决定,但其创作却是两原告主动而为,应属于职务作品,而非法人作品。4.虽然“葫芦娃”角色造型美术作品诞生于著作权法施行之日前,但由于本案涉及的作品仍在保护期内,故著作权法可回溯适用本案争议。在美术电影中,人物角色表演的载体是由人创作的美术作品所虚拟的形象造型,其角色造型美术作品先于电影而存在,根据著作权法的规定,可以独立于影片而由作者即两原告享有著作权,而且映射在影片中的“葫芦娃”形象的著作权也应归两原告所有,故请求法院确认《葫芦兄弟》及其续集《葫芦小金刚》系列剪纸动画电影中“葫芦娃”(即葫芦兄弟和金刚葫芦娃)角色形象造型原创美术作品的著作权归原告胡进庆、吴云初所有。

被告美影厂辩称:1.系争角色造型是由两原告等人绘制草稿张贴于摄制组内,经组内人员集体讨论修改,并经美影厂创作办公室、艺术委员会反复讨论提出修改意见不断完善,最终由美影厂艺术委员会审定。原告胡进庆依据定稿的剧本、角色造型、背景设计,绘制分镜头台本,该项工作是导演的职责。被告并不否认两原告对系争角色造型所做贡献,但作品的创作系在被告的领导下,体现法人的意志,并由法人承担责任,系法人作品。署名为两原告,是因为成立摄制组时确定的工作岗位是由两原告负责造型设计,并由两原告具体执笔。2.涉案影片的摄制是在计划经济体制的背景下,被告根据国家下达的制片任务指标编制拍摄计划,报电影局审批后成立摄制组投入拍摄,所有的摄制人员均受被告指派,工作任务由被告分配,影片完成后由国家按计划统包统销。涉案影片的主创人员深入生活、投资拍摄、制作、出版发行等费用均由被告承担。当时著作权法尚未颁布,双方不可能签订合同约定著作权的归属。3.根据被告的规定,导演每年需完成一部长片(约20分钟)或二部短片(约10分钟)的工作任务,其他创作人员参照导演的标准完成相应的工作。自《葫芦兄弟》影片开始,对创作人员首次实行酬金制,《葫芦兄弟》还获得国内外多个奖项,奖励已按比例发放给主创人员。4.创作“葫芦娃”角色造型是为了拍摄影片,影片中的葫芦娃形象是连续的、动态的,截取任何一副画面而单独使用,缺乏法律依据。角色造型不可以脱离影片单独使用,即使可以单独使用,也应由被告享有著作权,这样更有利于动漫产业的发展。综上,被告请求驳回原告的诉讼请求。

上海市黄浦区人民法院一审查明:

一、两原告在被告处的履历情况

原告胡进庆曾用名墨犊、进庆。1953年原告胡进庆进入被告美影厂工作,历任动画设计、动作设计、造型设计、导演、艺委会副主任等职。1964年8月原告吴云初进入被告处工作,历任动作设计、造型设计、作监、导演等职,1988年3月、1996年10月原告胡进庆、吴云初分别晋升为一级导演和一级美术设计师。

二、涉案影片的创作背景

1985年11月9日被告美影厂向文化部电影局上报1986年题材计划,在暂定节目项下共有各类影片四十本,其中包含剪纸片《七兄弟》(民间故事)

八本。1986年3月3日上海电影总公司向所属各单位、部门发文《一九八六年各项任务指标安排》，下达包括制片生产、拷贝洗印、发行放映、利润计划、劳动人事在内的各项指标任务，并明确改进奖金发放办法，自1月1日起停发岗位(职务)津贴，创作人员实行酬金制。1987年1月12日上海电影总公司向上海市人民政府报告《上海电影总公司一九八六年工作概况》时称，在广播电影电视部和上海市委、市府、市委宣传部的领导下，我局今年的创作生产、拷贝洗印和发行收入等主要指标都超额完成了年度计划。今年美术片生产的主要突破是，根据广大观众特别是少年儿童的要求，在系列片创作方面作了尝试，包括剪纸片《葫芦兄弟》在内的五个系列影片，试映后获得不同程度的好评，也满足了社会对于国产系列美术片的要求。

证人沈如东(时任涉案影片的动作设计)、龚金福(时任涉案影片的动作设计和绘景)、沈寿林(时任涉案影片的动作设计)均证实：分镜头台本是拍摄的大纲或指引，拍摄时需以剪纸的形式首先制作出定稿的角色造型，由动作设计使角色造型活动起来，如遇特殊表情、特殊动作、侧面、背影，还需动作设计人员依据定稿的角色造型进行设计，然后交由绘制进行制作，再由绘景画出背景画面，最后由动作设计人员操纵活动的角色造型根据一秒种镜头需要24幅画面的原则进行拍摄形成连续的画面。1986年左右，导演等创作人员均需完成被告美影厂创作办公室每年下达的任务指标，导演每年需完成一部长片(约20分钟)或二部短片(约10分钟)，主要由被告指派任务，其他创作人员跟随导演完成相应工作量，创作成果均归属于单位。被告还经常组织创作人员深入生活或组织与业务相关的培训等。自《葫芦兄弟》影片开始，被告取消每月5元的奖金，对创作人员实行酬金制。就涉案影片，证人沈如东、沈寿林证实除工资、福利外，在影片完成后，均取得了相应的酬金和获奖奖励分配。

三、“葫芦娃”造型设计及影片的创作

1984年被告美影厂文学组的杨玉良根据民间故事《七兄弟》，创作了《七兄弟》文学剧本大纲。1985年年底被告成立《七兄弟》影片摄制组，指派胡进庆、周克勤、葛桂云担任导演，胡进庆、吴云初担任造型设计。两原告绘制了“葫芦娃”角色造型稿，葫芦七兄弟的造型一致，其共同特征是：四方的脸型、粗短的眉毛、明亮的大眼、敦实的身体、头顶葫芦冠、颈戴葫芦叶项圈、身穿坎肩短裤、腰围葫芦叶围裙，葫芦七兄弟的服饰颜色分别为赤、橙、黄、绿、青、蓝、紫。原告胡进庆先后绘制《葫芦兄弟》十三集分镜头台本。为加快影片拍摄进度，1986年1月至12月，被告成立单、双集摄制组。经比对，分镜头台本中的“葫芦娃”角色造型与影片中的“葫芦娃”外形基本一致，前者为黑白、笔法粗略、前后呈现细节上的诸多不一致。后者为彩色、画工精致、前后一致，配合情节、对话、配音、场景，呈现出正义善良、机智勇敢、团结协作等人物性格特征。1988年原告胡进庆先后绘制《葫芦小金刚》六集分镜头台本，“金刚葫芦娃”的造型与“葫芦娃”基本一致，仅改为身穿白衣、颈项佩戴金光闪闪的葫芦挂件，以示“金刚葫芦娃”由葫芦七兄弟合体而成。

四、涉案影片的署名

中华人民共和国广播电影电视部电影事业管理局（以下简称广电部电影局）编印的影片目录显示，《葫芦兄弟》《葫芦小金刚》每集的美术设计基本上均署名为吴云初、进庆、常保生。《葫芦兄弟》每集完成台本和1996年美影厂出品的葫芦兄弟系列VCD光盘的每集片尾工作人员名单均显示，单集的创作人员为编剧：姚忠礼、杨玉良、墨犊；导演：胡进庆、葛桂云；造型设计：吴云初、进庆；背景设计：常保生；动作设计：肖刚等5人；绘景：葛战等3人；绘制：岳慧敏等4人，共计21个工种34位工作人员及上海电影乐团、上海市少年宫合唱队等团体。双集的创作人员为导演：胡进庆、周克勤；动作设计：沈祖慰等6人；绘景：沈同春等6人；绘制：岳慧敏等2人，其余与单集创作人员基本相同，共涉及21个工种36位工作人员及两个团体。《葫芦小金刚》每集完成台本的片尾工作人员名单显示，编剧：姚忠礼、墨犊；造型设计：吴云初、进庆；总导演：胡进庆。

五、涉案影片的发行和播映

1987年3月和1988年3月广电部电影局分别编印的1986年、1987年影片目录显示：1986年完成《葫芦兄弟》第一集至第九集，1987年完成《葫芦兄弟》第十集至第十三集。1990年3月、1991年3月和1992年3月广电部电影管理局分别编印的1989年、1990年、1991年影片目录显示：1989年完成《葫芦小金刚》第一集至第三集，1990年完成《葫芦小金刚》第四集至第五集，1991年完成《葫芦小金刚》第六集。涉案影片上映时先是以剪纸动画片的形式在电视台播出,后在电影院公映。1996年被告美影厂将涉案两部影片制作成六盒VCD进行出版发行,该出版物的封套显示:上海美术电影制片厂出品,上海电影音像出版社出版发行,中国标准音像制品编码为ISRC CN-E28-96-0062-0/V.J9。2008年被告将《葫芦兄弟》十三集合成制作成一部电影进行公开放映。涉案影片的投资拍摄、拷贝洗印、出版发行,在电视台和电影院播映、音像市场发行等费用均由被告方出资。

六、涉案影片的奖励分配

1986年8月18日广电部电影局向包括被告美影厂在内的下属各电影制片厂发函《关于颁发一九八五年优秀影片奖金事》时表示,现发去广电部奖励各类优秀影片的奖金,奖金的分发仍按我局规定办理。即奖金全额发给获奖影片的摄制组,其中60%发给主要创作人员。为鼓励导演努力拍摄出更多的优秀影片,从今年开始分给导演的奖金应适当提高数额。1988年1月15日美影厂创作办公室向广电部电影局推荐包括剪纸片《葫芦兄弟》(第三、四集)在内的共四部影片评选1986年优秀影片。1988年5月20日被告向广电部电影局上报参加1986、1987年优秀影片颁奖大会名单,其中包括《葫芦兄弟》影片的代表:导演胡进庆和动作设计沈如东。同日,被告向广电部电影局发函表示,获评优秀美术片之一的《葫芦兄弟》是1986、1987年生产的系列剪纸片(共十三集),在上报评选时,我厂仅挑选其中第三、四集供评委审看,为鼓励今后的系列美术片创作,希望贵局在考虑《葫芦兄弟》一片的奖金时,能按系列长片的标准,给予适当优惠条件。1988年8月19日被告向《葫芦兄弟》影片的创作人员发放1986年优秀影片奖的奖金7000元。此外,《葫芦兄弟》还获得1987年儿童电影"童牛奖"。

本案一审的争议焦点是:1."葫芦娃"造型设计是否构成作品及由谁创作;2."葫芦娃"造型设计美术作品的性质;3."葫芦娃"角色造型能否作为可以单独使用的作品并由作者单独行使其著作权;4."葫芦娃"形象与"葫芦娃"角色造型美术作品的关系。

上海市黄浦区人民法院一审认为:

一、"葫芦娃"造型设计是否构成作品及由谁创作

无论是文言文形式的民间故事《七兄弟》,还是民间流传的十兄弟故事,直至涉案影片的《七兄弟》文学剧本大纲,均系文字作品,即便是《葫芦

兄弟》的剧本及其中有关"葫芦娃"的描述,也是一种文字表达,"葫芦娃"造型设计的作者首次以线条勾勒出"葫芦娃"的基本造型,四方的脸型体现出善良和正直,粗短的眉毛、长长的睫毛、明亮的大眼、小嘴红唇透露出孩童的天真与慧黠,粗壮有力的手部与腿部线条暗含蕴藏的无穷力量与本领;上装的坎肩与下装的短裤相配显得精干利落;头顶的葫芦冠饰衬以两片嫩叶,颈部的黑色项圈上点缀两片葫芦嫩叶,腰部的葫芦叶围裙清晰可见叶片的茎脉,既富有层次感又相互呼应,其巧妙地将葫芦与中国男童形象相融合,塑造出炯炯有神、孔武有力、天真可爱的"葫芦娃"角色造型,并以七色区分七兄弟,既表明兄弟的身份又以示区别,体现了作者的匠心独运与绘画技巧,其通过手工绘制而形成的视觉图像,结合线条、轮廓、服饰以及颜色的运用形成特定化、固定化的"葫芦娃"角色造型,已不再停留于抽象的概念或者思想,其所具有的审美意义、艺术性、独创性和可复制性,符合我国著作权法规定的作品的构成要件,应当受到我国著作权法的保护。至于"金刚葫芦娃",因其与"葫芦娃"的基本造型并无二致,仅在衣服的颜色和颈部佩饰方面稍做改动,故不构成新的作品,可归结为一个"葫芦娃"角色造型。综上,法院认定"葫芦娃"角色造型构成美术作品。

关于"葫芦娃"角色造型由谁创作的问题,两原告既未提供定稿的"葫芦娃"角色造型美术作品,也从未就该作品进行版权登记。原告胡进庆提供的据以证明其作者身份的70页分镜头台本既不完整,也无作者署名和形成时间,每集片名系事后添加或有涂改,且分镜头台本并不等同于角色造型;原告胡进庆提供的"葫芦娃"造型美术作品三幅无形成时间和作者署名;原告吴云初提供的《葫芦兄弟》《葫芦小金刚》人物美术资料6页无形成时间和作者署名,明显形成于《葫芦兄弟》影片完成之后,系事后制作,且上述造型稿与影片中的"葫芦娃"形象仍有差异,而原告提供的证人均未到庭作证,故本院对上述证据均不予采信。因此,两原告提供的上述证据尚不足以证明其独立创作了"葫芦娃"角色造型美术作品。但是,涉案影片的影片目录、每集的完成台本和1996年美影厂出品的《葫芦兄弟》系列VCD光盘的每集片尾工作人员名单均显示,造型设计:吴云初、进庆,对该署名自影片创作完成至今双方均无异议,被告美影厂亦承认两原告对系争造型所作的贡献。根据我国著作权法有关如无相反证明,在作品上署名的公民、法人或者其他组织为作者的规定，法院据此认定，两原告共同创作了“葫芦娃”角色造型美术作品。

二、“葫芦娃”造型设计美术作品的性质

法律制度通常反映了一国的经济、文化、社会和时代特征，对系争权属的判定，同样不能脱离作品创作的时代背景和当时的法律制度。其一，从宏观的社会现实角度来看，被告美影厂提供的一系列证据显示，在涉案影片创作的当时，我国正处于计划经济时期，被告作为全民所有制单位，影片的创作需严格遵循行政审批程序，影片的发行放映需严格遵循国家的计划安排，如根据上级单位下达的年度指标任务上报年度创作题材规划，根据年初规划组织安排人员落实，创作成果归属于单位，单位再将最终创作成果交由相关单位统一出版发行，年底向上级单位、政府部门汇报各项指标任务的完成情况等。在作品创作的当时，两原告作为被告方的造型设计人员完成被告交付的工作任务，正是其职责所在，其创作的成果归属于单位是毋庸置疑的行业惯例，也是整个社会的一种约定俗成。其二，从当时的法律制度来看，1987 年 1 月 1 日起施行的《中华人民共和国民法通则》第九十四条仅原则性地规定，公民、法人享有著作权（版权），依法有署名、发表、出版、获得报酬等权利。对于电影作品著作权的归属及电影作品中哪些作品可以单独使用并由作者单独行使著作权均未作出规定。可供参照的 1985 年 1 月 1 日起生效，现已失效的《图书、期刊版权保护试行条例》也仅规定，用机关、团体和企业事业单位的名义或其他集体名义发表的作品，版权归单位或集体所有。本案当事人在系争作品创作的当时，也不可能预先按照于 1991 年 6 月 1 日起施行的我国著作权法的规定，就职务作品著作权的归属以合同的形式进行明确约定。因此，认定两原告对其创作的作品于创作的当时享有著作财产权缺乏法律依据。其三，从微观的规章制度来看，被告提供的三位证人证言均证实，在涉案影片创作的当时，导演等工作人员均需完成美影厂创作办公室每年下达的任务指标，其他创作人员跟随导演完成相应工作量。原、被告均认可被告就涉案影片成立了摄制组，并指派原告胡进庆担任导演，两原告任造型设计，此系完成被告交付的工作任务。可见，完成法人交付的工作指标任务，取得工资、奖金及相关的医疗、分房等福利待遇，创作成果则归属于法人，符合当时社会人们的普遍认知,也是社会公众普遍认同的行为准则。其四,从取得的奖励来看,1986年3月被告上级公司下达的文件明确规定:自1月1日起创作人员实行酬金制。1986年8月18日广电部电影局发函明确表示:奖金全额发给获奖影片的摄制组,其中60%发给主要创作人员;为鼓励导演努力拍摄出更多的优秀影片,从今年开始分给导演的奖金应适当提高数额。其制度设计本身亦说明,在当时的历史条件下国家对影片主创人员创造性劳动的鼓励、尊重和其劳动价值的体现。上述文件结合两原告陈述、三位证人有关已领取酬金和奖励的证言及被告提供的财务凭证均表明,就系争作品的创作,两原告已取得远高于工资性奖金的酬金和奖励,自涉案影片最初播映的1986年起至2010年两原告起诉之日前的24年间,也没有证据表明两原告曾就此向被告提出过异议。而且,在系争作品创作完成的24年间两原告也从未就系争造型的著作权向被告提出异议。综上,根据系争作品创作当时的时代背景、历史条件和双方当事人的上述行为,可以认定"葫芦娃"角色造型美术作品的著作权由被告享有,两原告仅享有表明其作者身份的权利。

至于被告美影厂关于系争作品系法人作品的辩称意见,法院认为,虽然两原告系单位职工,造型设计属于其职责范围,系争作品是在单位主持下,为了完成单位的工作任务而进行的创作,责任亦由单位承担,但是,我们不能将法人意志简单地等同于单位指派工作任务、就创作提出原则性要求或提出修改完善意见等,否则,所有的职务作品均可被视为法人作品,作为自然人的创作者将丧失作者地位。系争美术作品的创作无须高度借助单位的物质技术条件,创作的过程也并不反映单位的意志,而是体现了作者独特的思想、感情、意志和人格。无论是"葫芦娃"角色造型的线条、轮廓、色彩还是服饰、颈饰、腰饰、葫芦冠等的选择都体现了作者个人的构思、选择和表达。虽然,被告美影厂主张摄制组其他成员和被告的部门负责人曾提出过修改意见,但这并不影响对"葫芦娃"角色造型作出实质性贡献的仍然是作者个人。而且,从片尾的署名来看,造型设计也已署名两原告个人。因此,"葫芦娃"角色造型美术作品并不是代表法人的意志创作,不应认定为法人作品,对被告的上述主张,法院不予采信。

三、"葫芦娃"角色造型能否作为可以单独使用的作品并由作者单独行

使其著作权

我国著作权法第十五条第二款关于“电影作品和以类似摄制电影的方法创作的作品中的剧本、音乐等可以单独使用的作品的作者有权单独行使其著作权”的规定的适用前提有三个，一是身份系作者，其意义在于进一步保护电影作品中合作作者的单独的著作权，如果不是作品的作者，就不能成为适用本条款的合格主体，也就丧失了获得单独保护的前提条件。本案中，被告美影厂在影片的片尾将造型设计署名两原告，即是承认两原告系涉案影片角色造型美术作品的作者；二是著作财产权归属于该位作者，即只有在作者已获得著作财产权的前提下，编剧、词曲作者等才能够独立地行使著作权，反之，如著作财产权归属于法人或其他组织，则即使确系作品的作者也无权行使该作品的著作财产权，更谈不上独立行使其著作权，即只有根据我国著作权法第十一条和第十六条第一款的规定，著作财产权属于作者时，才能适用本条的规定。本案中，前已论述系争作品的著作权应属被告所有，两原告仅享有表明其作者身份的权利，故两原告也就丧失了适用本条的前提；三是作品可以单独使用。所谓单独使用，并非是指截取影片中的任何一幅截图进行使用。电影截图是电影整体表达的不可分割的组成部分，其本身并不具有独立于电影的表达，它仍然是在电影设定的背景和场景之下，表达着电影中的人物或故事内容，该等使用仍是对电影的使用，而不是一种对电影中其他作品的单独使用。本法条虽然仅列举剧本、音乐两类作品，但由于系争角色造型可以从电影中抽离出来，并独立地使用在其他的商品或服务标识之上，事实上，多年来原、被告分别起诉的众多著作权侵权案件，也从侧面印证了系争作品已被他人进行独立于影片的单独使用，故“葫芦娃”角色造型美术作品属于可以单独使用的作品。上述三个前提条件只有在同时满足的情况下，才能适用本条，由于两原告并不享有系争作品除署名权以外的著作权，故两原告不得援引该条款获得法律的保护。

四、“葫芦娃”形象与“葫芦娃”角色造型美术作品的关系

两原告在庭审中一再提及其所主张的著作权也包括映射在电影中的每一个“葫芦娃”形象。法院认为，就存在于影片中的每一个“葫芦娃”形象而言，由于两原告已同意被告美影厂将其作品拍摄成电影，且电影作品

的整体著作权应由被告行使，双方当事人对此均无异议，故两原告关于影片中“葫芦娃”形象的著作权归其所有的主张，法院不予采信。

当系争的角色造型美术作品进入影片以后，经动作设计、背景设计、绘制、摄影、编剧、导演、配音等人员的创造性劳动，形成了“葫芦娃”具有个性特征的完整形象，该形象由包含姓名、身份、造型、声音、性格等个性特征、人物在特定环境下的经历和故事等情节以及人物对人的反应和对物的反应等组成，上述形象确认因素构成一个具有整体性的“葫芦娃”形象，当人们看到静态的“葫芦娃”形象时，它已不是单纯的一幅美术作品，而是包含个性特征、情节、反应等要素的生动形象。因此，法院认定被告美影厂对于“葫芦娃”形象的整体性作出了贡献。关于“葫芦娃”形象的知名度，结合被告提供的证据及陈述表明，“葫芦娃”形象之所以能够成为家喻户晓、深受观众喜爱的动画形象，其知名度的形成有赖于：一是被告于1986年作出的投资拍摄《葫芦兄弟》系列剪纸动画电影的决定；二是被告在1986年至1991年期间连续不断地推出《葫芦兄弟》《葫芦小金刚》共十九集系列剪纸动画电影；三是二十多年来被告通过电视台播映、电影院放映、发行VCD等载体形式，公开、广泛、持续、全面地传播涉案影片及所涉的“葫芦娃”形象，使之成为具有机智、勇敢、正义、协作等精神品质的可爱中国男童的代表，在广大的少年儿童乃至成人社会中产生良好的公众效应，在社会公众中享有较高的知名度。两原告对于被告的上述投资、出版发行等行为均未表示异议。因此，从民法的公平原则角度出发，对于“葫芦娃”形象的整体性和知名度所作的贡献均应归功于被告，故两原告关于影片中“葫芦娃”形象的著作权归其所有的主张，法院不予支持。

综上，原审法院根据《中华人民共和国著作权法》第三条第(四)项，第十一条第一、二、四款，第十五条，第十六条第二款第(二)项，第六十条，第六十一条，《中华人民共和国著作权法实施条例》第四条第(八)项、第(十一)项，第十一条第一款，《中华人民共和国民法通则》第四条的规定，于2011年8月4日判决如下：

对原告胡进庆、吴云初要求确认《葫芦兄弟》及其续集《葫芦小金刚》系列剪纸动画电影中“葫芦娃”(即葫芦兄弟和金刚葫芦娃)角色形象造型原创美术作品的著作权归原告胡进庆、吴云初所有的诉讼请求，不予支持。

胡进庆、吴云初不服一审判决，向上海市第二中级人民法院提起上诉，请求撤销一审判决，依法改判。主要理由如下：1.上诉人提供的前三集分镜头台本中的“葫芦娃”形象是葫芦兄弟和金刚葫芦娃角色形象的原创美术作品，由上诉人于1984年创作完成，原审法院对此事实认定有误；2.上诉人对“葫芦娃”职务作品应享有完整的著作权，而非仅有署名权，原审法院适用法律错误。

被上诉人美影厂辩称，不同意上诉人的上诉请求，分镜头台本不能证明上诉人享有“葫芦娃”造型著作权，其形成于造型确定之后。被上诉人坚持在一审中所持观点，即《葫芦兄弟》影片和“葫芦娃”形象是在美影厂的集体领导下创作完成的，属于法人作品。

二审中，上诉人提交了《动画大王》杂志1986年第6期、1987年第2期、1987年第3期，以证明《葫芦兄弟》连环画在动画片公映之前已在被上诉人合办的杂志上连载，且署名为上诉人，故被上诉人是鼓励和认可“葫芦娃”造型的著作权归上诉人所有，上诉人也实际享有了“葫芦娃”造型美术作品带来的经济利益。被上诉人认可《葫芦兄弟》连环画在电影上映前已出版的事实，但认为该事实并不能证明上诉人享有“葫芦娃”造型的著作权。根据上诉人的申请，二审中通知证人严定宪（时任美影厂厂长）、蒋友毅（时任美影厂创作办公室主任）出庭作证。根据证人证言及相关证据查明，20世纪80年代中期起，被上诉人倡导创作系列动画电影。1984年杨玉良创作《七兄弟》文学剧本梗概，该素材被厂方认可。其后，胡进庆独立创作了《葫芦兄弟》的若干台本及造型初稿，后经吴云初补充修改“葫芦娃”造型，报美影厂创作办公室审核，通过后再报厂长审批。1985年11月，《葫芦兄弟》（最初名为《七兄弟》）正式立项，成立摄制组，开始进行拍摄。其时，美影厂并无关于作品权利归属的规定，厂方与作者均缺乏著作权的概念，谈论权利的问题，是“很不光彩的事情”。《葫芦兄弟》动画片在拍摄时，蒋友毅曾明确要求创作人员不得在影片拍摄期间将连环画对外投稿，但制片完成之后是否投稿，则厂方不干涉。

上海市第二中级人民法院经二审，确认了一审查明的其他事实。

上海市第二中级人民法院二审认为，从动画电影的创作过程看，动画电影中的角色形象应有在先的静态造型，该造型如构成美术作品，应受到著作权法的保护。本案中，双方当事人均确认，系争造型即“葫芦娃”角色形象最初由胡进庆创作，经吴云初修改。被上诉人虽称该造型综合了集体的意见，代表了被上诉人的意志而最终形成，但根据现有证据，在《葫芦兄弟》动画片正式立项以前，胡进庆已独立创作了“葫芦娃”造型初稿，经吴云初补充修改，再报美影厂相关部门审核。最终形成的“葫芦娃”造型虽经美影厂其他创作人员的若干修改而成，但与原作相比并无实质性差别，不构成新的作品。故难以证明“葫芦娃”造型是由被上诉人主持，代表其意志而创作的。此外，虽然当时已有《七兄弟》的文学剧本梗概，但该剧本的内容与后来形成的《葫芦兄弟》有较大差异，且当时尚无角色形象造型，故也不能据此认为“葫芦娃”造型是基于《七兄弟》而产生的。综上，法院确认系争“葫芦娃”造型美术作品不属于著作权法第十一条第三款规定的情形，即不属于“法人作品”。

另一方面，上诉人提交了《葫芦兄弟》前三集的分镜头台本，作为“葫芦娃”造型美术作品原件的证据。该分镜头台本因形式要件欠缺，未被原审法院采信，对此二审法院不表异议。但证明作品的著作权归属并不必然与作品的载体相联系。换言之，即使上诉人未能提交其主张的造型作品的原件，也不意味着就应否认其权利。本案中，根据《葫芦兄弟》动画片的署名、证人证言，以及双方对创作过程的陈述等，足以确认上诉人创作了系争“葫芦娃”角色造型美术作品，且是为完成单位的工作任务所创作的。因此，系争作品属于著作权法第十六条规定的职务作品。本案的关键就在于该职务作品的著作权归属问题。

本案系争造型美术作品创作于著作权法施行之前，当时的法律法规和政策对职务作品著作权的归属并无规定。因涉案作品尚在著作权保护期内，故本案应适用著作权法的现行规定予以处理。著作权法第十六条区分了职务作品著作权归属的不同情况，法院认为，系争作品属于该条第二款第（二）项规定的“特殊职务作品”，即“法律、行政法规规定或者合同约定著作权由法人或者其他组织享有的职务作品”，理由如下：

首先，本案中，双方当事人的确没有就系争作品的著作权归属签订书面合同，但这是特定历史条件下的行为。正如原审判决所言，难以要求本案当事人在作品创作当时，就预先按照著作权法的规定，对职务作品著作权的归属作出明确约定。同时,因为当时的法律法规对此问题也无规范,故应深入探究当事人行为时所采取的具体形式,及其真实意思表示,在此基础上才能正确判断系争职务作品著作权的归属。

其次,就当时的法律环境来看,我国尚未建立著作权法律制度,社会公众也缺乏著作权保护的法律意识,双方当事人对此也予认可。因此,才有证人所述的,谈论权利问题是“很不光彩的事情”的情况发生。这说明,针对动画电影的整个创作而言,完成工作任务所创作的成果归属于单位,是符合当时人们的普遍认知的。另外,在《葫芦兄弟》动画片拍摄过程中,时任美影厂创作办公室主任的蒋友毅曾明确要求创作人员不得对外投稿,而作为创作人员的本案上诉人并未对此提出异议。现有证据也不能证明上诉人是在《葫芦兄弟》动画片拍摄期间即向《动画大王》投稿的。也就是说,上诉人以实际行为遵守了被上诉人的规定。这一事实表明双方当事人均认可被上诉人可对包括上诉人在内的创作人员提出上述要求,即被上诉人有权对动画电影的角色形象造型进行支配。因此,从诚信的角度出发,上诉人不得在事后作出相反的意思表示,主张系争角色造型美术作品的著作权。

再次,从被上诉人的行为来看,被上诉人在动画电影拍摄完成后,对上诉人将《葫芦兄弟》连环画对外投稿并出版的行为未加干涉,并不表明其放弃了权利,而只是放弃行使权利,即放弃利用作品所带来的经济利益。因为在此过程中,被上诉人的著作权并未受到质疑,也未产生如本案这样的权属纠纷,故其行为不能看作是对权属问题的表态。同理,被上诉人其后在相关侵权诉讼中未以原告的身份主张权利,也仅能作如上理解,而非如上诉人所言是不具备权利人的资格。

最后,本案中,系争“葫芦娃”角色造型美术作品确由胡进庆、吴云初创作,体现的是二人的个人意志,故对上诉人作为作者的人格应予尊重。具体而言,对于系争作品这样的“特殊职务作品”,应根据著作权法第十六条第二款的规定,由上诉人享有署名权,著作权的其他权利由被上诉人享有。

综上,本案系争的“葫芦娃”角色造型美术作品属于特定历史条件下,上诉人创作的职务作品,由被上诉人享有除署名权以外的其他著作权。因此,一审法院认定事实清楚,适用法律正确,上诉人的上诉请求不能成立。

据此，上海市第二中级人民法院依照《中华人民共和国民事诉讼法》第一百五十三条第一款第（一）项、第一百五十八条之规定①，于2012年3月30日判决如下：

驳回上诉，维持原判。

本判决为终审判决。

（本章编写：吴禅　王志刚）

① 此处的《中华人民共和国民事诉讼法》是2007年修正版，两条条款分别对应2012年修正版的第一百七十条、第一百七十五条。

手机游戏版权纠纷

——原创动力 VS 百度公司

手机游戏,简称手游,是指运行于手机上的游戏软件。近年来,手机游戏用户、销售收入大幅度增加,手游行业迎来高速增长期。在移动互联网大张旗鼓地改变现代人生活的今天,手机游戏已经不仅仅局限在“贪吃蛇”和“俄罗斯方块”,几乎各种成熟的网络游戏都有了手机版,越来越多的动漫作品几乎将电影版和游戏版同时上线,而像《爸爸去哪儿》这样的电视节目也开始涉足手游,开发同名手机游戏,将节目核心元素植入其中,继续进行版权的延伸开发。但在令人振奋的行业发展数据背后,版权问题也密集爆发。本案即是因“喜羊羊与灰太狼”系列美术作品未经许可在手机游戏中使用而引发的版权纠纷。

一、相关背景

广东原创动力文化传播有限公司(以下简称原创动力公司)是一家集影视制作、卡通动漫创作于一体的专业影视制作公司。该公司已推出《喜羊羊与灰太狼》《小宋当家》《宋代足球小将》等动画作品。其中《喜羊羊与灰太狼》得到观众和专家们的广泛好评,先后获得中宣部颁发的“五个一工程”优秀作品奖、广东省委颁发的首届“南粤创新奖(团队)”、中国电影最高荣誉——第13届“华表奖优秀动画片奖”等诸多荣誉。2011年更获得中国文化艺术政府奖首届动漫奖“最佳动漫形象奖”和“最佳动漫品牌奖”,该奖项是对“十一五”以来中国动漫发展最权威的检阅,代表着中国动漫产业发展的最高水平。

百度——中文搜索引擎,也是一家知名的中文网站。百度将“让人们最平等、便捷地获取信息,找到所求”作为自己的使命,致力于为用户提供“简单可依赖”的互联网搜索产品及服务。北京百度网讯科技有限公司(以下简称百度公司)是百度旗下公司,拥有网页搜索、hao123、百度推广等多条业务线。

二、案情回顾

原创动力公司发现其享有著作权的“喜羊羊与灰太狼”系列美术作品未经其许可,被百度公司擅自通过其所有并经营的百度移动应用传播了含有“喜羊羊与灰太狼”系列美术作品的手机游戏《幼儿拼图》。

原创动力公司认为百度公司的行为侵犯了其著作权,于是向北京市海淀区人民法院提起诉讼。经审理,北京市海淀区人民法院认为涉案游戏系由安智网提供,就涉案游戏百度公司提供的服务系网络开放平台的服务,且已尽到了网络服务提供者所应尽的必要的说明、提示义务;百度公司并未对涉案游戏进行编辑、整理或推荐,也未从涉案游戏中直接获利;在原告未向其发送律师函的情况下,百度公司在接到本案的起诉状之后就断开了涉案游戏的链接,因此百度公司没有主观过错,不应承担赔偿损失的责任。

所以北京市海淀区人民法院于2013年12月17日作出判决,驳回原创动力公司的全部诉讼请求。

原创动力公司不服北京市海淀区人民法院作出的判决,依法向北京市第一中级人民法院提起上诉。北京市第一中级人民法院于2014年4月9日受理,经审理,于2014年6月4日作出终审判决,驳回上诉,维持原判。

三、相关法律条文

本案主要涉及《中华人民共和国侵权责任法》《信息网络传播权保护条例》《最高人民法院关于审理侵害信息网络传播权民事纠纷案件适用法律若干问题的规定》《中华人民共和国民事诉讼法》中的相关法律或规定。

《中华人民共和国侵权责任法》

第三十六条

……

网络服务提供者知道网络用户利用其网络服务侵害他人民事权益,未采取必要措施的,与该网络用户承担连带责任。

《信息网络传播权保护条例》

第二十二条　网络服务提供者为服务对象提供信息存储空间,供服务对象通过信息网络向公众提供作品、表演、录音录像制品,并具备下列条件的,不承担赔偿责任:

(一)明确标示该信息存储空间是为服务对象所提供,并公开网络服务提供者的名称、联系人、网络地址;

(二)未改变服务对象所提供的作品、表演、录音录像制品;

(三)不知道也没有合理的理由应当知道服务对象提供的作品、表演、录音录像制品侵权;

(四)未从服务对象提供作品、表演、录音录像制品中直接获得经济利益;

(五)在接到权利人的通知书后,根据本条例规定删除权利人认为侵权的作品、表演、录音录像制品。

《最高人民法院关于审理侵害信息网络传播权民事纠纷案件适用法律若干问题的规定》

第九条　人民法院应当根据网络用户侵害信息网络传播权的具体事实是否明显,综合考虑以下因素,认定网络服务提供者是否构成应知:

(一)基于网络服务提供者提供服务的性质、方式及其引发侵权的可能性大小,应当具备的管理信息的能力;

(二)传播的作品、表演、录音录像制品的类型、知名度及侵权信息的明显程度;

(三)网络服务提供者是否主动对作品、表演、录音录像制品进行了选择、编辑、修改、推荐等;

(四)网络服务提供者是否积极采取了预防侵权的合理措施;

(五)网络服务提供者是否设置便捷程序接收侵权通知并及时对侵权通知作出合理的反应;

(六)网络服务提供者是否针对同一网络用户的重复侵权行为采取了相应的合理措施;

(七)其他相关因素。

《中华人民共和国民事诉讼法》

第一百七十条　第二审人民法院对上诉案件,经过审理,按照下列情形,分别处理:

(一)原判决、裁定认定事实清楚,适用法律正确的,以判决、裁定方式驳回上诉,维持原判决、裁定;

四、案例评述

本案涉及对“避风港规则”的正确理解。“避风港规则”是指在发生著作权侵权案件时,当ISP(网络服务提供商)只提供空间服务,并不制作网页内容,如果ISP被告知侵权,则有删除的义务,否则就被视为侵权。如果侵权内容既不在ISP的服务器上存储,又没有被告知哪些内容应该删除,则ISP不承担侵权责任。后来“避风港规则”也被应用在搜索引擎、网络存储、在线图书馆等方面。“避风港规则”包括两部分:“通知-删除(notice-take down procedure)”。

中国对于“避风港规则”的吸收和立法,主要体现在《信息网络传播权保护条例》(以下简称《条例》)的相关条款中。《条例》分别针对提供网络自动接入或传输服务提供者、提供网络自动存储服务提供者、提供信息存储空间出租服务提供者、搜索引擎服务提供者等ISP在什么条件下可以免责,能够享受避风港待遇作出了规定,详细规定和条件可以参看《条例》第二十一条至第二十三条相关规定。

结合本案来看,百度公司在其运营的百度移动平台上向互联网开发者及网络用户提供了开放接口,何时上传应用、上传何种应用均不受百度公司的制约,如此安智公司能够将涉案游戏等应用上传至百度移动平台,涉案游戏位于平台页面上的“安智”“极游网”“安极网”等选项下,其应用截图中也均有“安智”标识。百度公司并未对涉案游戏进行编辑、整理或推荐,也未从中获利。此外,由于有海量应用上传,而且其中多有重名,涉案游戏又不处于显著位置,百度公司未及时注意到侵权行为也情有可原。百度公司在接到本案的起诉状之后就断开了涉案游戏的链接,采取了积极合理的预防措施,并不存在主观过错。所以一审、二审驳回了原创动力公司的全部诉讼请求。

但其中仍有值得深思之处。本案二审中提到“没有证据显示百度公司明知或应知涉案游戏存在侵权问题”。《条例》第二十三条规定:网络服务提供者为服务对象提供搜索或者链接服务,在接到权利人的通知书后,根据本条例规定断开与侵权的作品、表演、录音录像制品的链接的,不承担赔偿责任;但是明知或者应知所链接的作品、表演、录音录像制品侵权的,应当承担共同侵权责任。那么哪种情况下认定网络服务商“明知或应知”侵权作品的存在?有一种观点认为互联网服务商只是在他意识到侵权活动而没有采取任何行动的情况下才可能构成侵权。依照这种思想,则对于网络服务商“明知”或“应知”的标准就是只有当网络服务商收到了著作权人的通知后,仍然不作为或者作为有瑕疵时,才判断其“明知”或“应知”。那么“避风港规则”就真成了“尚方宝剑”,以至于形成“先侵权,等通知;不通知,不负责;你通知,我删除,我免责”的套路。这样显然不能从根本上杜绝侵权行为的发生,保护著作权人的合法权益,所以相关的法律法规还需要进一步的完善。

五、判决书

(一)一审判决书

广东原创动力文化传播有限公司诉北京百度网讯科技有限公司著作权权属、侵权纠纷一审民事判决书①

北京市海淀区人民法院民事判决书

(2013)海民初字第20100号

原告广东原创动力文化传播有限公司,住所地广东省广州市越秀区北较场横路12号物资大厦14楼1402室。

法定代表人刘蔓仪,董事长。

委托代理人林超颖,浙江亿维律师事务所律师。

被告北京百度网讯科技有限公司,住所地北京市海淀区上地十街10号百度大厦2层。

法定代表人梁志祥,总经理。

委托代理人杨晓晋,北京市海铭律师事务所律师。

委托代理人周小伟,北京市海铭律师事务所律师。

原告广东原创动力文化传播有限公司(以下简称原创动力公司)诉被告北京百度网讯科技有限公司(以下简称百度公司)侵犯著作权纠纷一案,本院受理后,依法组成合议庭,公开开庭进行了审理。原告原创动力公司委托代理人林超颖,被告百度公司委托代理人杨晓晋、周小伟到庭参加了诉讼。本案现已审理终结。

原告原创动力公司诉称,原告是"喜羊羊与灰太狼"系列美术作品的著作权人,依法享有上述美术作品的著作权。被告未经原告许可,擅自通过其所有并经营的百度移动应用(as.baidu.com)传播了含有"喜羊羊与灰太狼"系列美术作品的手机游戏《幼儿拼图》,被告的行为侵犯了原告的著作

① 参见中国裁判文书网。

权。请求法院判令被告赔偿原告经济损失5万元及合理费用6000元,并由被告承担本案的全部诉讼费用。

被告百度公司辩称:1.百度移动应用平台是百度公司向广大互联网开发者和互联网网络用户提供的全方位开放应用平台,具有实质性非侵权用途。百度移动应用平台是百度公司为应用开发者提供展现应用开发者开发的各类应用资源的平台和技术接口,在这个技术接口下,应用开发者将其应用信息提交到百度移动应用平台进行技术对接,百度应用平台仅存储应用的链接地址,应用平台的作用是优化访问路径,提高信息的传输效率。2.百度公司没有存储、修改或编辑涉案游戏应用,没有实施侵犯原告美术作品著作权的行为。涉案游戏应用系由第三方安智网提供,并存储在安智网服务器中,百度公司仅提供一个技术接口,以展现涉案游戏的应用,无法对涉案游戏应用进行修改或编辑。3.百度公司不存在主观过错。百度公司在其应用平台中对开发者进行了著作权提示,且在游戏平台中存在数个与涉案游戏同名的游戏应用,百度公司无法注意到如此多的同名同款游戏会侵犯第三方的合法权益。要求百度公司对第三方上传的游戏应用中的图片是否侵犯著作权负有注意义务,超出了百度公司注意义务的范围和能力,其涉案游戏应用中的图片与原告主张的美术作品完全不同,百度公司无法辨别其是否构成侵权。百度移动应用平台是完全免费的技术服务,百度公司未从中获取任何经济利益。4.原告从未向百度公司发出要求删除的通知,百度公司在收到起诉状后,已及时关闭了涉案游戏应用。请求法院驳回原告全部诉讼请求。

经审理查明:

《喜羊羊与灰太狼》是由原创动力公司制作的系列动画片,曾获得"2007年度动漫榜中榜内地及港澳台年度最佳创意动画""中国最佳动漫创意奖""最佳动画衍生产品设计奖(玩具类)""白玉兰奖国产动画片银奖""五个一工程"优秀作品奖等奖项。2007年至2008年,原创动力公司申请对动画片《喜羊羊与灰太狼》中的暖羊羊、喜羊羊、美羊羊、慢羊羊、懒羊羊、灰太狼、红太狼、沸羊羊卡通形象分别进行了著作权登记,除作品名称外,著作权登记证书上载明的事项均显示:作品类型为美术作品,著作权人为原创动力公司。

2012 年 9 月 18 日，原创动力公司申请公证处对百度网站含有《喜羊羊与灰太狼》主角造型的手机游戏的情况进行证据保全。(2012)浙杭禹证民字第 3466 号公证书(以下简称第 3466 号公证书)显示：在 ICP/IP 地址/域名信息备案管理系统的网站首页地址栏中输入“www.baidu.com”，查询该网站主办单位为百度公司；点击 www.baidu.com，进入百度网站首页后，依次点击“更多”“百度移动应用”，进入百度移动应用页面，页面中有“游戏”“软件”“应用合集”等选项，右上角“联系我们”中显示“百度移动应用收录了国内大部分知名安卓应用商店的十万余款应用。这里不仅提供大量精彩的免费应用，解决了用户在各家应用商店之间疲于奔波的难题，更向用户提供了安全、可靠的安卓应用搜索平台。百度应用还为各应用商店、应用开发者提供了精彩的展示平台，为中国本土应用开发者提供支持……”。点击进入“游戏”页面，在“休闲益智”选项中有数款游戏，通过翻页，在第 12 页页面显示涉案游戏《幼儿拼图》，并有美羊羊游戏图标，下载次数 13593 次。点击涉案游戏，显示游戏名称《幼儿拼图》(免费)，在页面中部显示“安智”“极游网”“安极网”“应用汇”等选项卡标记，“安智”网选项卡突出显示。下方有涉案游戏的应用截图，截图显示“幼儿拼图专为 2—6 岁儿童设计、喜羊羊与灰太狼”，并有灰太狼等的图片，每幅截图上均有“安智”字样。页面地址栏显示地址为 http://as.baidu.com/a/item? docid=103120777……。点击页面中的“分享到”“新浪微博”选项，能够将涉案游戏分享到新浪微博中。点击“下载到手机”选项，在输入手机号码并点击“发送短信”之后，手机会收到内容为“幼儿拼图下载地址：http://as.baidu.com/bhchq【百度移动应用】”的短信，将上述地址输入 UC 浏览器地址栏后，手机页面出现“百度应用>幼儿拼图中下载安装 apk 使用百度客户端高速下载”等信息。页面上还显示“【同类应用推荐】百度应用中心(安卓)”等字样。点击“下载安装 apk”，能够下载并安装涉案游戏。运行手机中的涉案游戏，游戏中显示喜羊羊、灰太狼、美羊羊、慢羊羊等图片。

百度公司主张百度移动应用平台为开放平台，其作用在于为网络用户提供更优化的访问路径，提高访问效率，并提交以下多份公证书：

(2013)京方正内经证字第 12211 号公证书显示：打开百度首页，点击进入百度移动应用页面，页面右上角有“开发者提交应用”的链接，点击后进入百度开发者中心。页面有"您可以创建…Web 应用移动客户端网站"等字样,移动客户端提示"将您的应用接入百度,直达百度搜索、百度云手机的亿万用户",并在右上角有"加入开发者中心,提交应用"的链接。点击进入"帮助文档"项下的"开发者中心服务协议",在《应用接入相关协议》中显示"百度开发者中心为开发者提供了分别针对 Web 应用、移动客户端、合作网站的接入服务,旨在为开发者提供优质渠道,帮助开发者获取用户带来流量。在合作过程中,请务必阅读并遵守以下协议,与百度共同建立合作共赢的开放平台。《开发者中心移动客户端服务协议》《开发者中心合作网站服务协议》《开发者中心 Web 应用服务协议》"。其中,《开发者中心移动客户端服务协议》显示"开发者中心移动客户端服务是开发者中心将为开发者开发的移动客户端应用集中提供开发、托管、提交、推广、统计分析、换量、变现等全流程技术服务,在开放、合作、共赢的理念上与开发者携手共建健康良性的生态系统"。"开发者已经取得开发作品(即应用组件)其他权利人(如有)的书面授权,并已与前述权利人就权益分配达成内部协议,保证其在将应用组件提交、上传至百度开发者中心前对开发作品拥有充分、完整、排他的所有权及知识产权,并可通过百度开发者中心应用资源开发许可,同时有权将上述产品与百度进行成功对接并在百度开发者中心上展示、使用。"

(2012)京方正内经证字第 13437 号公证书显示:在 IE 浏览器地址栏中输入 http://as.baidu.com,进入百度移动应用网站,网站中的"免责声明"载明:"任何通过使用百度而搜索链接到的第三方网页均系他人制作或提供,您可能从该第三方网页上获得资讯及享用服务,百度对其合法性概不负责,亦不承担任何法律责任。""百度对所提供下载的应用和程序代码不拥有任何权利,其版权归该软件和程序代码的合法拥有者所有。""任何单位或个人认为通过百度搜索链接到的第三方网页内容可能涉嫌侵犯其信息网络传播权,应该及时向百度提出书面权利通知,并提供身份证明、权属证明及详细侵权情况证明。百度在收到上述法律文件后,将会依法尽快断开相关链接内容。"

(2012)京方正内经证字第 13438 号公证书显示:进入百度移动应用平台后,在页面的"软件""书籍阅读"项下有"中国移动手机阅读客户端"软件,点击“下载”后,在文件下载对话框中显示“从:apk.mumayi.com”。点击该软件,页面显示软件名称为中国移动手机阅读客户端,来自木蚂蚁,其他来源为机锋,点击“更多来源”,显示木蚂蚁、联想乐商店、安卓市场。

(2013)京方正内经证字第 12208 号公证书(以下简称第 12208 号公证书)显示:进入百度后台进行相关操作,后台记录显示“mysql>select 来源,入库时间,应用名称,下载地址 from view_all_data wheredocid = 103120777;来源安智,入库时间 2012 年 6 月 15 日,应用名称幼儿拼图,下载地址 http://www.anzhi.com/dl_app.php? s = 89584&channel = baidu”。

(2013)京方正内经证字第 12212 号公证书显示:进入百度移动应用,在搜索栏中输入“幼儿拼图”,点击搜索结果中的第二项进入包含“幼儿拼图”游戏名称及图标的页面,该游戏图标与涉案游戏图标不同。页面上显示来源为安卓市场。将涉案游戏下载到手机上,在下载任务详细中显示下载地址为 http://cdn.market.hiapk。百度公司认为通过上述下载地址及游戏页面上的来源显示,能够证明百度公司仅提供接口服务,涉案游戏并不存储于百度公司的服务器上。但原创动力公司认为因该份证据中所涉及的游戏“幼儿拼图”并非涉案游戏,故不认可该份证据的证明目的。

(2013)京方正内经证字第 11673 号公证书显示:打开 IE 浏览器,在页面地址栏中输入 http://as.baidu.com/a/item? docid = 103120777&pre = web_am_asgame&pos = asgame_1012_349&f = asgame_1012_349,点击进入,显示“糟糕! 迷路了,找不到您所要的页面!”百度公司以此主张收到法院起诉状后,及时采取了删除措施。

此外,百度公司还提交两份判决书,证明其仅提供接口服务,对第三方开发者提供应用是否侵权不负有事先主动审查义务和监控义务,不应承担侵权责任。原创动力公司认为以上判决与本案没有关联性。

另查,原创动力公司为证明涉案美术形象的市场价值及其损失,向法庭提交一份涉及授权手机产品使用涉案美术形象的许可协议。此外,原创动力公司还提交了 500 元复印费发票及 307 元住宿费发票,其主张的其他费用未提交相应票据。

上述事实有原创动力公司提交的公证书、协议、票据;百度公司提交的公证书、判决书以及本院证据交换笔录、开庭笔录在案佐证。

本院认为,原创动力公司本案主张权利的美羊羊、懒羊羊、灰太狼、暖羊羊、喜羊羊、慢羊羊、红太狼等的卡通形象属于著作权法上的美术作品。根据原创动力公司系动画片《喜羊羊与灰太狼》制片者的身份以及相应作品著作权登记证书载明的内容,在无相反证据的情况下,本院认定原创动力公司享有美羊羊、懒羊羊、灰太狼、暖羊羊、喜羊羊、慢羊羊、红太狼等卡通形象的著作财产权。

根据第3466号公证书的内容,在百度移动应用平台上运行并下载的涉案游戏“幼儿拼图”,其游戏图标及游戏中使用的卡通形象分别与喜羊羊、美羊羊、红太狼、灰太狼、沸羊羊、懒羊羊、慢羊羊等形象在整体造型、眼睛、神态、眉毛、配饰等细节方面基本相同,结合该游戏开始界面中显示的“喜羊羊与灰太狼”文字,本院认定《幼儿拼图》中的卡通形象使用了原创动力公司享有权利的美术作品形象。

关于百度公司就其经营的百度移动平台提供涉案游戏的服务性质问题。原创动力公司主张百度公司自行将涉案游戏上传至其公司服务器上供用户下载,侵犯了其就涉案美术作品享有的著作权,而百度公司辩称其为向互联网开发者及网络用户提供开放接口的互联网开放平台,并没有将涉案游戏存储到其自身服务器上,已经尽到了合理注意义务,不存在过错。对此,本院认为,百度公司主张其系网络开放平台,需要提供证据予以证明,本院将根据百度公司提交的证据综合判断其提供服务的性质。首先,网络开放平台系通过提供一个基础的服务、开放自身的接口,使得第三方开发者能够通过运用和组装其接口以及其他第三方服务接口产生新的应用,并且使该应用能够运行在这个平台上。百度公司在其经营的移动应用平台上明确标示了开发者可以创建Web应用、移动客户端、网站等,并在页面显著位置提供“开发者提交应用”的链接,使得开发者通过点击该链接即可以提交相应的应用程序。其网站中《开发者中心服务协议》内明确标注百度公司为开发者提供了分别针对Web应用、移动客户端、合作网站的接入服务,希望与开发者建立合作共赢的开放平台。同时,网站上的《开发者中心移动客户端服务协议》也明确标示了百度移动应用平台的性质及开发者与百度之间的相关权利和义务。其次,第3466号公证书显示,涉案游戏页面有“安智”“极游网”“安极网”“应用汇”的选项,而涉案游戏位于“安智”选项之下，且涉案游戏的应用截图中均有“安智”的标识。结合百度公司提交的第 12208 号公证书关于其后台记录的记载，涉案游戏来源于安智网。综上，本院认定涉案游戏系由安智网提供，就涉案游戏百度公司提供的服务系网络开放平台的服务。

关于百度公司是否存在主观过错及应否承担赔偿责任的问题。本院认为，首先，百度公司通过其网站上的《百度开发者中心注册协议》《开发者中心移动客户端服务协议》等文件，向开发者及用户公示了其提供服务的性质，并根据开发者可能引发侵权可能性的大小，对开发者提交软件可能侵权著作权的问题进行了相应的风险提示，尽到了网络服务提供者所应尽的必要的说明、提示义务。其次，根据百度移动应用平台的开放平台的性质，开放平台服务提供者仅向第三方开发者开放接口，至于何时上传应用、上传何种应用均由第三方开发者自行决定，考虑到平台服务提供者对第三方开发者上传的应用不负有事先审查的义务，而涉案游戏仅为开放平台海量应用中的一个，该游戏软件多有重名，且位置是在第 12 页这样的非显著位置，相关美术形象只是游戏软件中图片的构成要素，在此情况下，要求百度公司在海量的平台软件中注意到涉案游戏软件内使用的图片侵犯了他人的著作权，要求过高。第三，百度公司并未对涉案游戏进行编辑、整理或推荐，涉案游戏应用系免费，故百度公司也未从涉案游戏中直接获利。第四，在原告未向其发送律师函的情况下，百度公司在接到本案的起诉状之后就断开了涉案游戏的链接，应该视为其已经采取了积极合理的预防侵权后果进一步扩大的合理措施。综上，百度公司没有主观过错，不应承担赔偿损失的责任。对于原创动力公司的诉讼请求，本院不予支持。

综上，依照《中华人民共和国侵权责任法》第三十六条第三款、《信息网络传播权保护条例》第二十二条、《最高人民法院关于审理侵害信息网络传播权民事纠纷案件适用法律若干问题的规定》第九条之规定，判决如下：

驳回原告广东原创动力文化传播有限公司的全部诉讼请求。

案件受理费一千二百元，由原告广东原创动力文化传播有限公司负担，已交纳。

如不服本判决，可于判决书送达之日起十五日内，向本院递交上诉状，并按对方当事人的人数提出副本，交纳上诉案件受理费，上诉于北京市第一中级人民法院。如在上诉期满后七日内未交纳上诉案件受理费的，按自动撤回上诉处理。

审　判　长　李　颖
人民陪审员　刘卫星
人民陪审员　唐福来
二〇一三年十二月十七日
书　记　员　姜琨琨

（二）二审判决书

广东原创动力文化传播有限公司与北京百度网讯科技有限公司著作权权属、侵权纠纷二审民事判决书①

北京市第一中级人民法院民事判决书

（2014）一中民终字第3980号

上诉人（原审原告）广东原创动力文化传播有限公司，住所地广东省广州市越秀区北较场横路12号物资大厦14楼1402室。

法定代表人蔡晓东，执行董事。

委托代理人秦雪峰，浙江亿维律师事务所律师。

被上诉人（原审被告）北京百度网讯科技有限公司，住所地北京市海淀区上地十街10号百度大厦2层。

法定代表人梁志祥，总经理。

委托代理人周小伟，北京市海铭律师事务所律师。

委托代理人杨晓晋，北京市海铭律师事务所律师。

上诉人广东原创动力文化传播有限公司（简称原创动力公司）因与被上诉人北京百度网讯科技有限公司（简称百度公司）侵犯著作权纠纷一案，不服北京市海淀区人民法院（简称原审法院）作出的（2013）海民初字第20100号民事判决（简称原审判决），依法向本院提起上诉。本院于2014年4月9日受理后，依法组成合议庭进行了审理，并于2014年5月15日对各方当事人进行了询问。本案现已审理终结。

---

① 参见中国裁判文书网。

原创动力公司原审诉称:原告是“喜羊羊与灰太狼”系列美术作品的著作权人,依法享有上述美术作品的著作权。被告未经原告许可,擅自通过其所有并经营的百度移动应用(as.baidu.com)传播了含有“喜羊羊与灰太狼”系列美术作品的手机游戏《幼儿拼图》,被告的行为侵犯了原告的著作权。请求法院判令被告赔偿原告经济损失5万元及合理费用6000元,并由被告承担本案的全部诉讼费用。

百度公司原审辩称:1.百度移动应用平台是百度公司向广大互联网开发者和互联网网络用户提供的全方位开放应用平台,具有实质性非侵权用途。百度移动应用平台是百度公司为应用开发者提供展现应用开发者开发的各类应用资源的平台和技术接口,在这个技术接口下,应用开发者将其应用信息提交到百度移动应用平台进行技术对接,百度应用平台仅存储应用的链接地址,应用平台的作用是优化访问路径,提高信息的传输效率。2.百度公司没有存储、修改或编辑涉案游戏应用,没有实施侵犯原告美术作品著作权的行为。涉案游戏应用系由第三方安智网提供,并存储在安智网服务器中,百度公司仅提供一个技术接口,以展现涉案游戏的应用,无法对涉案游戏应用进行修改或编辑。3.百度公司不存在主观过错。百度公司在其应用平台中对开发者进行了著作权提示,且在游戏平台中存在数个与涉案游戏同名的游戏应用,百度公司无法注意到如此多的同名同款游戏会侵犯第三方的合法权益。要求百度公司对第三方上传的游戏应用中的图片是否侵犯著作权负有注意义务,超出了百度公司注意义务的范围和能力,其涉案游戏应用中的图片与原告主张的美术作品完全不同,百度公司无法辨别其是否构成侵权。百度移动应用平台是完全免费的技术服务,百度公司未从中获取任何经济利益。4.原告从未向百度公司发出要求删除的通知,百度公司在收到起诉状后,已及时关闭了涉案游戏应用。请求法院驳回原告全部诉讼请求。

原审法院经审理查明:

《喜羊羊与灰太狼》是由原创动力公司制作的系列动画片,曾获得“2007年度动漫榜中榜内地及港澳台年度最佳创意动画”“中国最佳动漫创意奖”“最佳动画衍生产品设计奖(玩具类)”“白玉兰奖国产动画片银奖”“五个一工程”优秀作品奖等奖项。2007年至2008年,原创动力公司申请对动画片《喜羊羊与灰太狼》中的暖羊羊、喜羊羊、美羊羊、慢羊羊、懒羊羊、灰太狼、红太狼、沸羊羊卡通形象分别进行了著作权登记，除作品名称外，著作权登记证书上载明的事项均显示：作品类型为美术作品，著作权人为原创动力公司。

2012年9月18日，原创动力公司申请公证处对百度网站含有《喜羊羊与灰太狼》主角造型的手机游戏的情况进行证据保全。(2012)浙杭禹证民字第3466号公证书(以下简称第3466号公证书)显示：在ICP/IP地址/域名信息备案管理系统的网站首页地址栏中输入“www.baidu.com”，查询该网站主办单位为百度公司；点击www.baidu.com，进入百度网站首页后，依次点击“更多”“百度移动应用”，进入百度移动应用页面，页面中有“游戏”“软件”“应用合集”等选项，右上角“联系我们”中显示“百度移动应用收录了国内大部分知名安卓应用商店的十万余款应用。这里不仅提供大量精彩的免费应用，解决了用户在各家应用商店之间疲于奔波的难题，更向用户提供了安全、可靠的安卓应用搜索平台。百度应用还为各应用商店、应用开发者提供了精彩的展示平台，为中国本土应用开发者提供了支持……”。点击进入“游戏”页面，在“休闲益智”选项中有数款游戏，通过翻页，在第12页页面显示涉案游戏《幼儿拼图》，并有美羊羊游戏图标，下载次数13593次。点击涉案游戏，显示游戏名称《幼儿拼图》(免费)，在页面中部显示“安智”“极游网”“安极网”“应用汇”等选项卡标记，“安智”网选项卡突出显示。下方有涉案游戏的应用截图，截图显示“幼儿拼图专为2—6岁儿童设计、喜羊羊与灰太狼”，并有灰太狼等的图片，每幅截图上均有“安智”字样。页面地址栏显示地址为http：//as.baidu.com/a/item？docid=103120777……。点击页面中的“分享到”“新浪微博”选项，能够将涉案游戏分享到新浪微博中。点击“下载到手机”选项，在输入手机号码并点击“发送短信”之后，手机会收到内容为“幼儿拼图下载地址：http：//as.baidu.com/bhchq【百度移动应用】”的短信，将上述地址输入UC浏览器地址栏后，手机页面出现“百度应用>幼儿拼图中下载安装apk使用百度客户端高速下载”等信息。页面上还显示“【同类应用推荐】百度应用中心(安卓)”等字样。点击“下载安装apk”，能够下载并安装涉案游戏。运行手机中的涉案游戏，游戏中显示喜羊羊、灰太狼、美羊羊、慢羊羊等图片。

百度公司主张百度移动应用平台为开放平台，其作用在于为网络用户提供更优化的访问路径，提高访问效率，并提交以下多份公证书：

（2013）京方正内经证字第 12211 号公证书显示：打开百度首页，点击进入百度移动应用页面，页面右上角有“开发者提交应用”的链接，点击后进入百度开发者中心。页面有“您可以创建…Web 应用移动客户端网站”等字样，移动客户端提示“将您的应用接入百度，直达百度搜索、百度云手机的亿万用户”，并在右上角有“加入开发者中心，提交应用”的链接。点击进入“帮助文档”项下的“开发者中心服务协议”，在《应用接入相关协议》中显示“百度开发者中心为开发者提供了分别针对 Web 应用、移动客户端、合作网站的接入服务，旨在为开发者提供优质渠道，帮助开发者获取用户带来流量。在合作过程中，请务必阅读并遵守以下协议，与百度共同建立合作共赢的开放平台。《开发者中心移动客户端服务协议》《开发者中心合作网站服务协议》《开发者中心 Web 应用服务协议》”。其中，《开发者中心移动客户端服务协议》显示“开发者中心移动客户端服务是开发者中心将为开发者开发的移动客户端应用集中提供开发、托管、提交、推广、统计分析、换量、变现等全流程技术服务，在开放、合作、共赢的理念上与开发者携手共建健康良性的生态系统”。“开发者已经取得开发作品（即应用组件）其他权利人（如有）的书面授权，并已与前述权利人就权益分配达成内部协议，保证其在将应用组件提交、上传至百度开发者中心前对开发作品拥有充分、完整、排他的所有权及知识产权，并可通过百度开发者中心应用资源开发许可，同时有权将上述产品与百度进行成功对接并在百度开发者中心上展示、使用。”

（2012）京方正内经证字第 13437 号公证书显示：在 IE 浏览器地址栏中输入 http：//as.baidu.com，进入百度移动应用网站，网站中的“免责声明”载明：“任何通过使用百度而搜索链接到的第三方网页均系他人制作或提供，您可能从该第三方网页上获得资讯及享用服务，百度对其合法性概不负责，亦不承担任何法律责任。”“百度对所提供下载的应用和程序代码不拥有任何权利，其版权归该软件和程序代码的合法拥有者所有。”“任何单位或个人认为通过百度搜索链接到的第三方网页内容可能涉嫌侵犯其信息网络传播权，应该及时向百度提出书面权利通知，并提供身份证明、权属证明及详细侵权情况证明。百度在收到上述法律文件后,将会依法尽快断开相关链接内容。”

(2012)京方正内经证字第13438号公证书显示:进入百度移动应用平台后,在页面的“软件”“书籍阅读”项下有“中国移动手机阅读客户端”软件,点击“下载”后,在文件下载对话框中显示“从:apk.mumayi.com”。点击该软件,页面显示软件名称为中国移动手机阅读客户端,来自木蚂蚁,其他来源为机锋,点击“更多来源”,显示木蚂蚁、联想乐商店、安卓市场。

(2013)京方正内经证字第12208号公证书(以下简称第12208号公证书)显示:进入百度后台进行相关操作,后台记录显示“mysql>select 来源,入库时间,应用名称,下载地址 fromview_all_datawheredocid = 103120777;来源安智,入库时间2012年6月15日,应用名称幼儿拼图,下载地址http://www.anzhi.com/dl_app.phps = 89584&channel = baidu”。

(2013)京方正内经证字第12212号公证书显示:进入百度移动应用,在搜索栏中输入“幼儿拼图”,点击搜索结果中的第二项进入包含“幼儿拼图”游戏名称及图标的页面,该游戏图标与涉案游戏图标不同。页面上显示来源为安卓市场。将涉案游戏下载到手机上,在下载任务详细中显示下载地址为http://cdn.market.hiapk。百度公司认为通过上述下载地址及游戏页面上的来源显示,能够证明百度公司仅提供接口服务,涉案游戏并不存储于百度公司的服务器上。但原创动力公司认为因该份证据中所涉及的游戏“幼儿拼图”并非涉案游戏,故不认可该份证据的证明目的。

(2013)京方正内经证字第11673号公证书显示:打开IE浏览器,在页面地址栏中输入http://as.baidu.com/a/itemdocid = 103120777&pre = web_am_asgame&pos = asgame_1012_349&f = asgame_1012_349,点击进入,显示:“糟糕!迷路了,找不到您所要的页面!”百度公司以此主张收到法院起诉状后,及时采取了删除措施。

此外,百度公司还提交两份判决书,证明其仅提供接口服务,对第三方开发者提供应用是否侵权不负有事先主动审查义务和监控义务,不应承担侵权责任。原创动力公司认为以上判决与本案没有关联性。

另查,原创动力公司为证明涉案美术形象的市场价值及其损失,向法庭提交一份涉及授权手机产品使用涉案美术形象的许可协议。此外,原创动力公司还提交了500元复印费发票及307元住宿费发票,其主张的其他费用未提交相应票据。

上述事实有原创动力公司提交的公证书、协议、票据;百度公司提交的公证书、判决书以及本院证据交换笔录、开庭笔录在案佐证。

原审法院经审理认为:

原创动力公司本案主张权利的美羊羊、懒羊羊、灰太狼、暖羊羊、喜羊羊、慢羊羊、红太狼等的卡通形象属于著作权法上的美术作品。根据原创动力公司系动画片《喜羊羊与灰太狼》制片者的身份以及相应作品著作权登记证书载明的内容,在无相反证据的情况下,本院认定原创动力公司享有美羊羊、懒羊羊、灰太狼、暖羊羊、喜羊羊、慢羊羊、红太狼等卡通形象的著作财产权。

根据第3466号公证书的内容,在百度移动应用平台上运行并下载的涉案游戏"幼儿拼图",其游戏图标及游戏中使用的卡通形象分别与喜羊羊、美羊羊、红太狼、灰太狼、懒羊羊、慢羊羊等形象在整体造型、眼睛、神态、眉毛、配饰等细节方面基本相同,结合该游戏开始界面中显示的"喜羊羊与灰太狼"文字,本院认定《幼儿拼图》中的卡通形象使用了原创动力公司享有权利的美术作品形象。

关于百度公司就其经营的百度移动平台提供涉案游戏的服务性质问题。原创动力公司主张百度公司自行将涉案游戏上传至其公司服务器上供用户下载,侵犯了其就涉案美术作品享有的著作权,而百度公司辩称其为向互联网开发者及网络用户提供开放接口的互联网开放平台,并没有将涉案游戏存储到其自身服务器上,已经尽到了合理注意义务,不存在过错。对此,本院认为,百度公司主张其系网络开放平台,需要提供证据予以证明,本院将根据百度公司提交的证据综合判断其提供服务的性质。首先,网络开放平台系通过提供一个基础的服务、开放自身的接口,使得第三方开发者能够通过运用和组装其接口以及其他第三方服务接口产生新的应用,并且使该应用能够运行在这个平台上。百度公司在其经营的移动应用平台上明确标示了开发者可以创建Web应用、移动客户端、网站等,并在页面显著位置提供"开发者提交应用"的链接,使得开发者通过点击该链接即可以提交相应的应用程序。其网站中《开发者中心服务协议》内明确标注百度公司为开发者提供了分别针对Web应用、移动客户端、合作网站的接入服务,希望与开发者建立合作共赢的开放平台。同时,网站上的《开发者中心移动客户端服务协议》也明确标示了百度移动应用平台的性质及开发者与百度之间的相关权利和义务。其次,第3466号公证书显示,涉案游戏页面有"安智""极游网""安极网""应用汇"的选项,而涉案游戏位于"安智"选项之下,且涉案游戏的应用截图中均有"安智"的标识。结合百度公司提交的第12208号公证书关于其后台记录的记载,涉案游戏来源于安智网。综上,本院认定涉案游戏系由安智网提供,就涉案游戏百度公司提供的服务系网络开放平台的服务。

关于百度公司是否存在主观过错及应否承担赔偿责任的问题。本院认为,首先,百度公司通过其网站上的《百度开发者中心注册协议》《开发者中心移动客户端服务协议》等文件,向开发者及用户公示了其提供服务的性质,并根据开发者可能引发侵权可能性的大小,对开发者提交软件可能侵权著作权的问题进行了相应的风险提示,尽到了网络服务提供者所应尽的必要的说明、提示义务。其次,根据百度移动应用平台的开放平台的性质,开放平台服务提供者仅向第三方开发者开放接口,至于何时上传应用、上传何种应用均由第三方开发者自行决定,考虑到平台服务提供者对第三方开发者上传的应用不负有事先审查的义务,而涉案游戏仅为开放平台海量应用中的一个,该游戏软件多有重名,且位置是在第12页这样的非显著位置,相关美术形象只是游戏软件中图片的构成要素,在此情况下,要求百度公司在海量的平台软件中注意到涉案游戏软件内使用的图片侵犯了他人的著作权,要求过高。第三,百度公司并未对涉案游戏进行编辑、整理或推荐,涉案游戏应用系免费,故百度公司也未从涉案游戏中直接获利。第四,在原告未向其发送律师函的情况下,百度公司在接到本案的起诉状之后就断开了涉案游戏的链接,应该视为其已经采取了积极合理的预防侵权后果进一步扩大的合理措施。综上,百度公司没有主观过错,不应承担赔偿损失的责任。对于原创动力公司的诉讼请求,本院不予支持。

综上,原审法院依照《中华人民共和国侵权责任法》第三十六条第三款、《信息网络传播权保护条例》第二十二条、《最高人民法院关于审理侵害信息网络传播权民事纠纷案件适用法律若干问题的规定》第九条之规定,判决如下:驳回原告广东原创动力文化传播有限公司的全部诉讼请求。

原创动力公司不服原审判决,于法定期限内向本院提起上诉称:百度公司是涉案平台“百度移动应用”的内容提供者,原审法院将“开发者中心”平台认定为“百度移动应用”平台没有事实和法律依据。“百度移动应用”没有上传通道,开发者只能向“开发者中心”提交应用。原审法院认定涉案游戏系安智网提供,缺乏事实依据。故请求二审法院撤销一审判决,支持原创动力公司原审诉请,并判令百度公司承担一、二审的诉讼费用。

被上诉人百度公司对原审判决不持异议。

经审查,原审法院认定的事实无误,各方当事人亦无异议,本院依法予以确认。

本院认为,结合各方当事人的诉辩主张,本案的审理焦点问题为:一、百度公司在本案中提供的系何种服务;二、百度公司是否存在主观过错及应否承担赔偿责任。

一、百度公司在本案中提供的系何种服务

本案中,百度公司的网络开放平台系通过提供一个基础的服务、开放自身的接口,使得第三方开发者能够通过运用和组装其接口以及其他第三方服务接口产生新的应用,并且使该应用能够在这个平台上运行。百度公司在其经营的移动应用平台上明确标示了开发者可以创建Web应用、移动客户端、网站等,并在页面右上角提供“开发者提交应用”的链接,使得开发者通过点击该链接即可进入“百度开发者中心”提交应用。而且,涉案游戏页面有“安智”“极游网”“安极网”“应用汇”的选项,涉案游戏位于“安智”选项之下,其应用截图中均有“安智”的标识。结合百度公司提交的关于其后台记录的第12208号公证书的记载,原审法院认定涉案游戏来源于安智网亦无不当。原创动力公司虽然对此提出异议,但并未提交充足的证据,本院对其主张的涉案游戏内容系由百度公司直接提供的诉讼主张不予支持。综上,可以确定百度公司在本案中提供的仅为网络开放平台的服务。

此外,原创动力公司关于原审法院将“开发者中心”平台认定为“百度移动应用”平台的上诉意见没有事实依据,系对原审判决内容的错误理解,本院不予支持。

二、百度公司是否存在主观过错及应否承担赔偿责任

本案中，百度公司通过其网站上的《百度开发者中心注册协议》《开发者中心移动客户端服务协议》等文件，向开发者及用户公示了其提供服务的性质，并对开发者提交软件可能侵权著作权的问题进行了相应的风险提示，尽到了网络服务提供者所应尽的说明、提示义务。而且，根据百度移动应用平台的开放平台的性质，开放平台服务提供者仅向第三方开发者开放接口，平台服务提供者对第三方开发者上传的应用不负有事先审查的义务。百度公司并未对涉案游戏进行编辑、整理或推荐，也没有证据显示百度公司明知或应知涉案游戏存在侵权问题。此外，在原创动力公司未发送律师函的情况下，百度公司在接到本案的起诉状之后就断开了涉案游戏的链接，已采取了防止侵权行为持续的合理措施。综上，百度公司在本案中不存在主观过错，不应承担赔偿损失的责任。对于原创动力公司的原审诉讼请求，原审法院不予支持是正确的。

综上，原审判决认定事实清楚，适用法律正确，裁判结果亦无不当，本院依法应予支持。上诉人原创动力公司要求撤销一审判决的上诉请求缺乏事实和法律依据，本院不予支持。据此，依据《中华人民共和国民事诉讼法》第一百七十条第一款第（一）项之规定，本院判决如下：

驳回上诉，维持原判。

一审案件受理费一千二百元，由广东原创动力文化传播有限公司负担（已交纳）；二审案件受理费一千二百元，由广东原创动力文化传播有限公司负担（已交纳）。

本判决为终审判决。

审　判　长　强刚华
代理审判员　袁　伟
代理审判员　刘梦玲
二〇一四年六月四日
书　记　员　冯　硕

（本章编写：梁亚茹　王志刚）

字体版权纠纷
——北大方正 VS 广州宝洁

方正倩体系列

方正粗倩　飘柔
方正中倩　飘柔
方正细倩　飘柔

字体是否拥有版权在中国法律界长期充满争议。在数字出版过程中，我们习以为常使用的某些字体，也可能带来不必要的纠纷。此处所选的字体版权案例相关内容极具指导性，可供借鉴。

一、相关背景

北京北大方正电子有限公司(以下简称北大方正)隶属于方正集团，是中文印刷与传媒行业领先的技术、服务提供商和行业咨询专家，业务范围涵盖印刷、传媒、出版、舆情、字库、数字教育等领域，致力于为客户提供领先的信息处理技术、产品、解决方案和增值服务，使最终用户可以随时随地通过各种终端体会移动互联时代的信息化生活。

1988 年宝洁公司在广州成立了在中国的第一家合资企业——广州宝

洁有限公司(以下简称广州宝洁),从此开始了宝洁投资中国市场的11年历程。为了积极参与中国市场经济的建设与发展,宝洁公司已陆续在广州、北京、上海、成都、天津、苏州等地设立企业。

二、案情回顾

本案原告北大方正开发了方正倩体系列、方正卡通体和方正少儿体等字库。本案被告则是国内日化用品巨头广州宝洁,涉案物品主要是“飘柔系列”日化用品。2008年5月,原告发现广州宝洁的“飘柔系列”产品名称使用了该公司开发的字库字体,因此北大方正经过一系列取证后,向北京市海淀区人民法院提起诉讼,要求广州宝洁立即停止使用并销毁所有带有方正倩体系列等字库字体的产品包装、标识、商标、广告宣传品等,同时要求销售方北京家乐福立即停止销售所有带有上述字库字体的产品。诉请两被告公开赔礼道歉、消除影响,并赔偿因为侵权行为所造成的经济损失。2010年12月,北京市海淀区人民法院作出一审判决,驳回原告的诉讼请求,北大方正则不服该判决,上诉到北京市第一中级人民法院。2011年7月,北京市第一中级人民法院作出终审判决,驳回上诉,维持原判。

三、相关法律条文

本案主要涉及《中华人民共和国著作权法》《中华人民共和国著作权法实施条例》《中华人民共和国民事诉讼法》的相关法律条文。

《中华人民共和国著作权法》

第三条　本法所称的作品,包括以下列形式创作的文学、艺术和自然科学、社会科学、工程技术等作品:

……

(四)美术、建筑作品;

……

《中华人民共和国著作权法实施条例》

第四条　著作权法和本条例中下列作品的含义：

……

（八）美术作品，是指绘画、书法、雕塑等以线条、色彩或者其他方式构成的有审美意义的平面或者立体的造型艺术作品；

《中华人民共和国民事诉讼法》

第一百七十条　第二审人民法院对上诉案件，经过审理，按照下列情形，分别处理：

（一）原判决、裁定认定事实清楚，适用法律正确的，以判决、裁定方式驳回上诉，维持原判决、裁定；

四、案例评述

北大方正因为广州宝洁使用倩体字的“飘柔”二字而起诉广州宝洁，经过一审、二审，判决都是北大方正败诉，即被告广州宝洁没有因为使用倩体字“飘柔”而进行赔偿。法院判定，方正字体字库是受《中华人民共和国著作权法》保护范围内的美术作品，而字库中的具体单字不属于美术作品，不受《中华人民共和国著作权法》保护。

案件虽然告一段落，但“字体侵权”四个字从此进入大众视野，这一案件的审结也阐明了几个问题：

1.字体是否享有著作权

根据我国《著作权法实施条例》第四条第八项规定：美术作品，是指绘画、书法、雕塑等以线条、色彩或者其他方式构成的有审美意义的平面或者立体的造型艺术作品。其中，书法受到著作权法的保护。那书法和字体有什么区别？字体是否和书法一样受到著作权法的保护？

在《新华字典》中，字体，是指：①文字的结构形式；②书法的流派或风格特点。书法是用毛笔书写各体汉字的艺术，是特定的作品；而字体是文字的结构形式、书法的流派或风格特点，但无论从哪方面来看，字体都不属于特定的作品。

所以,单纯的字体并不能享有著作权,更别提“字体侵权”了。严格而言,本案应该称为单字是否构成侵权的问题。《中华人民共和国著作权法实施条例》第四条规定:“……(八)美术作品,是指绘画、书法、雕塑等以线条、色彩或者其他方式构成的有审美意义的平面或者立体的造型艺术作品。……”由此可知,如单字构成书法作品,单字是受到《中华人民共和国著作权法》保护的。

2.计算机字库单字是否构成书法作品

北大方正起诉广州宝洁,关键在于计算机字库单字是否构成书法作品。如果单字属于书法作品,则广州宝洁侵权;如果不是,就不存在侵权问题。

而方正字库单字的设计如同流水线上的产品一样,由机器完成,与传统的书法作品不同。书法是用毛笔书写,具有独创性的艺术作品;而字库单字是电子复制品,且必须与同一字库的其他单字具有统一特性,难以区分同一字库单字间的独创性。所以,计算机字库单字不是书法作品,更不属于艺术范畴,所以不应受到著作权法的保护。

3.给相关企业带来的警示作用

对于使用字库单字的企业来说,需要从正规渠道获得正版字库软件。法院判决广州宝洁没有侵权,是因为 NICE 公司通过正规途径购买了方正公司的字库软件,因此有权将其利用字库产品中的具体单字设计的成果提供给宝洁公司进行后续复制、发行。所以,只有购买了字库软件,才有权利使用字库单字。在市场上购买盗版字库软件设计其他产品,进而进行复制、发行获得经济效益,最终结果只能是搬起石头砸自己的脚。

为了防止盗版,对于字库企业来说,需要研发、使用更加先进的防盗版技术。同时,由于字体在产品市场开发过程中的作用是微乎其微的,计算机字库盗版显然没有受到足够重视,更加重了字库行业的压力。所以政府相关部门应重视此类盗版行为,加大打击力度,消费者也应提高版权意识,尊重正版。

五、判决书

（一）一审判决书

北京北大方正电子有限公司诉广州宝洁有限公司(字体版权)一审判决书①

北京市海淀区人民法院民事判决书

(2008)海民初字第27047号

原告北京北大方正电子有限公司,住所地北京市海淀区上地五街9号方正大厦。

法定代表人刘晓昆,董事长。

委托代理人马东晓,国浩律师集团(北京)事务所律师。

委托代理人董秀生,国浩律师集团(北京)事务所律师。

被告广州宝洁有限公司,住所地广州市经济技术开发区滨河路一号。

法定代表人李佳怡,董事长。

委托代理人周林,中国社会科学研究院知识产权研究中心研究员,住该单位宿舍。

委托代理人张玉瑞,北京市科华律师事务所律师。

被告北京家乐福商业有限公司,住所地北京市丰台区方庄芳城园二区15号。

法定代表人孟卫东,董事长。

委托代理人牛琨,北京市天睿律师事务所律师。

委托代理人万迎军,北京市天睿律师事务所律师。

原告北京北大方正电子有限公司(以下简称方正公司)诉被告广州宝洁有限公司(以下简称宝洁公司)、被告北京家乐福商业有限公司(以下简称家乐福公司)侵犯著作权纠纷一案,本院受理后,依法组成合议庭,公开开庭进行了审理。方正公司的委托代理人马东晓、董秀生,宝洁公司的委托代理人周林、张玉瑞,家乐福公司的委托代理人牛琨到庭参加诉讼。本案现已审理终结。

---

① 参见法律图书馆网。

原告方正公司诉称:我公司是我国最早从事字库开发的专业厂家,长期致力于多种文字字库字体的研究开发,对具有独创性的中文字体的数字化和字库化倾注了大量的投资和劳动,现已成为全球最大的中文字库产品供应商。方正中文字库中的汉字,字体结构优美、造型独特、字形丰富、品质精良。1998年9月,我公司与字体设计师齐立签订协议,约定我公司独家取得齐立创作的倩体字稿的著作权。后依据齐立的设计风格,经过大量的创造性劳动,完成了倩体字体的数字化和字库化转换,命名为方正倩体系列字库字体。该字体具有幽雅、柔美和华丽的特点,如少女亭亭玉立的倩影,故命名为倩体。2000年8月31日,该字库字体首次发表,后申请了著作权登记。倩体字库字体在创造过程中凝聚了我公司技术人员大量的创造性劳动,其中每个汉字均是基于独特的笔画、构造、顺序而创造,属于著作权法保护的美术作品,我公司对该字库字体和其中的每个单字均享有著作权。后我公司发现宝洁公司未经许可,在其生产的多款产品的包装、标识、商标和广告中使用了我公司多种独创字体。本次诉讼仅针对其使用的倩体“飘柔”二字,涉及24款产品的使用。宝洁公司的行为侵犯了我公司倩体字库和单字的美术作品著作权,具体涉及署名权、复制权、发行权和展览权,其在主观上存在过错。家乐福公司销售使用侵权字体的产品,亦应承担侵权责任。现我公司起诉,请求判令宝洁公司停止使用并销毁所有带有倩体“飘柔”二字的包装、标识、商标和广告宣传产品,赔偿经济损失50万元,承担诉讼合理支出119082元(包括鉴定费3万元,律师费8万元,公证费2000元,产品购买费用1982元,翻译费5100元);家乐福公司停止销售上述侵权产品;二被告公开致歉、消除影响。

方正公司在诉讼过程中,因多种原因,对其诉讼范围和诉讼请求进行过较大变更。最初其诉讼范围中包含倩体、少儿体和卡通体三种字体,涉及67款产品使用的372个单字,直接赔偿请求为142万元;后其撤回针对后两种字体的诉讼内容,保留针对倩体字体涉及的63款产品使用的347个单字,赔偿请求变更为134万元;后为使案件事实明确,又变更为仅针对使用最突出的“飘柔”二字,涉及24款产品,赔偿请求变更为50万元,合理费用不变。

被告宝洁公司辩称:汉字凝聚了东方悠久的历史文明,汉字的笔画、笔数、字形等系历史形成,属公有领域,不是著作权法保护的对象,不能为任何人独占。涉案字体系在已有汉字字体的基础上,加入一定设计风格和特征的演绎作品,方正公司需要证明与公有领域中早已存在的字体相比,其字库中的每一个字均具有独特的艺术表现和特征,才能对该独创性部分享有著作权保护。倩体字与公有领域的字体差异微小,难以构成著作权法意义上的美术作品,仅借助技术手段完成的机械加工劳动,不能产生新的有独创性的演绎作品。方正公司针对涉案字体,没有实质性的艺术贡献。方正公司可以就其劳动成果主张其他保护,尚不足以对字库中的单个汉字享有美术作品的著作权。

倩体字体的设计者是齐立,方正公司没有在齐立设计的字体上附加任何独创的智力成果,不享有著作权。字库的制作过程使字体设计原件成为能够被电子设备处理、显示和打印的字体复制件,在计算机等电子设备的环境下,表现为字体编码和能够被识别的屏显或印刷字体,前者形成的权利应依托于计算机软件的著作权,后者如与原字体设计没有差异,不能构成新的演绎作品。方正公司认为其针对字库付出劳动,即认为对通过该字库计算机软件程序显示和打印出来的单个汉字,享有著作权法意义上的美术作品的保护,是对法律的曲解。

文字是信息传递的主要载体,是具有实用价值的工具,其作用主要为传情达意,艺术欣赏是次要功能。对字库字体的保护,应当保持一个适当的限度,以免影响几千年来文字基本功能的正常发挥。计算机等电子数据化设备在中国普及的时间不长,数字化字库字体发展的历史也同样短暂,如果认定汉字数字化所形成的字库中的每一个单独的字、字母、符号都是演绎的美术作品,遵循这样的逻辑,我们在电脑中所使用的屏显和打印的字体,包括宋体、黑体等,都同样应当被认为是演绎作品,享有独立的著作权。在50年的保护期内,社会大众为避免高昂的字体使用费的支出,只能退回手写笔画的时代。因此,方正公司要求将字库中的每个单字作为美术作品进行保护,系滥用知识产权的行为。

此外,设计公司购买方正公司的字库软件使用,为我公司设计产品标识用字,我公司向设计公司支付制作费,对设计结果的使用亦不侵犯方正公司的权利。

被告家乐福公司辩称:我公司销售的宝洁公司的产品均通过正规渠道进货,来源合法,尽到了注意义务,不构成侵权。宝洁公司使用的字体由设计公司设计,系合理使用,没有侵犯方正公司的权利。

经审理查明,2008 年 4 月 22 日,方正公司以演绎作品著作权人的身份针对方正倩体系列(粗倩、中倩、细倩)在中国版权保护中心申请著作权登记,登记作品为美术作品,于 2000 年 7 月 7 日改编完成,同年 8 月 31 日在北京首次发表。倩体的原始设计人为字体设计师齐立。1998 年 9 月,方正公司与齐立签订字稿购买合同,约定方正公司向齐立支付费用,购买齐立设计的粗倩字体,总字数为 9270 字,方正公司拥有字稿的所有权,以此为依据开发电脑字库,并对字库享有权利。后双方签订补充协议,将限定交付的字数变更为 810 个。2004 年,齐立成为方正公司的员工。

齐立对倩体系列的设计理念和字形特征描述为:亲切、幽雅、柔美和华丽,如少女亭亭玉立的倩影,给人以美的享受;字形以扁平硬笔的书写轨迹为基础,笔锋避免尖锐,设计成微小的圆弧,柔润舒畅,方正饱满。

方正公司字库的主要制作过程包括:

1.由专业设计师设计风格统一的字稿。

2.扫描输入电脑,经过计算形成高精度点阵字库,给出字库编码。

3.进行数字化拟合,按照一定的数学算法,自动将扫描后的点阵图形抽成接近原稿的数字化曲线轮廓信息,通过参数调整轮廓点、线、角度和位置。

4.人工修字,提高单字质量,体现原字稿的特点和韵味;利用造字工具可提高效率,保证质量;强大的拼字、补字功能可有效索引,以造出与字稿风格统一的字。

5.质检,使字形轮廓光滑、结构合理,配合技术规范,提高存储效率和还原速度。

6.整合成库,配上相应的符号、数字和外文,转换成不同编码和不同格式。

7.整体测试。

8.商品化。

方正公司自 2000 年 8 月开始,制作销售兰亭字库软件光盘,收录了包含粗、中、细三种倩体的123款中文字体,销售价格为168元。字库光盘包装注明字库可运行于多种系统,并满足用户办公、排版、视频字幕、雕刻、网页设计、平面设计等处理软件对中文字库的要求。光盘中著作权声明针对该“软件产品”及任何副本的著作权,均由方正公司拥有。

光盘中有方正公司对用户的许可协议文件,但该协议并非安装时必须点击。其中对于前端TrueType字库的授权内容为:最终用户可以在一台计算机上使用该软件,可用于计算机屏幕显示和打印机打印输出。限制内容为:未经方正公司书面许可,该“软件产品”的全部或部分不得被仿制、出借、租赁、网上传输;禁止将字库产品的全部或部分用于再发布用途(包括但不限于电视发布、电影发布、图片发布、网页发布、用于商业目的的印刷品发布等),禁止将本产品字形嵌入到可携式文件中(包括但不限于PDF等文件格式),禁止将该产品使用于网络及多用户环境,除非取得各终端机使用权的授权使用协议书。如果用户使用需求超出了本协议的限定,请与方正公司联系以获取相应授权。

以上事实,有方正公司提交的方正TrueType兰亭字库光盘、用户许可协议打印件(光盘中许可协议文件的生成时间是2004年6月)、齐立设计的字稿、方正公司与齐立签订的字稿购买合同和补充协议、倩体系列字体的著作权登记证书及所附基本字表、方正公司为字库制作过程进行演示的光盘及方正公司的产品发行通知在案佐证。

宝洁公司认可上述证据,但认为方正公司与齐立之间是许可关系,齐立许可方正公司以倩体字为基础,制作字库软件,对字体的原始权利没有转让给方正公司。方正公司不享有字体的著作权,只享有软件的著作权。方正公司登记的是字库软件,提供了全部字库字体打印件,作为整体可以得到保护,但不能对软件生成成果中的单字和符号单独主张权利,按照书法作品保护其中每一个字。同时,宝洁公司强调其没有使用方正公司的上述字库软件。

方正公司认可兰亭字库软件最早在2004年发行,并认为其取得齐立所设计字体的权利,最终制作字库产品,字库中的字体系对公有领域中的字体进行演绎,其对上述演绎作品享有美术作品的著作权。诉讼中,齐立作为证人出庭,认可将倩体字稿及相关权利转让给方正公司,也参与了倩体字的后期设计和制作。方正公司认为,齐立只是在字库整体创作过程中承担了设计环节,字库的权利由方正公司享有。

2008年5月12日,方正公司委托北京市海诚公证处进行公证,在家乐福中关村广场店购买宝洁公司生产的洗发水、香皂、卫生巾等67款产品,统计后认为上述产品使用包括倩体、少儿体和卡通体共计372个字。方正公司最后一次变更诉讼请求后,涉案的产品共计24款,均使用倩体“飘柔”二字。

2008年7月,经方正公司委托,科技部知识产权事务中心作出司法鉴定意见书,就上述方正公司购买的宝洁公司产品包装及宝洁公司网站所用字体与方正兰亭字库中对应的粗倩、中倩、少儿和卡通四种字体是否构成同一美术作品进行鉴定,作出的结论为有36个包装使用了粗倩字体,17个包装使用了中倩字体,也有部分产品使用了其他两种字体。以“飘柔”二字为例,将双方对应字的尺寸调整至同样大小,叠加重合后,专家鉴定组认为其笔画、笔数及汉字部件的位置关系一致,字体一致,设计风格和特征一致。

以上事实,有方正公司提交的(2008)京海诚内民证字第03874号公证书、公证购买的产品及照片、方正公司所作宝洁公司产品及对应用字一览表、国科知鉴字(2008)32-1号司法鉴定意见书在案佐证。

宝洁公司认为,该鉴定由方正公司单方委托,鉴定内容有失客观。针对其中部分明显不同的字,比如特惠装的“特”字,实际使用的字体比方正字体长,鉴定方表述为经过变形后的使用。宝洁公司认为两者不仅形状不同,角度也不同,这样的字鉴定为同一美术作品,是对方正公司的偏袒。

方正公司表示,通过设计软件可以简单地将字拉伸变形,变形后进行复制,不影响认定为同一美术作品。宝洁公司表示,字体给人的直观感受是视觉,变形后视觉差异明显,鉴定机关没有对此进行解释和保留,而是直接认定两者完全一致,其结论不客观、不真实,不具有法律效力。

方正公司提交其内部往来邮件、给宝洁公司发送的律师函和快递单,证实其在2008年3月曾通知宝洁公司告知其使用行为侵权,要求该公司停止使用并进行赔偿。宝洁公司在4月回函表示将调查此事,但此后再无音信。

方正公司提交一份清单，证明其字库产品针对多家最终用户的使用进行授权的情况，同时提交的还有其授权商业使用的价格明细表，证实其授权收费的标准，其中费用最高的是用于企业名称、商标、标志的字体，每款字体每年的授权使用价格为 1.5 万元，产品包装和企业网站使用为 1 万元，其余企业宣传册、广告等项目的费用是 5000 元。方正公司根据公证的宝洁公司使用的情况列出计算表，按上述标准 2 年计算的费用应为 142 万。其还提交了鉴定费 3 万元、公证费 2000 元、律师费 8 万元、翻译费 5100 元、购买宝洁产品费用 2400 元的相关票据，以证实其因维权发生的合理费用。

宝洁公司认为方正公司的计算标准没有依据，对其他证据不持异议。

方正公司提交其与上海惠氏营养品有限公司签订的许可使用协议，证实用户针对粗倩简体字在平面广告和网站 1 年的使用费为 13500 元。宝洁公司认为该证据与本案无关。

法庭询问方正公司的使用收费标准是否在公开场合公示，方正公司表示没有公示，都是与使用方单独协商，签订合同。

方正公司提交（2003）一中民初字第 4414 号和（2005）高民终字第 443 号民事判决书，证实方正字库字体经生效判决确认作为美术作品，受著作权法保护。

宝洁公司认为，上述两份判决书针对的使用对象是字库软件及整体数据库的使用，与本案委托设计公司设计标识，使用单字的情况不同，不应直接参照上述判决考量。

宝洁公司提交了将方正倩体字库中的字与齐立原稿中的字进行对比的材料，证实两者相同，据此认为方正公司以齐立的设计为基础制作字库的过程，没有产生新的具有独创性的作品。

方正公司认为其获得了齐立原始设计字稿的权利，所谓演绎作品，是对公有领域字体进行的演绎，并非对齐立设计的字体进行演绎。

宝洁公司提交了美国 NICE 公司（NICOSIA Creative Expresso Ltd.）设计的飘柔洗发水的设计样本、评估表、订单和账单，以及 NICE 公司于 2004 年 11 月购买方正兰亭字库 V1.0 版本的发票、产品包装盒、光盘照片和最终用户许可协议，证实 NICE 公司是宝洁公司委托的设计公司之一，飘柔系列等涉案产品的包装由该公司设计，此外还有朗涛设计顾问有限公司针对佳洁士等系列产品进行的设计。设计公司在传真的文件中明确表示使用了方正兰亭字库的正版软件,其中的许可协议仅注明未经方正公司许可,软件产品的全部或部分不得仿制、再发布等,这里所称再发布,应指软件的再发布,而非针对最终用户的使用。

对此方正公司表示,NICE公司购买方正字库,并在设计过程中使用了涉案字体,而许可协议中有对二次使用的限制,其没有授权NICE公司再许可权,该公司无权再许可第三方使用,所以宝洁公司也无权使用涉案的字体。

宝洁公司表示,直接使用字库并获益的是设计公司,方正公司应直接起诉设计公司,而非使用设计结果的最终用户。

对此方正公司认为,设计公司购买正版软件,按照许可协议约定设计样稿没有问题,但宝洁公司将设计样稿印在产品的包装上,直接复制、发行了倩体字,应承担侵权责任。在后一次庭审中,方正公司又表示设计公司直接使用方正字体进行设计,不劳而获,是实际获益者,但宝洁公司是复制使用者,亦应承担责任。诉讼中,对于宝洁公司要求追加设计公司参加诉讼的请求,方正公司未予接受。

宝洁公司提交了田英章等书法家的字帖,1992年出版的《现代美术字设计》、1994年出版的《现代常用美术字绘写与设计》等书籍,并举例说明汉字笔画的相似性,证实方正字库与字帖类似,是特定字的集合,倩体字的笔画特征来自公有领域,而汉字具有特定的规则,笔画、部首的位置关系、间架结构和相对尺寸等早已固定,方正公司对公有领域的基本笔画稍加修饰,按照汉字既有的间架结构进行组合,将技术手段应用到汉字字形上,不具有独创性,不受著作权法的保护。计算机字库字体的突出特点是统一的风格化,通过机器复制实现,同一个艺术特点在另外一个字上有着完全相同的体现,与每一次创作都形成一件新的作品的书法作品完全不同。宝洁公司提交方正公司进行著作权登记的收费标准网页打印件,证实方正公司将整个倩体系列作为一件美术作品进行登记,包含粗、中、细三种,按整体字库、一部作品交付了费用,因为登记机关从不认为字体系列中的每个单字构成一个独立的美术作品。对于字库作品的复制应是针对整体进行复制,而不能针对单字。著作权法没有把对字库字体的保护延及到单字,限制使用违背了字体使用的根本目的，影响了字库的实用性和流转性。宝洁公司还提交了街头多处使用了方正公司倩体字的店名和招牌，认为方正公司对字体的使用限制增加了社会对于汉字的使用成本，超过了正常的限度，是对汉字的垄断。

对于以上证据，方正公司认为，汉字字形有无限的表达，不同的表达形式不会造成误认，不会影响使用。被社会广泛使用恰恰证明方正字体受到广大消费者的欢迎，与公有领域的字体存有较大差异。其还认为，在创作字库产品的过程中，修饰、组合和选择就是一种创造性劳动，笔画构造、间架构造是汉字的内容，可以再创造，可以具有独创性。单字是方正公司创作的，字库是由一个个字组成的，每个字都构成一个独立的美术作品，和多个字一样，都应受到保护。宝洁公司并未在公有领域范围内举出和倩体相同或相似的字。宝洁公司是商业公司，不是消费者，其将涉案字体用于商业使用，应获得许可并支付报酬。

庭审中，方正公司认可登记时交付的材料是打印出的全部字体稿件，具体登记的内容以软件为载体，以字形为主体，每一个字都是独立的美术作品，其字库软件也已作为软件作品另行登记。宝洁公司表示，北京市高级人民法院的生效判决表明软件和内容是同一作品，方正公司分别以软件和美术作品两种形式进行登记，并将整个字库作为一个美术作品进行登记交费，现又称其中每一个字都是单独的作品，每种字体体现为2万个作品，没有道理。

宝洁公司询问在发现其使用情形时，方正公司的字库软件是否有企业版销售。方正公司表示没有统一的企业版，针对不同的用户许可不同、价格不同，需直接通过协议确定。宝洁公司表示，其委托的设计公司购买的方正字库光盘中的用户协议，只明确不得被仿制、租赁、出借、网上传输和再发布，并未限制商业性使用。其同时认为方正公司的商业模式存在不合理之处，设计公司购买方正软件，其目的明显为商业性使用，方正公司明知用户中有一大批企业用户，却不加区分，并在用户协议中再禁止商业性使用，是设置陷阱的行为，而最终使用设计成果的用户无法得知字体使用受到的限制。方正公司表示涉案软件只限制于个人或非商业性使用。法庭询问方正公司最终用户如何才能得知方正公司针对使用模式的限制，该公司表示，其发现侵权后首先通知用户，协商解决，与用户签订授权协议。宝洁公司认为，上述做法没有可行性，对公众没有明确的告知机制，增加了社会沟通成本。其认为方正公司在销售字库软件后已经权利用尽，不应主张二次权利。方正公司出售软件已经获得了收益，再每年从最终用户处收取单字的使用费，不是现行法律所能支持获得的利益。字库整体可以成为一部美术作品给予保护，可以追究他人未经许可整体复制的责任，但最终用户是设计结果的消费者，无法得知方正公司的权利限制，也不清楚自己签约的设计公司使用了何种字体。对此方正公司表示，其追究的是宝洁公司在产品包装上复制字体的行为，与权利用尽与否无关。

方正公司表示，汉字的要素是笔画、粗细、结构，具体到倩体，笔画以马克笔为基础，起笔、转折融入柔和的元素，粗细上采取横细、竖粗风格。其认为涉案字体虽然是计算机用字体，但也是一种书法作品。宝洁公司表示，字库字体和被称为书法的字是不同的，前者是按照一定规则制作设定出来的，整体风格要保持一致；后者的风格随意多变，每次书写都不可能完全相同。

关于字库中的单字是否具有独创性的问题，宝洁公司提出，请方正公司描述“佳洁士”的“士”字通过黑体和粗倩体展示时，有何区别。方正公司表示，黑体横竖一样粗，倩体是横的细，竖的粗，独创性就体现在此。

关于字库中的每个单字能否独立构成著作权法意义上的美术作品，法庭询问方正公司如下问题：

1.如果字库中的每个单字都享有美术作品著作权，是否允许他人在此单字的基础上再次进行演绎？方正公司表示不允许。

2.如果他人临摹单字书写后进行商业化使用，是否认定侵权？方正公司表示如果两者构成实质性相似，即为侵权。

3.方正字库中的单字，与字库中其他的字相比，独创性体现在哪里？方正公司表示，整体风格是统一的，在个别字上会有所不同。

4.倩体分粗、中、细三种，同一个字用三种方式表达，各自的独创性如何体现？方正公司表示，只有笔画的粗细不同，但可以形成三个独立的作品。

5.若写“一”字，其粗细程度在细倩、中倩中间，是否构成新的作品？方正公司给予肯定的回答，并表示粗细上有变化，结构上也可能发生变化。

6.“法”字中的“去”和单独的“去”字，字形有无区别？各自的独创性体现在何处？方正公司表示，字形一致，但角度有变化。

家乐福公司对上述双方的证据均未提出实质性意见，基本同意宝洁公司的意见。其提交与宝洁公司的销售合同，证实其经营行为合法。方正公司和宝洁公司对此均无异议。

关于方正公司诉讼请求中的赔礼道歉和消除影响的请求，方正公司认为宝洁公司未经许可使用倩体字，没有在产品的版权声明中写明字体权利属于方正公司，侵犯了方正公司的署名权，导致消费者和用户误解。法庭询问对于使用的字体来源，应在产品上如何署名，方正公司表示，可以在产品的海报和大包装上为方正公司署名。宝洁公司表示，要求用户在包装上为字体权利人署名不合理，也难以实现；且即便署名，也应为字体设计者齐立署名。

上述事实，还有本院的庭审笔录在案佐证。

本院认为，方正公司自行研制的倩体计算机字体及对应的字库软件是具有一定独创性的文字数字化表现形式的集合。方正公司从齐立处取得其设计的倩体字体的权利，综合具有独创性的汉字风格和笔形特点等因素，通过设计字稿、扫描、数字化拟合、人工修字、整合成库、对设计的字稿设定坐标数据和指令程序等处理方式和步骤，形成由统一风格和笔形规范构成的具有一定独创性的整体字库内容，作为字库软件光盘销售时亦以公司名义署名。方正公司对此投入了智力创作，使具有审美意义的字体集合具有一定的独创性，符合我国著作权法规定的美术作品的特征，应受到著作权法保护。方正公司对倩体字库字体内容享有著作权。

方正公司公证进行的购买行为以及所作的鉴定结论可以证明，宝洁公司在涉案的24款产品中，使用了方正兰亭字库中的倩体字“飘柔”作为产品标识。方正公司认为上述二字为两个独立的在公有领域字体基础上的演绎作品，其享有美术作品的著作权，宝洁公司对上述二字的使用构成侵权。

此前，在方正公司与潍坊文星科技发展有限公司等单位之间发生的著作权侵权诉讼中，已经发生法律效力的判决，对方正公司字库权利予以保护，均是涉及对方正字库中一种或多种字体整体使用的情形(如其他字库生产厂家直接复制使用其字库软件的字形、数据坐标和指令程序；如照排软件生产厂家直接将字库软件输入其印刷软件程序一并销售)，未涉及针对字库中单字的使用行为的性质认定。

我国著作权法中所称的美术作品，是指绘画、书法、雕塑等以线条、色彩或者其他方式构成的有审美意义的平面或者立体的造型艺术作品。与其他作品不同，美术作品要求作品本身具有审美意义，其功能价值在于传递视觉感受。在现实生活中，美术作品通常指绘画、雕塑等作品；在东方国家，书法也成为美术作品保护的对象。

在上述几种美术作品中，绘画、雕塑的审美功能性较强，原创性和选择度较大，比如针对同一处景色，通过绘画展现，可以有多种表达的选择，不同作者的作品之间差异较大。但对于写法受到一定局限的汉字来说，情况有所不同。

汉字由结构和笔画构成，是具有实用价值的工具，其主要的功能为传情达意，视觉审美意义是其次要功能。每个字的结构和笔画本身是固定的，不能进行再创造或者改变，否则会成为通常意义上的“错字”。将汉字作为著作权法意义上的美术作品进行保护，必须要求在完全相同的笔画和结构的基础上，其字体的形态具有一定的独创性。所谓独创性，包括原创和增加要素进行演绎两种情形，对于原创作品的独创性，无须过高要求，但在已有的汉字基础上增加要素，进行演绎，改变已有形态，此种方式的独创性要求不能过低，必须形成鲜明独特的风格，能明显区别于其他字体，否则以对于一般作品所谓的“实质性相似”的标准进行考量和认定侵权，对于基本结构和笔画相同的汉字来说，保护范围过宽。

就汉字而言，其作用主要在于作为沟通符号的实用性和功能性。因结构和笔画不可改变，单字所体现的风格有其局限性，故单字能够形成区别于其他字体的独特风格较为困难。因字库字体需要整体风格的协调统一，其中单字的独特风格更受到较大限制，与书法家单独书写的极具个人风格的单字书法作品，无法相提并论，也不同于经过单独设计的风格极为特殊的单字。但当单字的集合作为字库整体使用时，整套汉字风格协调统一，其显著性和识别性可与其他字库字体产生较大区别，较易达到版权法意义上的独创性高度。对于此种字库作品，他人针对字库字体整体性复制使用，尤其是与软件的复制或嵌入相配合的使用行为，可以认定侵权成立。但将其中的每一个单字都确认具有独创性，享有美术作品的著作权，依据不足。

从庭审中宝洁公司的举例，以及方正公司回答法庭询问的内容亦可以看出，将字库中的单字作为独立的美术作品进行保护，存在诸多无法解释的矛盾之处，也使判断标准难以确定。如对于同一个倩体字，粗、中、细三者之间的差别并不足以达到三者都具有独创性，成为三个美术作品的程度；对于简单的单字，与其他字体中同一单字在字体意义上并无明显区别；同一字体中的不同单字之间风格统一，认定每个单字构成具有独创性的作品，导致其相互否定独创性；对字库中的某一单字稍作改变，即认为形成新的美术作品，而某些临摹或书写的字体与字库中的单字相近，又认为构成实质性相似，其间界限模糊，难以判断。

庭审中宝洁公司曾举例说明已经存在的模仿魏碑制作的魏碑字库字体，如他人使用相近字体即认为构成侵权，难以辨别其中的单字演绎自字库字体还是现实中的字体，也构成对经典字体的垄断。

因此，无论达到何种审美意义的高度，字库字体始终带有工业产品的属性，是执行既定设计规则的结果，受到保护的应当是其整体性的独特风格和数字化表现形式。对于字库字体，受到约束的使用方式应当是整体性的使用和相同的数据描述，其中的单字无法上升到美术作品的高度。从社会对于汉字使用的效果来讲，如果认定字库中的每一个单字构成美术作品，使用的单字与某个稍有特点的字库中的单字相近，就可能因为实质性相似构成侵权，必然影响汉字作为语言符号的功能性，使社会公众无从选择，难以判断和承受自己行为的后果，也对汉字这一文化符号的正常使用和发展构成障碍，不符合著作权法保护作品独创性的初衷。

另一方面，本案中宝洁公司并未直接使用方正公司的字库软件，真正对此加以利用并获得利益的是设计公司。设计公司购买方正公司的字库软件，与方正公司形成合同关系，如设计公司的使用方式超出了方正公司明示的限定范围，或未通过正常途径取得和使用软件，方正公司亦可起诉设计公司违约或者侵权。而宝洁公司作为设计结果的用户，向设计公司支付对价，获得设计成果，对其中字体是否为侵权或违约使用，难以知晓，也没有因此获得不当利益，要求其直接承担侵权责任，没有法律依据。而且，从使用方式的角度看，设计公司在进行设计工作时，从字库中挑选符合用户产品特点、形态适用的单字，在此基础上加以设计，制作包装或广告用字，其间对单字的选用不仅有针对美术作品的美感考虑，还以其选择行为构成对字库软件的整体性使用。而宝洁公司作为用户，只是直接使用了设计公司的最终设计成果，即便其中有设计公司选择的方正字库中的单字，宝洁公司也没有对字库进行任何形式的使用。

基于以上原因，本院认为，方正倩体字库字体具有一定的独创性，符合我国著作权法规定的美术作品的要求，可以进行整体性保护；但对于字库中的单字，不能作为美术作品给予权利保护。方正公司以侵犯倩体字库中“飘柔”二字的美术作品著作权为由，要求认定最终用户宝洁公司的使用行为侵权，没有法律依据，其以此为基础，对宝洁公司和家乐福公司提出的全部诉讼请求，本院不予支持。

据此，本院依照《中华人民共和国著作权法实施条例》第四条第（八）项之规定，判决如下：

驳回原告北京北大方正电子有限公司的全部诉讼请求。案件受理费九千九百九十元，由原告北京北大方正电子有限公司负担（已交纳）。

如不服本判决，可于判决书送达之日起十五日内，向本院递交上诉状，并按对方当事人的人数递交副本，交纳上诉案件受理费，上诉于北京市第一中级人民法院。如上诉期满后七日内未交纳上诉案件受理费，按自动撤回上诉处理。

审　判　长　王宏丞
审　判　员　杨德嘉
代理审判员　曹丽萍
二〇一〇年十二月二十日
书　记　员　果　辉

（二）二审判决书

北京北大方正电子有限公司诉广州宝洁有限公司字体侵权二审判决书

北京市第一中级人民法院民事判决书

（2011）一中民终字第5969号

上诉人（原审原告）北京北大方正电子有限公司，住所地北京市海淀区上地五街9号方正大厦。

法定代表人刘晓昆,董事长。

委托代理人陶鑫良,北京市大成律师事务所律师。

委托代理人潘娟娟,北京市大成律师事务所律师。

被上诉人(原审被告)广州宝洁有限公司,住所地广东省广州市经济技术开发区滨河路一号。

法定代表人施文圣(Shannan Stevenson),大中华区总裁。

委托代理人周林,中国社会科学研究院知识产权研究中心研究员,住北京市海淀区阜成路南5号。

委托代理人张玉瑞,北京市科华律师事务所律师。

被上诉人(原审被告)北京家乐福商业有限公司,住所地北京市丰台区方庄芳城园二区15号。

法定代表人孟卫东,董事长。

委托代理人牛琨,北京市天睿律师事务所律师。

委托代理人万迎军,北京市天睿律师事务所律师。

上诉人北京北大方正电子有限公司(简称方正公司)因与被上诉人广州宝洁有限公司(简称宝洁公司)、北京家乐福商业有限公司(简称家乐福公司)侵犯著作权纠纷一案,不服北京市海淀区人民法院(简称原审法院)作出的(2008)海民初字第27047号民事判决(简称原审判决),于法定期限内向本院提起诉讼。本院于2011年3月10日受理后,依法组成合议庭,并于2011年4月1日公开开庭进行了审理。上诉人方正公司的委托代理人陶鑫良、潘娟娟,被上诉人宝洁公司的委托代理人周林、张玉瑞,被上诉人家乐福公司的委托代理人牛琨到庭参加诉讼。本案现已审理终结。

方正公司原审诉称:我公司是我国最早从事字库开发的专业厂家,长期致力于多种文字字库字体的研究开发,现已成为全球最大的中文字库产品供应商。方正中文字库中的汉字,字体结构优美、造型独特、字形丰富、品质精良。1998年9月,我公司与字体设计师齐立签订协议,约定我公司独家取得齐立创作的倩体字稿的著作权。后依据齐立的设计风格,经过大量的创造性劳动,完成了倩体字体的数字化和字库化转换,命名为方正倩体系列字库字体。该字体具有幽雅、柔美和华丽的特点,如少女亭亭玉立的倩影,故命名为倩体。2000年8月31日,该字库字体首次发表,后申请了著作权登记。倩体字库字体在创造过程中凝聚了我公司技术人员大量的创造性劳动,其中每个汉字均是基于独特的笔画、构造、顺序而创造,属于著作权法保护的美术作品,我公司对该字库字体和其中的每个单字均享有著作权。后我公司发现宝洁公司未经许可,在其生产的多款产品的包装、标识、商标和广告中使用了我公司多种独创字体。本次诉讼仅针对其使用的倩体"飘柔"二字,涉及24款产品的使用。宝洁公司的行为侵犯了我公司倩体字库和单字的美术作品著作权,具体涉及署名权、复制权、发行权和展览权,其在主观上存在过错。家乐福公司销售使用侵权字体的产品,亦应承担侵权责任。据此,请求判令宝洁公司停止使用并销毁所有带有倩体"飘柔"二字的包装、标识、商标和广告宣传产品,赔偿经济损失50万元,承担诉讼合理支出119082元(包括鉴定费3万元,律师费8万元,公证费2000元,产品购买费用1982元,翻译费5100元);家乐福公司停止销售上述侵权产品;二被告公开致歉、消除影响。

宝洁公司原审辩称:汉字凝聚了东方悠久的历史文明,汉字的笔画、笔数、字形等系历史形成,属公有领域,不是著作权法保护的对象,不能为任何人独占。涉案字体系在已有汉字字体的基础上,加入一定设计风格和特征的演绎作品,方正公司需要证明与公有领域中早已存在的字体相比,其字库中的每一个字均具有独特的艺术表现和特征,才能对该独创性部分享有著作权保护。倩体字与公有领域的字体差异微小,难以构成著作权法意义上的美术作品,仅借助技术手段完成的机械加工劳动,不能产生新的有独创性的演绎作品。方正公司针对涉案字体,没有实质性的艺术贡献。方正公司可以就其劳动成果主张其他保护,尚不足以对字库中的单个汉字享有美术作品的著作权。

倩体字体的设计者是齐立,方正公司没有在齐立设计的字体上附加任何独创的智力成果,不享有著作权。字库的制作过程使字体设计原件成为能够被电子设备处理、显示和打印的字体复制件,在计算机等电子设备的环境下,表现为字体编码和能够被识别的屏显或印刷字体,前者形成的权利应依托于计算机软件的著作权,后者如与原字体设计没有差异,不能构成新的演绎作品。方正公司认为其针对字库付出劳动,即认为对通过该字库计算机软件程序显示和打印出来的单个汉字,享有著作权法意义上的美术作品的保护,是对法律的曲解。

文字是信息传递的主要载体,是具有实用价值的工具,其作用主要为传情达意,艺术欣赏是次要功能。对字库字体的保护,应当保持一个适当的限度,以免影响几千年来文字基本功能的正常发挥。计算机等电子数据化设备在中国普及的时间不长,数字化字库字体发展的历史也同样短暂,如果认定汉字数字化所形成的字库中的每一个单独的字、字母、符号都是演绎的美术作品,遵循这样的逻辑,我们在电脑中所使用的屏显和打印的字体,包括宋体、黑体等,都同样应当被认为是演绎作品,享有独立的著作权。在50年的保护期内,社会大众为避免高昂的字体使用费的支出,只能退回手写笔画的时代。因此,方正公司要求将字库中的每个单字作为美术作品进行保护,系滥用知识产权的行为。

此外,设计公司购买方正公司的字库软件使用,为我公司设计产品标识用字,我公司向设计公司支付制作费,对设计结果的使用亦不侵犯方正公司的权利。

庭审中,宝洁公司认为方正公司登记的是字库软件,提供了全部字库字体打印件,作为整体可以得到保护,但不能对软件生成成果中的单字和符号单独主张权利,按照书法作品保护其中每一个字。同时,宝洁公司强调其没有使用方正公司的上述字库软件。

综上,宝洁公司请求驳回方正公司的诉讼请求。

家乐福公司原审辩称:我公司销售的宝洁公司的产品均通过正规渠道进货,来源合法,尽到了注意义务,不构成侵权。宝洁公司使用的字体由设计公司设计,系合理使用,没有侵犯方正公司的权利。

原审法院经审理查明如下事实:

一、与涉案方正倩体字库有关的事实

2008年4月22日,方正公司以演绎作品著作权人的身份针对方正倩体系列(粗倩、中倩、细倩)在中国版权保护中心申请著作权登记,登记作品为美术作品,该登记证上记载的完成时间为2000年7月7日,首次发表时间为2000年8月31日。

倩体的原始设计人为字体设计师齐立。1998年9月,方正公司与齐立签订字稿购买合同,约定方正公司向齐立支付费用,购买齐立设计的粗倩字体,总字数为9270字,方正公司拥有字稿的所有权,以此为依据开发电脑字库,并对字库享有权利。后双方签订补充协议,将限定交付的字数变更为810个。2004年,齐立成为方正公司的员工。

原审诉讼中,齐立作为证人出庭,认可将倩体字稿及相关权利转让给方正公司,其也参与了倩体字的后期设计和制作。方正公司认为,齐立只是在字库整体创作过程中承担了设计环节,字库的权利由方正公司享有。

方正公司字库的主要制作过程包括:

1.由专业设计师设计风格统一的字稿。

2.扫描输入电脑,经过计算形成高精度点阵字库,给出字库编码。

3.进行数字化拟合,按照一定的数学算法,自动将扫描后的点阵图形抽成接近原稿的数字化曲线轮廓信息,通过参数调整轮廓点、线、角度和位置。

4.人工修字,提高单字质量,体现原字稿的特点和韵味;利用造字工具可提高效率,保证质量;强大的拼字、补字功能可有效索引,以造出与字稿风格统一的字。

5.质检,使字形轮廓光滑、结构合理,配合技术规范,提高存储效率和还原速度。

6.整合成库,配上相应的符号、数字和外文,转换成不同编码和不同格式。

7.整体测试。

8.商品化。

2000年8月,方正公司开始制作销售兰亭字库软件光盘,收录了包含粗、中、细三种倩体的123款中文字体,销售价格为168元。字库光盘包装注明字库可运行于多种系统,并满足用户办公、排版、视频字幕、雕刻、网页设计、平面设计等处理软件对中文字库的要求。

光盘中有方正公司对用户的许可协议文件,但该协议并非安装时必须点击。其中对于前端TrueType字库的授权内容为:最终用户可以在一台计算机上使用该软件,可用于计算机屏幕显示和打印机打印输出。限制内容为:未经方正公司书面许可,该"软件产品"的全部或部分不得被仿制、出借、租赁、网上传输;禁止将字库产品的全部或部分用于再发布用途(包括但不限于电视发布、电影发布、图片发布、网页发布、用于商业目的的印刷品发布等),禁止将本产品字形嵌入到可携式文件中(包括但不限于PDF等文件格式),禁止将该产品使用于网络及多用户环境,除非取得各终端机使用权的授权使用协议书。如果用户使用需求超出了本协议的限定,请与方正公司联系以获取相应授权。

方正公司主张涉案字库产品只限于个人或非商业性使用,不适用于商业性使用,对字库产品中具体单字的商业性再使用应另行取得方正公司授权。但方正公司表示没有统一的企业版,针对不同的用户许可不同、价格不同,需直接通过协议确定。

为证明涉案字库软件中单字的商业性使用应获得方正公司许可,方正公司还向法院提交了一份清单,其中涉及其字库产品针对多家最终用户的使用进行授权的情况。另外,方正公司还提交了其与上海惠氏营养品有限公司签订的许可使用协议,证实用户针对粗倩简体字在平面广告和网站1年的使用费为13500元。

此外,方正公司同时提交了其授权商业性使用的价格明细表,证实其授权收费的标准,其中费用最高的是用于企业名称、商标、标志的字体,每款字体每年的授权使用价格为1.5万元,产品包装和企业网站使用为1万元,其余企业宣传册、广告等项目的费用是5000元。

法庭询问方正公司的使用收费标准是否在公开场合公示,方正公司表示没有公示,都是与使用方单独协商,签订合同。

方正公司依据上述标准对宝洁公司使用情况列出计算表,经计算2年的使用费用应为142万。宝洁公司认为方正公司的计算标准没有依据。

以上事实,有方正公司提交的方正TrueType兰亭字库光盘、用户许可协议打印件(光盘中许可协议文件的生成时间是2004年6月)、齐立设计的字稿、方正公司与齐立签订的字稿购买合同和补充协议、倩体系列字体的著作权登记证书及所附基本字表、方正公司为字库制作过程进行演示的光盘及方正公司的产品发行通知、方正公司提交的授权清单、价格明细表、许可使用协议及原审庭审笔录在案佐证。

二、与被控侵权行为有关的事实

2008年5月12日,方正公司委托北京市海诚公证处进行公证,在家乐福中关村广场店购买宝洁公司生产的洗发水、香皂、卫生巾等67款被控侵权产品,其中包括使用倩体"飘柔"的24款涉案产品。

2008年7月,经方正公司委托,科技部知识产权事务中心作出司法鉴定意见书,认为涉案被控侵权产品中的"飘柔"二字与方正公司倩体字库的笔画、笔数及汉字部件的位置关系一致,字体一致,设计风格和特征一致。

此外,方正公司还提交了其内部往来邮件、给宝洁公司发送的律师函和快递单,用以证实其在2008年3月曾通知宝洁公司告知其使用行为侵权,要求该公司停止使用并进行赔偿。宝洁公司在4月回函表示将调查此事,但此后再无音信。

以上事实,有方正公司提交的(2008)京海诚内民证字第03874号公证书、公证购买的产品及照片、方正公司所作宝洁公司产品及对应用字一览表、国科知鉴字(2008)32-1号司法鉴定意见书、方正公司的内部往来邮件、律师函和快递单及庭审笔录在案佐证。

三、与被控侵权产品中"飘柔"二字的设计有关的事实

为证实其被控侵权产品中的"飘柔"二字系使用正版倩体字库设计,宝洁公司提交了美国NICE公司(NICOSIA Creative Expresso Ltd.)设计的飘柔洗发水的设计样本、评估表、订单和账单,以及NICE公司于2004年11月购买方正兰亭字库V1.0版本的发票、产品包装盒、光盘照片和最终用户许可协议。

上述证据显示,NICE公司是宝洁公司委托的设计公司之一,飘柔系列等被控侵权产品的包装由该公司设计。设计公司在传真的文件中明确表示使用了方正兰亭字库的正版软件,其中的许可协议注明未经方正公司许可,软件产品的全部或部分不得仿制、再发布等,这里所称再发布,应指软件的再发布,而非针对最终用户的使用。

宝洁公司表示,NICE公司购买的方正字库光盘中的用户协议,只明确不得被仿制、租赁、出借、网上传输和再发布,并未限制商业性使用。

方正公司认为,NICE公司虽购买了方正字库,但许可协议中有对二次使用的限制,其没有授权NICE公司再许可权,该公司无权再许可第三方使用,所以宝洁公司也无权使用涉案的字体。设计公司购买正版软件,按照许可协议约定设计样稿没有问题,但宝洁公司将设计样稿印在产品的包装上,直接复制、发行了倩体字,应承担侵权责任。

宝洁公司表示，直接使用字库并获益的是设计公司，方正公司应直接起诉设计公司，而非使用设计结果的最终用户。

上述事实有宝洁公司提交的上述证据及原审庭审笔录在案佐证。

四、与涉案字库产品是否属于美术作品这一问题相关的证据及当事人意见陈述

为证明字库产品构成美术作品，方正公司提交(2003)一中民初字第4414号和(2005)高民终字第443号民事判决书。对上述证据，宝洁公司认为，上述两份判决书针对的使用对象是字库软件及整体数据库的使用，与本案委托设计公司设计标识，使用单字的情况不同，不应直接参照上述判决考量。

为证明字库产品中的单个字不构成美术作品，宝洁公司提交了田英章等书法家的字帖，1992年出版的《现代美术字设计》、1994年出版的《现代常用美术字绘写与设计》等书籍。宝洁公司通过列举上述证据中的具体汉字说明汉字笔画的相似性，证实方正字库与字帖类似，是特定字的集合，倩体字的笔画特征来自公有领域，而汉字具有特定的规则，笔画、部首的位置关系、间架结构和相对尺寸等早已固定，方正公司对公有领域的基本笔画稍加修饰，按照汉字既有的间架结构进行组合，将技术手段应用到汉字字形上，不具有独创性，不受著作权法的保护。计算机字库字体的突出特点是统一的风格化，通过机器复制实现，同一个艺术特点在另外一个字上有着完全相同的体现，与每一次创作都形成一件新的作品的书法作品完全不同。字库字体和被称为书法的字是不同的，前者是按照一定规则制作设定出来的，整体风格要保持一致；后者的风格随意多变，每次书写都不可能完全相同。对于字库作品的复制应是针对整体进行复制，而不能针对单字。著作权法没有把对字库字体的保护延及到单字，限制对其使用违背了字体使用的根本目的，影响了字库的实用性和流转性。

此外，宝洁公司还提交了街头多处使用了方正公司倩体字的店名和招牌，认为方正公司对字体的使用限制增加了社会对于汉字的使用成本，超过了正常的限度，是对汉字的垄断。

对于以上证据，方正公司认为，汉字字形有无限的表达，不同的表达形式不会造成误认，不会影响使用。被社会广泛使用恰恰证明方正字体受到

广大消费者的欢迎,与公有领域的字体存有较大差异。其还认为,在创作字库产品的过程中,修饰、组合和选择就是一种创造性劳动,笔画构造、间架构造是汉字的内容,可以再创造,可以具有独创性。单字是方正公司创作的,字库是由一个个字组成的,每个字都构成一个独立的美术作品,和多个字一样,都应受到保护。宝洁公司并未在公有领域范围内举出和倩体相同或相似的字。宝洁公司是商业公司,不是消费者,其将涉案字体用于商业使用,应获得许可并支付报酬。

关于字库中的每个单字能否独立构成著作权法意义上的美术作品,原审法院询问方正公司如下问题:

1.如果字库中的每个单字都享有美术作品著作权,是否允许他人在此单字的基础上再次进行演绎?方正公司表示不允许。

2.如果他人临摹单字书写后进行商业化使用,是否认定侵权?方正公司表示如果两者构成实质性相似,即为侵权。

3.方正字库中的单字,与字库中其他的字相比,独创性体现在哪里?方正公司表示,整体风格是统一的,在个别字上会有所不同。

4.倩体分粗、中、细三种,同一个字用三种方式表达,各自的独创性如何体现?方正公司表示,只有笔画的粗细不同,但可以形成三个独立的作品。

5.若写"一"字,其粗细程度在细倩、中倩中间,是否构成新的作品?方正公司给予肯定的回答,并表示粗细上有变化,结构上也可能发生变化。

6."法"字中的"去"和单独的"去"字,字形有无区别?各自的独创性体现在何处?方正公司表示,字形一致,但角度有变化。

五、本案其他相关事实

为证明其为本案诉讼所支出的合理费用,方正公司向原审法院提交了鉴定费 3 万元、公证费 2000 元、律师费 8 万元、翻译费 5100 元、购买宝洁产品费用 2400 元的相关票据。

对于赔礼道歉和消除影响的诉讼请求,方正公司认为宝洁公司未经许可使用倩体字,没有在产品的版权声明中写明字体权利属于方正公司,侵犯了方正公司的署名权,导致消费者和用户误解。法庭询问对于使用的字体来源,应在产品上如何署名,方正公司表示,可以在产品的海报和大包装上为方正公司署名。宝洁公司表示,要求用户在包装上为字体权利人署名不合理,也难以实现;且即便署名,也应为字体设计者齐立署名。

家乐福公司为证明其销售被控侵权产品具有合法来源,提交了与宝洁公司的销售合同。方正公司和宝洁公司对此均无异议。

上述事实,有相应票据、销售合同及原审法院的庭审笔录在案佐证。

原审法院经审理认为:

方正公司自行研制的倩体计算机字体及对应的字库软件是具有一定独创性的文字数字化表现形式的集合。方正公司从齐立处取得其设计的倩体字体的权利,综合具有独创性的汉字风格和笔形特点等因素,通过设计字稿、扫描、数字化拟合、人工修字、整合成库、对设计的字稿设定坐标数据和指令程序等处理方式和步骤,形成由统一风格和笔形规范构成的具有一定独创性的整体字库内容,作为字库软件光盘销售时亦以公司名义署名。方正公司对此投入了智力创作,使具有审美意义的字体集合具有一定的独创性,符合我国著作权法规定的美术作品的特征,应受到著作权法保护。方正公司对倩体字库字体内容享有著作权。

方正公司公证进行的购买行为以及所作的鉴定结论可以证明,宝洁公司在涉案的24款产品中,使用了方正兰亭字库中的倩体字"飘柔"作为产品标识。方正公司认为上述二字为两个独立的在公有领域字体基础上的演绎作品,其享有美术作品的著作权,宝洁公司对上述二字的使用构成侵权。

此前,在方正公司与潍坊文星科技发展有限公司等单位之间发生的著作权侵权诉讼中,已经发生法律效力的判决,对方正公司字库权利予以保护,均是涉及对方正字库中一种或多种字体整体使用的情形(如其他字库生产厂家直接复制使用其字库软件的字形、数据坐标和指令程序;如照排软件生产厂家直接将字库软件输入其印刷软件程序一并销售),未涉及针对字库中单字的使用行为的性质认定。

我国著作权法中所称的美术作品,是指绘画、书法、雕塑等以线条、色彩或者其他方式构成的有审美意义的平面或者立体的造型艺术作品。与其他作品不同,美术作品要求作品本身具有审美意义,其功能价值在于传递视觉感受。在现实生活中,美术作品通常指绘画、雕塑等作品;在东方国家,书法也成为美术作品保护的对象。

在上述几种美术作品中,绘画、雕塑的审美功能性较强,原创性和选择度较大，比如针对同一处景色，通过绘画展现，可以有多种表达的选择，不同作者的作品之间差异较大。但对于写法受到一定局限的汉字来说，情况有所不同。

汉字由结构和笔画构成，是具有实用价值的工具，其主要的功能为传情达意，视觉审美意义是其次要功能。每个字的结构和笔画本身是固定的，不能进行再创造或者改变，否则会成为通常意义上的"错字"。将汉字作为著作权法意义上的美术作品进行保护，必须要求在完全相同的笔画和结构的基础上，其字体的形态具有一定的独创性。所谓独创性，包括原创和增加要素进行演绎两种情形，对于原创作品的独创性，无须过高要求，但在已有的汉字基础上增加要素，进行演绎，改变已有形态，此种方式的独创性要求不能过低，必须形成鲜明独特的风格，能明显区别于其他字体，否则以对于一般作品所谓的"实质性相似"的标准进行考量和认定侵权，对于基本结构和笔画相同的汉字来说，保护范围过宽。

就汉字而言，其作用主要在于作为沟通符号的实用性和功能性。因结构和笔画不可改变，单字所体现的风格有其局限性，故单字能够形成区别于其他字体的独特风格较为困难。因字库字体需要整体风格的协调统一，其中单字的独特风格更受到较大限制，与书法家单独书写的极具个人风格的单字书法作品，无法相提并论，也不同于经过单独设计的风格极为特殊的单字。但当单字的集合作为字库整体使用时，整套汉字风格协调统一，其显著性和识别性可与其他字库字体产生较大区别，较易达到版权法意义上的独创性高度。对于此种字库作品，他人针对字库字体整体性复制使用，尤其是与软件的复制或嵌入相配合的使用行为，可以认定侵权成立。但将其中的每一个单字都确认具有独创性，享有美术作品的著作权，依据不足。

从庭审中宝洁公司的举例，以及方正公司回答法庭询问的内容亦可以看出，将字库中的单字作为独立的美术作品进行保护，存在诸多无法解释的矛盾之处，也使判断标准难以确定。如对于同一个倩体字，粗、中、细三者之间的差别并不足以达到三者都具有独创性，成为三个美术作品的程度；对于简单的单字，与其他字体中同一单字在字体意义上并无明显区别；同一字体中的不同单字之间风格统一，认定每个单字构成具有独创性的作品，导致其相互否定独创性；对字库中的某一单字稍作改变，即认为形成新的美术作品，而某些临摹或书写的字体与字库中的单字相近，又认为构成实质性相似，其间界限模糊，难以判断。

原审庭审中宝洁公司曾举例说明已经存在的模仿魏碑制作的魏碑字库字体，如他人使用相近字体即认为构成侵权，难以辨别其中的单字演绎自字库字体还是现实中的字体，也构成对经典字体的垄断。

因此，无论达到何种审美意义的高度，字库字体始终带有工业产品的属性，是执行既定设计规则的结果，受到保护的应当是其整体性的独特风格和数字化表现形式。对于字库字体，受到约束的使用方式应当是整体性的使用和相同的数据描述，其中的单字无法上升到美术作品的高度。从社会对于汉字使用的效果来讲，如果认定字库中的每一个单字构成美术作品，使用的单字与某个稍有特点的字库中的单字相近，就可能因为实质性相似构成侵权，必然影响汉字作为语言符号的功能性，使社会公众无从选择，难以判断和承受自己行为的后果，也对汉字这一文化符号的正常使用和发展构成障碍，不符合著作权法保护作品独创性的初衷。

另一方面，本案中宝洁公司并未直接使用方正公司的字库软件，真正对此加以利用并获得利益的是设计公司。设计公司购买方正公司的字库软件，与方正公司形成合同关系，如设计公司的使用方式超出了方正公司明示的限定范围，或未通过正常途径取得和使用软件，方正公司亦可起诉设计公司违约或者侵权。而宝洁公司作为设计结果的用户，向设计公司支付对价，获得设计成果，对其中字体是否为侵权或违约使用，难以知晓，也没有因此获得不当利益，要求其直接承担侵权责任，没有法律依据。而且，从使用方式的角度看，设计公司在进行设计工作时，从字库中挑选符合用户产品特点、形态适用的单字，在此基础上加以设计，制作包装或广告用字，其间对单字的选用不仅有针对美术作品的美感考虑，还以其选择行为构成对字库软件的整体性使用。而宝洁公司作为用户，只是直接使用了设计公司的最终设计成果，即便其中有设计公司选择的方正字库中的单字，宝洁公司也没有对字库进行任何形式的使用。

基于以上原因，原审法院认为，方正倩体字库字体具有一定的独创性，符合我国著作权法规定的美术作品的要求，可以进行整体性保护；但对于字库中的单字，不能作为美术作品给予权利保护。方正公司以侵犯倩体字库中“飘柔”二字的美术作品著作权为由，要求认定最终用户宝洁公司的使用行为侵权，没有法律依据，其以此为基础，对宝洁公司和家乐福公司提出的全部诉讼请求，原审法院不予支持。

据此，原审法院依照《中华人民共和国著作权法实施条例》第四条第(八)项之规定，判决驳回原告北京北大方正电子有限公司的全部诉讼请求。

方正公司不服，于法定期限内向本院提起上诉，其上诉称：一、被上诉人宝洁公司未经授权在被控侵权产品包装上擅自使用涉案倩体字库中“飘柔”二字的行为构成对上诉人复制权、发行权的侵犯，被上诉人家乐福公司销售被控侵权产品的行为构成对上诉人发行权的侵犯。1.根据我国著作权法对于美术作品的规定，涉案倩体字库中“飘柔”二字属于“以线条或其他方式构成的有审美意义的平面造型艺术作品”，应当按照一般美术作品标准来判定其独创性。我国著作权法对于作品的独创性并没有作差别化规定，上述“飘柔”二字是上诉人原创设计的、具有独特审美意义的作品，符合我国著作权法规定的独创性要求，应当享有美术作品著作权保护。2.上诉人在销售倩体字库软件时，仅仅是销售软件产品，并未对作为美术作品的字库中具体单字作出让渡和授权。从许可协议中亦可以看出，上诉人仅许可使用者对字库中具体单字进行“屏幕显示”和“打印输出”，对其他著作权均作保留。NICE公司虽是涉案倩体字库产品的购买者，其亦仅有权对其中具体单字进行“屏幕显示”和“打印输出”，无论许可协议中是否已明确对其他著作权作出保留，其均无权对其利用字库产品中的具体单字“飘柔”设计的成果进行商业性再利用，其如欲实施商业性再利用行为仍应获得上诉人许可。3.被上诉人宝洁公司在被控侵权产品包装上使用涉案倩体字库中“飘柔”二字的行为，属于对“飘柔”这一美术作品的复制及发行行为，因此，应获得上诉人许可。鉴于上述行为并未经上诉人许可，故其上述行为构成对上诉人享有的复制权及发行权的侵犯。在被上诉人宝洁公司实施的上述行为构成侵权的情况下，被上诉人家乐福公司销售被控侵权产品的行为亦构成对上诉人发行权的侵犯。二、原审判决未针对涉案倩体字库中的“飘柔”二字是否构成美术作品予以审理，因此原审法院存在漏审情况。三、原审判决认定事实错误、适用法律不当。1.原审判决错误认为涉案美术作品首要功能是“传情达意”，并混淆“飘柔”倩体单字使用与倩体字库的使用情况，以及涉案“飘柔”倩体单字与倩体字库软件的使用情况。2.原审判决对系列作品的独创性判定规则适用有误，违背了我国著作权法关于作品独创性判定的基本标准。3.原审判决书认定字库整体具有美术作品的独创性，却否认单字的美术作品的独创性，既没有法律根据，又完全不合逻辑。综上，请求二审法院撤销原审判决，判决支持上诉人原审的全部诉讼请求。

被上诉人宝洁公司及家乐福公司仍坚持其在原审程序中的答辩意见，并认为原审判决认定事实清楚，适用法律正确，请求二审法院依法予以维持。

因双方当事人对原审法院查明的事实均无异议，故本院依法予以确认。

本院认为，本案涉及如下审理焦点：

一、上诉人主张被上诉人宝洁公司在被控侵权产品上使用涉案“飘柔”二字的行为构成对其复制权及发行权的侵犯，被上诉人家乐福公司销售被控侵权产品的行为构成对其发行权的侵犯这一上诉理由是否成立？

由《中华人民共和国著作权法》第四十八条规定可知，未经著作权人许可，复制、发行他人作品的，该行为构成对著作权人复制权、发行权的侵犯。

依据上述规定，上诉人如欲证明两被上诉人实施的被控侵权行为构成侵犯著作权的行为，其应证明本案事实同时满足下列全部要件：1.涉案“飘柔”二字构成作品；2.上诉人系涉案“飘柔”二字的著作权人；3.被上诉人实施的行为属于对涉案“飘柔”二字的复制、发行行为；4.被上诉人实施的复制、发行行为未获得上诉人的许可。这一许可行为既包括明示许可，亦包括默示许可。只有在本案事实同时满足上述全部要件的情况下，被控侵权行为才构成对上诉人复制权、发行权的侵犯。如其中任一要件未被满足，则上诉人的该上诉主张将无法成立。

在综合考虑本案现有因素的情况下，本院认定两被上诉人的行为系经过上诉人许可的行为，本案不符合侵权构成要件中的第四个要件，故无论本案是否符合另外三个要件，两被上诉人实施的被控侵权行为均不可能构成侵犯著作权的行为。

本院作出上述认定，系考虑到本案一个关键事实，即被控侵权产品上使用的“飘柔”二字系由被上诉人宝洁公司委托NICE公司采用“正版”方正倩体字库产品设计而成。因依据本案事实可以认定NICE公司有权使用倩体字库产品中的具体单字进行广告设计，并将其设计成果许可客户进行后续的复制、发行，而被上诉人宝洁公司及家乐福公司的行为均系对该设计成果进行后续复制、发行的行为，故两被上诉人实施的被控侵权行为应被视为经过上诉人许可的行为。

本院之所以认定NICE公司有权实施上述行为，是因为上述行为属于经上诉人默示许可的行为。具体理由如下：

（一）当知识产权载体的购买者有权以合理期待的方式行使该载体上承载的知识产权时，上述使用行为应视为经过权利人的默示许可。

因知识产权的客体与承载该客体的物具有分离的特性，故通常情况下，对于承载知识产权客体的物的购买行为并不等同于对于该物中所承载的知识产权的购买行为。在法律无明确例外规定的情况下，产品购买者如欲行使该产品上承载的知识产权，通常情况下还需另行取得权利人许可。但应注意的是，该许可既包括明示许可，亦包括默示许可。

对于何种情况构成默示许可，本院认为，如果购买者基于购买行为而对该知识产权客体的特定的权利行使方式产生合理期待，如不实施这一合理期待的行为，将会导致这一购买行为对于购买者不具有任何价值或不具有实质价值，则此种情况下，对该载体的购买行为即可视为购买者同时取得了以合理期待的方式行使该知识产权的默示许可，购买者不需在购买行为之外另行获得许可。

本院之所以持上述观点，系考虑如下因素：首先，利益平衡是知识产权保护的基本原则之一。知识产权法在保护权利人利益的同时，还要兼顾社会公众及其他当事人的利益，而不能对权利人的保护绝对化。其次，依据正常的市场交换规律，任何购买者之所以会支付对价购买某一产品，通常是因为这一对价会为其换取其购买时所合理期待的该产品的使用价值。如果要求购买者对该产品实施合理期待的使用行为亦要经产品权利人的许可，并另行支付对价，则购买者对这一产品的购买行为将不具有实质意义，这既不符合市场基本规则，亦不符合公平原则。

（二）具体到汉字字库产品这类知识产权载体，基于其具有的本质使用功能，本院合理认定调用其中具体单字在电脑屏幕中显示的行为属于购买者合理期待的使用行为，应视为经过权利人的默示许可。

对购买者合理期待使用行为的判断不能脱离该产品具有的本质使用功能。汉字字库产品虽然直接由相关数据及用以调用这些数据的计算机软件程序等构成，但该产品的本质使用功能并不在此，而在于通过计算机软件程序对相应数据进行调用以最终形成具体表现形式的汉字，并将其提供给使用者。购买者购买该产品的目的在于利用该产品中具体形式的单字，而非其中的计算机程序或数据。鉴于购买者无论采用何种方式利用该产品中的具体单字，均必然经过调用单字并将其显示在电脑屏幕上这一环节，否则这一产品对于购买者将不具有实质价值，故本院合理认为购买者调用其中具体单字并在电脑屏幕上显示的行为，属于其合理期待的使用行为，应视为经过上诉人默示许可。

（三）对于汉字字库产品这类知识产权载体，在产品权利人无明确、合理且有效限制的情况下，购买者对屏幕上显示的具体单字进行后续使用的行为属于购买者合理期待的使用行为，应视为经过权利人的默示许可。

购买者对于汉字字库产品中具体单字的利用通常不仅限于电脑屏幕上的显示行为，还会包括将其进行后续使用的行为。后续使用的行为既包括非商业性的使用行为（如为个人或家庭使用目的调用字库中的单字进行文件编辑的行为等），也包括商业性的使用行为。在商业性使用行为中则既包括购买者在其内部范围内使用字库中具体单字的行为（如在经营过程中在计算机上进行文件编辑的行为，将编辑的文件打印输出的行为，为客户进行广告设计的行为等），也包括购买者将其使用结果进行后续再利用的行为（如将编辑的文件进行公开展示，将广告设计结果许可广告客户进行后续再利用等）。

本院认为：在权利人无明确、合理且有效限制的情况下，上述行为均属于购买者合理期待的使用行为，应视为经过权利人的默示许可。原因在于汉字字库产品系以实用工具功能为主，以审美功能为辅的产品，在上述使用方式均属于汉字工具的正常使用方式的情况下，上述行为原则上均属于购买者合理期待的使用行为，应视为经过权利人的默示许可。

本院之所以认为汉字字库产品系以实用工具功能为主，以审美功能为辅的产品,系考虑到汉字字库产品系根据国家标准设计的产品,根据国家标准设计的通常仅可能是适于批量生产的工业实用品,而不可能是纯艺术品,故汉字字库产品必然具有作为汉字工具使用的实用功能。当然,本院同时亦认为汉字字库产品亦可能同时具有美感功能,而购买者之所以会在不同字库产品之间进行选择,亦是因为不同字库产品体现的美感有所不同。但应注意的是,即便对于具有鲜明特色及较高艺术性的汉字字库产品,购买者购买时首先考虑的亦并非其美感功能,而系其具有的工具性。只有在满足这一需求的情况下,购买者才会考虑其美感功能,并在具有不同美感的字库产品之间予以选择。如其仅仅希望获得视觉美感享受,则会选择购买通常意义上的书法作品的这一载体,而非汉字字库产品。鉴于此,本院合理认定汉字字库产品是以实用工具功能为主,以审美功能为辅的产品。

(四)对于汉字字库产品这类知识产权载体,权利人可以对购买者的后续使用行为进行明确、合理、有效的限制。

本院虽然已认定汉字字库产品的购买者调用其中的具体单字并进行后续利用的行为属于合理期待的使用行为,但这一认定并不意味着权利人不能对购买者的后续使用行为进行明确的限制。如果字库产品的权利人对此进行了明确合理的限制,且购买者已接受这一限制,则应认定相应后续使用行为不属于购买者合理期待的使用行为。但应注意的是,这一限制必须是合理的限制,既不应损害购买者的正当利益,也不能排除购买者的主要权利。

对于何种限制属于合理的限制,本院认为,依据购买者的性质将产品划分为个人版(或家庭版)与企业版,以区分商业性使用与非商业性使用行为通常应视为合理的限制。除此之外的其他限制内容是否合理则应视具体情况而定。但原则上应考虑汉字具有的工具性这一特点,并兼顾汉字使用方式及使用范围的广泛性,不得通过限制条款对购买者或社会公众的使用行为及利益造成不合理的影响。

(五)具体到本案,本院合理认定 NICE 公司调用该产品中具体单字进行广告设计,并许可其客户对设计成果进行后续复制、发行的行为,属于其合理期待的使用行为,应视为已经过上诉人的默示许可。

本案中,鉴于 NICE 公司的上述行为属于调用涉案字库产品中的具体单字进行后续利用的行为,而本院亦已指出这一后续利用的行为只有在权利人无明确、合理且有效限制的情况下才构成合理期待的使用行为，故判断 NICE 公司上述使用行为是否属于合理期待使用行为的关键在于上诉人是否对上述行为进行了明确、合理且有效的限制予以分析。

上诉人主张，上诉人在销售倩体字库产品时，仅仅是销售软件产品，并未对作为美术作品的字库中具体单字作出让渡和授权。从许可协议中亦可以看出，上诉人仅许可使用者对字库中具体单字进行“屏幕显示”和“打印输出”，对其他著作权均作保留。NICE 公司虽是涉案倩体字库产品的购买者，其亦仅有权对其中具体单字进行“屏幕显示”和“打印输出”，无论许可协议中是否已明确对其他著作权作出保留，其均无权对其利用字库产品中的具体单字“飘柔”设计的成果进行商业性再利用，其如欲实施商业性再利用行为仍应获得上诉人许可。

对此，本院认为，鉴于依据本案现有事实无法认定上诉人已对 NICE 公司的上述行为进行了明确、合理且有效的限制，故上诉人的上述主张不能成立，本院不予支持。具体理由如下：

1.NICE 公司并未接受上述限制条款，上述条款对 NICE 公司并无约束力。

本院认为，只有在 NICE 公司知晓并接受上述限制条款的情况下，其与上诉人之间才形成合同关系，在无法定无效情形的情况下，该条款才可能对 NICE 公司具有约束力。否则，这一限制条款只能视为上诉人单方发出的要约。本案中，因涉案倩体字库产品中的许可协议并非安装时必须点击，且本案现有证据亦无法证明 NICE 公司在安装该字库产品时点击同意了上述许可协议，故从该许可协议的设置本身无法认定 NICE 公司接受了该限制条款。虽然 NICE 公司在向被上诉人宝洁公司提供的传真中明确列明了许可协议中上述限制条款，但这一行为仅表明其已知晓这一限制条款，并将该条款告知被上诉人宝洁公司，该行为不能当然视为对该限制条款的接受。而仅仅从购买行为本身亦无法当然推知购买者接受了这一协议内容。据此，依据本案现有证据无法认定 NICE 公司接受该限制条款。

2.上述限制条款并非合理的限制条款。

汉字字库产品的购买者包括商业性购买者和非商业性购买者，两种购买者对于产品的使用方式及使用性质差异较大，上诉人及购买者对此均应知晓。在上诉人并未将涉案倩体字库产品区分为个人版(或家庭版)与企业版销售的情况下,这一销售模式足以使商业性购买者合理认为上诉人未对其商业性使用具体单字的行为予以禁止,并基于这一认知而购买该产品。鉴于商业性购买者当然会包括类似NICE公司这样的设计公司,而对于此类购买者而言,其购买产品的主要目的在于使用该产品中的具体单字进行设计,并将其设计成果提供给客户进行后续使用,这一使用方式是商业经营的主要模式,亦是其获得商业利益的主要渠道。如果禁止其实施上述行为,或要求其客户在后续使用其设计成果时仍要取得上诉人许可,则对于此类购买者而言,其很难以此作为工具进行商业经营,该产品对其将不具有实质价值,该购买行为亦不会实现购买者合理预期的利益。鉴于此,本院合理认为上述限制条款在现有情况下排除了购买者的主要权利,不属于合理的限制条款。

综上所述,在综合考虑上述因素的情况下,本院认为,NICE公司有权将其利用涉案倩体字库产品中的具体单字"飘柔"设计的成果提供给被上诉人宝洁公司进行后续复制、发行,NICE公司的该行为属于其对涉案倩体字库产品合理期待的使用行为,应视为已获得上诉人许可的行为。

在此情况下,因被上诉人宝洁公司在被控侵权产品上使用的系NICE公司的设计成果,故被上诉人宝洁公司复制、发行被控侵权产品的行为亦应视为经上诉人许可的行为。同理,被上诉人家乐福公司销售被控侵权产品的行为亦应视为经过上诉人许可的行为,上述行为均无须再另行获得上诉人许可。

鉴于侵犯著作权行为的构成应具备四个要件,而只要不符合其中任一要件即可认定被上诉人的行为未构成侵犯著作权的行为,故在本院已认定被上诉人宝洁公司与家乐福公司实施的被控侵权行为均被视为经过上诉人许可的行为的情况下,无论涉案倩体字库中的"飘柔"二字是否构成美术作品,被上诉人实施的上述行为均不可能构成侵犯著作权的行为。鉴于此,上诉人认为两被上诉人实施的被控侵权行为侵犯了其享有的著作权的上诉主张不能成立,本院不予支持。

二、上诉人主张原审判决未针对涉案倩体字库中的"飘柔"二字是否构成美术作品予以审理,因此存在漏审情况这一上诉理由是否成立。

本院认为,原审判决中有如下表述:“对于此种字库作品,他人针对字库字体整体性复制使用,尤其是与软件的复制或嵌入相配合的使用行为,可以认定侵权成立。但将其中的每一个单字都确认具有独创性,享有美术作品的著作权,依据不足。”由该表述可以看出,原审法院对于涉案倩体字库中的“飘柔”二字是否构成美术作品已进行审理,并作出认定,因此,上诉人认为原审法院存在漏审情况的主张不能成立,本院不予支持。

三、上诉人主张原审法院存在其他法律及事实认定错误的上诉理由是否成立。

本院认为,上诉人在其上诉理由中所主张的原审判决错误之处均系原审法院用以证明其判决结论而采用的具体观点,原审法院对相应事实及法律的认定均有其合理性,且能支持其判决结论,在原审法院及本院均已认定两被上诉人的行为并未构成侵犯著作权行为的情况下,本院认为上诉人的这一上诉理由不能成立,本院不予支持。

综上,鉴于本院已认定被上诉人宝洁公司及家乐福公司实施的行为均不构成侵犯著作权的行为,故本院对原审法院作出的驳回上诉人原审全部诉讼请求这一结论表示认同。依照《中华人民共和国民事诉讼法》第一百五十三条第一款第(一)项之规定①,本院判决如下:

驳回上诉,维持原判。

一、二审案件受理费各九千九百九十元,均由北京北大方正电子有限公司负担(已交纳)。

本判决为终审判决。

审　判　长　芮松艳
代理审判员　殷　悦
代理审判员　王东勇
二〇一一年七月五日
书　记　员　逯　遥

(本章编写:张培培　王志刚)

---

① 此处《中华人民共和国民事诉讼法》是2007年修正版。

博客作品版权纠纷

——《见与不见》著作权纠纷案

博客（blog）作为数字传播时代个人思想的表达空间，可以让每个人在网络上发表文章，个人的博文也已成为一种典型的数字出版形式。因此，博文拥有版权不容置疑，未经允许在传播中侵害署名权等人身权和信息网络传播权等财产权必然引发版权纠纷。本案标的是一首流传甚广的博客诗作，案件影响较大，判决结果也具有较强的指导性。

一、相关背景

自冯小刚电影作品《非诚勿扰 2》上映后，《见与不见》一诗就在网上被疯狂转载，红遍大江南北，网友甚至仿照其句式，展开新一轮的造句热。这首诗歌原名为《班扎古鲁白玛的沉默》,作者为扎西拉姆·多多,该诗出自其2007年创作的作品集《疑似风月集》,作者并将这一诗文发表在自己的博客上。《见与不见》一直被错认为是17世纪著名诗人仓央嘉措的作品。2011年10月19日上午,广东肇庆女子谈笑靖(笔名扎西拉姆·多多)在北京市东城区法院维权成功,法院判决珠海出版社有限公司停止出版、发行含有《见与不见》内容的图书《那一天那一月那一年》;北京市新华书店王府井书店停止销售此书。

二、案情回顾

本案原告谈笑靖,2007年5月以扎西拉姆·多多为笔名创作了诗集《疑似风月集》,该诗集收录了《班扎古鲁白玛的沉默》(即本案的《见与不见》)一诗。同年5月15日,她将该诗集首发于自己的新浪博客(Just Dorophy)。

而在2008年,谈笑靖发现这首诗被刊登在《读者》杂志当年的第20期,诗名被改为《见与不见》,作者则署名为仓央嘉措。经通读和对比,谈笑靖发现跟自己的作品《班扎古鲁白玛的沉默》相比,二者的不同表现在:一是标题不同;二是《见与不见》倒数第三行"让我住进你的心里"与《班扎古鲁白玛的沉默》倒数第三行"让我住进你的心间"有一字之差,但字义相近,其余内容及分节均一致。谈笑靖遂以其dorophy101@sina.com邮箱向《读者》编辑部发送一封邮件,告知对方2008年第20期《读者》所载《见与不见》署名有误,她才是作者,作品来自于其博客,并告知对方自己两个博客的网址以供查实。邮件落款署名为"扎西拉姆·多多"。后来《读者》为此事致歉,腾讯、网易、新浪等网络主流媒体也曾为诗作作者一事发表过澄清文章,仓央嘉措小组也发表过专门文章辟谣。

这一风波结束后,2011年3月,谈笑靖发现珠海出版社出版的图书《那一天那一月那一年》(2010年8月出版)又一次错误地收录"仓央嘉措的作品《见与不见》",而且该书的副标题为"'六世达赖喇嘛'——仓央嘉措的情与诗",其中第33页印有《见与不见》一诗。这种情况下,谈笑靖认为通过邮件纠错、注册个人网站等方式进行版权权明示的努力并没有达到预期的效果,因此,决定通过法律途径来维护自己的合法权益。在收集相关证据后,谈笑靖以侵犯其署名权、复制权和发行权为由,将珠海出版社和销售方王府井书店诉至北京市东城区人民法院。请求法院判令两家单位立即停止侵权,要求珠海出版社在《中国新闻出版报》上发表致歉声明,并赔偿原告经济损失及诉讼合理支出5000元。

法院经审理查明原告谈笑靖的笔名确为扎西拉姆·多多,涉案博客确为原告所有,涉案作品也确为原告创作,因此原告对涉案作品享有著作权。被告珠海出版社确实应当承担相应的侵权责任,被告王府井书店应承担停止销售的法律责任。关于珠海出版社的侵权责任一节,法院认为涉案图书整体表达系以介绍、学习、欣赏仓央嘉措作品为目的,用类似读后感的方式,引入大量篇幅描述仓央嘉措的人生和情感经历,对涉案作品的引用比例极小,且在介绍涉案作品时,专门写有"也有人说,此诗仅前两句为仓央嘉措所作,后一些则是后人在传唱中逐步增补,已经不是作者的手笔了"等内容,证明被告在出版涉案图书时尽到了相应的注意义务,因此认定被告珠海出版社主观上没有侵权故意,客观上尽到了合理的注意和审查义务,仅须承担停止侵权的法律责任。

三、相关法律条文

本案主要涉及《中华人民共和国著作权法》和《最高人民法院关于审理著作权民事纠纷案件适用法律若干问题的解释》相关法律条文。

《中华人民共和国著作权法》

第十条　著作权包括下列人身权和财产权:

……

(二)署名权,即表明作者身份,在作品上署名的权利;

……

(五)复制权,即以印刷、复印、拓印、录音、录像、翻录、翻拍等方式将作品制作一份或者多份的权利;

(六)发行权,即以出售或者赠与方式向公众提供作品的原件或者复制件的权利。

……

第四十八条 有下列侵权行为的，应当根据情况，承担停止侵害、消除影响、赔礼道歉、赔偿损失等民事责任；同时损害公共利益的，可以由著作权行政管理部门责令停止侵权行为，没收违法所得，没收、销毁侵权复制品，并可处以罚款；情节严重的，著作权行政管理部门还可以没收主要用于制作侵权复制品的材料、工具、设备等；构成犯罪的，依法追究刑事责任：

（一）未经著作权人许可，复制、发行、表演、放映、广播、汇编、通过信息网络向公众传播其作品的，本法另有规定的除外。

《最高人民法院关于审理著作权民事纠纷案件适用法律若干问题的解释》

第二十条 ……

出版者尽了合理注意义务，著作权人也无证据证明出版者应当知道其出版涉及侵权的，依据民法通则第一百一十七条第一款的规定，出版者承担停止侵权、返还其侵权所得利润的民事责任。

四、案例评述

本案涉及博客作品的著作权保护问题及仓央嘉措的诗作著作权归属认定，入选2011年中国法院知识产权司法保护50件典型案例。总体而言，这一涉及博客作品的著作权案例有着几点特殊。

首先，相较于其他案件的高赔偿额，这一案件是关于博客作品的“正名”之诉。一方面本案涉案作品最早发表于博客这一网络平台，其版权认定在程序上显然有别于传统出版作品，而本案对于作品创作和发表的梳理，无疑为博客作品版权保护提供了一个较为规范的思路。另一方面，这一案件的审理，虽然案件标的诗作《见与不见》流传广泛，但是最终判决结果却相对平淡。然而从案件事实和原告诉求来看，这一判决结果已经达到了“正名”目的。原告就是希望利用法律武器向众人宣告，谈笑靖才是《见与不见》的真正作者。虽然现在我们在百度上搜索《见与不见》仍然伴随着“仓央嘉措作品”的字样，但是大部分网页也已经对该作品作出原名《班扎古鲁白玛的沉默》和原作者是谈笑靖的标注,甚至一些网页也把这一段纠纷当作背景予以介绍,可见法律诉讼维权有其独到的影响作用。

其次,本案在责任承担方面严格遵守了主客观一致原则。在这一案件中,因为《见与不见》一诗流传甚广,而且《读者》也曾认为其作者为仓央嘉措,因此该书出版时的客观背景使出版方即使尽到注意义务也难免出错。此外,在这本介绍仓央嘉措的书收录《见与不见》时也明确标注说该诗也可能为他人写作,因此虽然客观上形成侵权,但因无主观恶意,出版方仅承担停止发行的责任。而就销售方王府井书店而言,因为该被告有着合法的进货渠道,因此只需停止销售即可,无需承担其他责任,甚至诉讼费都无需分担。因为本案两个被告主观上无故意侵权,所以也不必承担赔礼道歉等精神责任。

最后,这一案件也突出了数字环境下图书出版的版权注意义务。虽然本案最终无须被告作出赔偿,但是停止发行和销售已经使出版方遭受损失,而造成这一现实的原因就是收录作品时没有厘清作品版权关系。数字环境是一个全民写作的时代,更是一个全民传播的时代,很多受到热捧的作品往往也成为传统出版商的热门选题,而如何在纷繁复杂的传播链条中确定这些作品的最初作者,确保版权无误,是出版方必须关注的问题。就本案而言,出版方虽然已经标识该作品作者存在一定疑问,但最终仍然选用该诗,也为侵权纠纷埋下伏笔。这就预示着,如果版权不清,作品当弃,而非为市场利益冒侵权之嫌,这一教训当为出版业谨记。

五、判决书

《见与不见》著作权纠纷案民事判决书①

北京市东城区人民法院民事判决书

(2011)东民初字第05321号

原告谈笑靖,女,1978年4月21日出生,汉族。

委托代理人孙建红,北京市北斗鼎铭律师事务所律师。

---

① 参见首都政法综治网。

委托代理人王旭东,男,1984年2月9日出生,汉族,北京市北斗鼎铭律师事务所工作人员。

被告北京市新华书店王府井书店,住所地北京市东城区王府井大街218号。

法定代表人田文明,总经理。

委托代理人叶莲香,女,1957年10月12日出生,汉族,北京市新华书店王府井书店总经理办公室主任。

被告珠海出版社有限公司,住所地广东省珠海市香洲银桦路566号报业大厦三楼。

法定代表人郭一兵,董事长。

委托代理人禹成豪,男,1977年9月23日出生,汉族,北京文通天下图书有限公司经理。

原告谈笑靖诉被告北京市新华书店王府井书店(以下简称王府井书店)、珠海出版社有限公司(以下简称珠海出版社)著作权权属、侵权纠纷一案,本院于2011年4月21日受理,依法组成合议庭,公开开庭审理了本案。原告之委托代理人孙建红、王旭东,被告王府井书店之委托代理人叶莲香,被告珠海出版社之委托代理人禹成豪到庭参加诉讼。本案现已审理终结。

原告谈笑靖诉称:原告于2007年5月创作了诗作《班扎古鲁白玛的沉默》(又名《见与不见》,以下简称涉案作品),并于同年5月15日首发于自己的博客。2011年3月,原告发现珠海出版社未经许可出版了包括该作品的图书《那一天那一月那一年》(以下简称涉案图书),且将涉案作品当作仓央嘉措的作品。原告从王府井书店购得涉案图书。现原告以被告珠海出版社侵犯其署名权、复制权和发行权,被告王府井书店侵犯其发行权为由,诉请判令:1.二被告停止侵权;2.被告珠海出版社在《中国新闻出版报》上发表致歉声明;3.被告珠海出版社赔偿原告经济损失及诉讼合理支出5000元。

被告王府井书店辩称:书店对涉案图书有合法进货渠道,且尽到了合理的审查义务,不应承担侵权责任。

被告珠海出版社辩称:原告对涉案作品享有著作权的证据不足,理由是:1.原告公证的博客网页中虽有涉案作品,但未署名,且该博客未明显说明或者声明博客内容为原创或禁止转载,不能证明原告对涉案作品享有著作权,也无法证明被告存在侵权行为;2. 2011 年 3 月 14 日《肇庆都市报》对原告所做的访谈,内容为原告个人观点,且访谈时间在涉案图书出版近半年之后,不能证明原告对涉案作品享有著作权;3.正式出版物《读者》(2008 年 10 月第 20 期)刊登过涉案作品并署名“仓央嘉措”;4.涉案图书系以探讨和解读仓央嘉措及其现象为目的引用涉案作品,该引用含标点共 113 字,占全书比重 0.007%,不应视为侵权行为;5.原告主张 5000 元赔偿数额无法律依据。综上,不同意原告的诉讼请求。

经审理查明:2011 年 3 月 9 日,原告委托代理人在北京市东方公证处公证人员的监督下,对相关博客及网页截图进行证据保全,主要内容有:打开浏览器,在首页地址栏输入 http://dorophy101.spaces.live.com/? _c11_BlogPart_BlogPart = blogview&_c = BlogPart&partqs = amonth%3d5%26ayear%3d2007,显示有署名为“Just Dorophy”的博客。首部列有“扎西拉姆·多多的个人资料、Just Dorophy、照片、日志、列表、更多”等栏目。该博客 2007 年 5 月 15 日的日志“疑似风月集”中,有标题为《班扎古鲁白玛的沉默》一文(即涉案作品),该文连同标题共 18 行,分为 5 小节。该博客“扎西拉姆·多多的照片”显示,添加者为扎西拉姆·多多。

2008 年 10 月,《读者》第 20 期第 7 页刊登作品《见与不见》(以下简称《见》文),署名为仓央嘉措。与涉案作品相比,二者有两处不同,一是标题不同,二是《见》文倒数第三行“让我住进你的心里”与涉案作品倒数第三行“让我住进你的心间”有一字之差但字义相近,其余内容及分节均一致。

2008 年 10 月 7 日,原告以其 dorophy101@ sina.com 邮箱向《读者》邮箱 duzhe@ duzhe.cn 发送邮件一封,告知对方 2008 年第 20 期《读者》所载《见》文署名错误,原告是涉案作品作者,作品来自原告的博客,可点击 http://dorophy101.spaces.live.com/blog/cns! BE4E3843E08E8CDB! 5959.entry 及 http://dorophy101.spaces.live.com/blog/cns! BE4E3843E08E8CDB! 6164.entry 两个原告博客网址进行查阅,落款署名为扎西拉姆·多多。

2009 年 3 月 13 日,原告在网址 http://www.nolds.com/的“第一数据”网站上,注册了域名为 dorophy.com、注册所有人为谈笑靖的个人网站。进入该网站,可见署名为“DOROPHY 的博客”网页。该博客网页特别声明:“凡未经特别说明的文字皆为原创,版权所有:Doropy = Doropy101 = 扎西拉姆·多多=谈笑靖。”

2010年8月,被告珠海出版社出版了涉案图书《那一天那一月那一年》,该书副标题为“‘六世达赖喇嘛’——仓央嘉措的情与诗”,作者子非。其中第33页印有《见》一文,除标题及倒数第三行“让我住进你的心里”与涉案作品倒数第三行“让我住进你的心间”有所不同外,其余内容相同。

2011年3月28日,原告从被告王府井书店购得涉案图书,遂提起本案诉讼。

因本案诉讼,原告支出律师代理费人民币5000元,购买涉案图书费用人民币62.6元。

另查,2011年5月,中信出版社出版了图书《当你途经我的盛放》,作者扎西拉姆·多多。作者简介如下:“扎西拉姆·多多,女,原名谈笑靖,汉族,生于1978年。作者微博:http://t.sina.com.cn/dorophy101。”书中第228页至第229页“疑似风月集”里,收录有涉案作品,内容与前述博客“Just Dorophy”中的涉案作品一致。

诉讼中,本院组织双方当事人对原告dorophy101@sina.com邮箱中发往《读者》的邮件进行了勘验。二被告认可该邮件的真实性,但认为该邮件不能证明原告享有涉案作品的著作权。

上述事实,有公证书、涉案图书、电子邮件、图书《当你途经我的盛放》、《读者》杂志、购书发票、律师代理费发票、图书批销单及当事人陈述等在案为证。

本院认为:本案诉争的焦点在于涉案作品是否为原告创作,即原告对涉案作品是否享有著作权,被告珠海出版社出版、发行含有涉案作品的图书及被告王府井书店销售该图书是否合法。

一、关于原告对涉案作品是否享有著作权的问题

由于本案所涉创作载体为博客,因此需要确定载有涉案作品的博客是否为原告所有,原告的笔名是否为扎西拉姆·多多,涉案作品是否为原告创作等相关问题。

首先,原告的笔名是否为扎西拉姆·多多。

涉案博客名称为Just Dorophy,内有“扎西拉姆·多多的个人资料、Just Dorophy、照片、日志、列表、更多”等栏目,与原告实名注册的“DOROPHY的

博客”在名称上具有相似性，且该实名博客特别声明“Doropy = Doropy101 = 扎西拉姆·多多=谈笑靖”，可初步证明原告谈笑靖是扎西拉姆·多多；原告所有的新浪邮箱名称为 dorophy101，与上述声明一致，印证了“Doropy101”与“扎西拉姆·多多”“谈笑靖”是同一人；原告发往《读者》的邮件署名为扎西拉姆·多多，证明扎西拉姆·多多这一名称的使用者为本案原告；原告本人对扎西拉姆·多多这一笔名的解释具有合理性，且有中信出版社出版的《当你途经我的盛放》一书作者署名及作者简介相互印证。

综上，原告能够合理解释其笔名的来源和寓意，且通过邮件署名、网站声明、出版物等公开的方式予以使用，无人提出相反主张，二被告亦未对此提出异议，故本院对原告笔名为扎西拉姆·多多予以确认。

其次，涉案博客是否为原告所有。

从本案已经查明的事实看，涉案博客照片的添加者为“扎西拉姆·多多”，鉴于博客内容的上传者或添加者通常是博主，故可初步判断涉案博客的博主是扎西拉姆·多多；加之前文已确认扎西拉姆·多多为原告笔名的事实，故涉案博客与原告具有关联性；此外，原告向《读者》提供的其博客作品查阅网址即为涉案博客网址，可印证涉案博客即原告博客。综上，本院对涉案博客为原告所有的事实予以确认。

第三，涉案作品是否为原告创作。

涉案博客显示，2007 年 5 月 15 日“疑似风月集”标题下，题为《班扎古鲁白玛的沉默》的涉案作品与《见》文内容相同。鉴于该证据为博客网页，而博客作为电子证据具有易于修改且不留痕迹的特点，故仅该证据不足以证明涉案作品为原告创作。原告提交涉案博客公证书，仅完成了初步的证明责任，原告还应对其博客发表涉案作品时的具体内容进一步举证。

本案中，原告补充提交了其发件箱中留存的证据，证明其于 2008 年 10 月 7 日曾向《读者》邮箱发过邮件，告知对方 2008 年第 20 期《见》文署名错误，原告是涉案作品作者，并提供两个载有其作品的博客网址链接。该证据能够证明以下事实：一是涉案博客网址与邮件提供的原告博客网址一致，涉案博客是原告的博客；二是该邮件是原告针对《见》文的内容而非标题提出的异议，故可佐证涉案博客的内容与《见》文具有一致性，否则发邮件的必要性就不存在。鉴于已发送邮件具有不易更改的稳定性，本院对该证据的真实性予以确认。

综上，与传统创作载体相比，博客是借助专用技术和工具、在网络上进行作品创作与传播的形式，具有独创性的博客作品是创作者智力成果的反映，作者对其博客作品依法享有著作权。涉案博客已证明为原告所有，原告以其博客和邮件相互印证，可以证明涉案作品的创作时间和内容。目前没有证据证明涉案博客或者涉案作品曾被修改，亦无相反证据证明涉案作品系他人创作且完成时间早于原告博客上传涉案作品的时间，故应对涉案博客内容的真实性予以确认。涉案博客作为原告所选择的创作载体，记载了原告创作涉案作品的时间和内容，原告对其创作的涉案作品依法享有著作权。

二、关于二被告是否侵犯原告著作权的问题

被告珠海出版社未经原告许可，未给原告署名，在涉案图书中使用了原告享有著作权的涉案作品，侵犯了原告的署名权、复制权和发行权，应当承担相应的侵权责任。被告王府井书店销售涉案图书，虽有合法进货渠道，但应承担停止销售的法律责任。

关于被告珠海出版社的侵权责任一节，由于目前研究仓央嘉措及其作品的出版物较多，争论较大，又有《读者》等刊物将涉案作品署名为仓央嘉措在先，故涉案图书将《见》文作为仓央嘉措的作品具有客观原因，该认知错误非被告自身所能避免。另，涉案图书整体表达系以介绍、学习、欣赏仓央嘉措作品为目的，用类似读后感的方式，引入大量篇幅描述仓央嘉措的人生和情感经历，对涉案作品的引用比例极小，且在介绍涉案作品时，专门写有“也有人说，此诗仅前两句为仓央嘉措所作，后一些则是后人在传唱中逐步增补，已经不是作者的手笔了”等内容，该表述证明被告珠海出版社在出版涉案图书时，在文字表述上尽到了相应的注意义务，故可认定被告珠海出版社使用涉案作品，主观上没有侵权故意，客观上尽到了合理的注意和审查义务，仅须承担停止侵权的法律责任。原告要求被告珠海出版社赔礼道歉、赔偿损失及合理支出的诉讼请求，本院不予支持。

综上，依照《中华人民共和国著作权法》第十条第一款第（二）项、第（五）项、第（六）项，第四十八条第（一）项，《最高人民法院关于审理著作权民事纠纷案件适用法律若干问题的解释》第二十条第三款之规定，判决如下：

一、被告珠海出版社有限公司停止出版、发行含有《见与不见》内容的

图书《那一天那一月那一年》;

二、被告北京市新华书店王府井书店停止销售含有《见与不见》内容的图书《那一天那一月那一年》;

三、驳回原告谈笑靖的其他诉讼请求。

案件受理费五十元,由原告谈笑靖负担二十五元,被告珠海出版社有限公司负担二十五元(原告已交纳,被告珠海出版社有限公司于本判决生效后七日内交纳)。

如不服本判决,可在判决书送达之日起十五日内,向本院递交上诉状,并按对方当事人的人数提出副本,交纳上诉案件受理费,上诉于北京市第二中级人民法院。上诉期满后七日内未交纳上诉案件受理费的,按自动撤回上诉处理。

审 判 长 曹 英
代理审判员 亓 蕾
代理审判员 邓旭明
二〇一一年十月十九日
书 记 员 陈文文
书 记 员 闫永廉

(本章编写:饶婷 王志刚)

非法转载的刑事处罚
——赵×侵犯著作权罪

这是一起通过经营网站非法转载其他网站版权资源的案例，这一案例的典型意义在于被告最终承担了刑事责任，这在众多版权案件中相对少见。这一判决结果在展示打击版权侵权决心的同时也值得我们深思。

一、相关背景

相较而言，著作权纠纷大都属于民事争议，处罚结果也多以民事赔偿为主。但若达到刑事立案的处罚标准，被告也可能会承担刑事责任。本案就是因网络文学非法转载且数额巨大所引发的一起刑事诉讼案件。诉讼双方是非法转载网站经营者赵×和网络原创文学经营者上海玄霆娱乐信息科技有限公司。

网络文学非法转载已构成实质上的侵权，在本案中，被告人不是对单一的作品实施非法转载，而是利用专业的网站抄袭、转载其他网站拥有原创版权的文学作品,而且数量巨大,构成刑事责任的处罚要件。

二、案情回顾

2009年以来,赵×未经著作权人许可,在其经营的原点小说网、波西小说网上复制发行上海玄霆娱乐信息科技有限公司(服务器所在地为北京市海淀区)享有著作权的文字作品。2013年3月11日,公安机关将赵×抓获,并对其展开调查。经查,赵×经营的网站原点小说网有4005部、波西小说网有3678部电子小说同上海玄霆娱乐信息科技有限公司享有著作权的作品实质性相似,从2009年年底至案发通过网站营利大约10万元。2013年12月24日,北京市海淀区人民检察院以京海检刑诉[2013]2921号起诉书指控被告人赵×犯侵犯著作权罪,向北京市海淀区人民法院提起公诉。法院审理认定被告人赵×以营利为目的,未经著作权人许可,复制、发行他人文字作品,情节特别严重,其行为已构成侵犯著作权罪。2014年5月5日,北京市海淀区人民法院依照《中华人民共和国刑法》第二百一十七条第(一)项、第五十三条、第六十七条第三款之规定,以被告人赵×犯侵犯著作权罪,判处有期徒刑三年零六个月,罚金人民币十万元。

三、相关法律条文

著作权侵权案件中,分为民事案件和刑事案件。刑事案件,即著作权侵权行为构成了侵犯著作权罪,本案即适用《中华人民共和国刑法》相关法律条文进行量刑和处罚。

《中华人民共和国刑法》

第五十三条　罚金在判决指定的期限内一次或者分期缴纳。期满不缴纳的,强制缴纳。对于不能全部缴纳罚金的,人民法院在任何时候发现被执行人有可以执行的财产,应当随时追缴。如果由于遭遇不能抗拒的灾祸缴纳确实有困难的,可以酌情减少或者免除。

……

第六十七条　犯罪以后自动投案,如实供述自己的罪行的,是自首。

对于自首的犯罪分子,可以从轻或者减轻处罚。其中,犯罪较轻的,可以免除处罚。

被采取强制措施的犯罪嫌疑人、被告人和正在服刑的罪犯,如实供述司法机关还未掌握的本人其他罪行的,以自首论。

犯罪嫌疑人虽不具有前两款规定的自首情节,但是如实供述自己罪行的,可以从轻处罚;因其如实供述自己罪行,避免特别严重后果发生的,可以减轻处罚。

……

第二百一十七条　以营利为目的,有下列侵犯著作权情形之一,违法所得数额较大或者有其他严重情节的,处三年以下有期徒刑或者拘役,并处或者单处罚金;违法所得数额巨大或者有其他特别严重情节的,处三年以上七年以下有期徒刑,并处罚金:

(一)未经著作权人许可,复制发行其文字作品、音乐、电影、电视、录像作品、计算机软件及其他作品的;

四、案例评述

在该案中,被告人赵×在其经营的网站上,通过采集软件对上海玄霆娱乐信息科技有限公司享有著作权的文字作品及其他网站享有著作权的作品进行复制,并通过在网站上刊登广告的形式获取经济收入。其行为已经构成侵犯著作权罪。

在主观上,赵×明知"这是违法行为",在复制发行他人的作品时,明知对方享有作品的著作权,并且"知道转载这些书籍是盗版行为",依然通过自己经营的网站向读者提供免费阅读,符合刑事侵权责任认定的主观条件之一,即主观上具有侵权的"故意"。另一方面,网站通过免费阅读的形式,吸引读者,在拥有一定阅读量后,赵×在其网站上投放有偿广告,已经构成营利,其供述"这么做是为了挣钱",符合刑事侵权责任认定的主观条件之二,即"以营利为目的"。

在客观上,其行为就是"未经著作权人许可,复制、发行其文字作品",即"实施了侵犯著作权的行为",另外,经鉴定,赵×所经营的两个网站,原点小说网有4005部、波西小说网有3678部电子小说，分别与起点中文网同名的电子小说存在实质性相似，涉案作品数量较大，构成情节严重。因此，该案符合刑事侵权责任认定的客观条件。

虽然该案经过审理，得以认定赵×所犯的侵犯著作权罪，但从侧面也反映出了当下我国著作权保护的一些情况。

第一，互联网侵权案件多发，保护难度大。综观近几年来的侵权案件，大多发生在互联网领域，如中青文诉百度文库、江苏小说520网侵犯文字作品著作权案、安徽DY161电影网涉嫌侵犯著作权案、安徽滕某某等侵犯网络游戏著作权案等。这是因为一方面，随着网络技术的普及和推广，我国网民人数快速增长；另一方面，人们阅读习惯开始改变，尤其是年轻人，逐渐习惯电子阅读。而互联网是一个虚拟的世界，对于著作权的维护以及侵权行为的惩处，都有一定的难度。首先，在对侵权行为认定过程中，证据的保护和提取难度较大；其次，在对侵权情节的认定过程中，受害人的利益损失以及侵权人的违法收益，计算难度大，为刑事侵权责任认定带来了很大的挑战。

第二，技术是把双刃剑。科学技术往往具有双重属性，在为人们提供便利的同时，也有一定的附带危害。网络出版得益于信息技术的不断进步，才有了如今的电子阅读和数字出版，但同时，信息技术也为网络盗版提供了技术便利。正如社交媒体的产生一样，为民众提供了一个方便交流和获取信息的平台，同时也带来了个人隐私被侵权、虚假信息泛滥等负面影响。

第三，我国著作权刑事保护的范围相对较小。刑法中对于侵犯著作权刑事责任的认定包括“故意”“以营利为目的”“实施了侵犯著作权的行为或销售侵权复制品的行为”“严重情节”四个条件。而大多数国家为两个，即主观上“故意”和“实施了侵权行为”①，与其他国家相比，我国著作权刑事归责条件较多，而归责条件越多，其保护范围就越小。

---

① 杜瑞芳：《试析著作权侵权刑事责任的归责条件》，《法学评论》2003年第1期。

五、判决书

赵×侵犯著作权罪一审刑事判决书①

北京市海淀区人民法院刑事判决书

(2014)海刑初字第81号

公诉机关北京市海淀区人民检察院。

被告人赵×,男。因涉嫌犯侵犯著作权罪,于2013年3月11日被羁押,同年4月16日被逮捕。现羁押于北京市海淀区看守所。

辩护人苏轶峰,北京市邦盛律师事务所律师。

北京市海淀区人民检察院以京海检刑诉[2013]2921号起诉书指控被告人赵×犯侵犯著作权罪,于2013年12月24日向本院提起公诉。本院依法组成合议庭,公开开庭审理了本案。北京市海淀区人民检察院指派检察员邱志英、代理检察员白云山出庭支持公诉,被告人赵×及其辩护人苏轶峰到庭参加诉讼。现已审理终结。

北京市海淀区人民检察院指控,2009年以来,被告人赵×未经著作权人许可,在其经营的“原点小说”网、“波西小说”网上复制发行上海玄霆娱乐信息科技有限公司(服务器所在地为本市海淀区)享有著作权的文字作品。经鉴定,上述网站上共有3700余部作品同上海玄霆娱乐信息科技有限公司享有著作权的作品实质性相似。2013年3月11日,被告人赵×被公安机关抓获归案。

针对上述指控,公诉机关向本院提供了相应的证据材料,认为被告人赵×的行为已构成侵犯著作权罪,情节特别严重,提请本院依照《中华人民共和国刑法》第二百一十七条之规定,对被告人赵×定罪量刑。

被告人赵×对公诉机关指控的罪名没有异议,对公诉机关指控的事实提出异议,认可公诉机关指控其经营的“原点小说”网上复制发行他人作品的事实,但辩称其尚未实际经营公诉机关指控的“波西小说”网,也未从中获利。其辩护人发表的辩护意见为,鉴定结论违法,不能作为证据使用,故

① 参见中国裁判文书网。

公诉机关所指控的“原点小说”网上的侵权作品数量无法确定;“波西小说”网未投入运营,也没有盈利,不应认定被告人赵×构成侵犯著作权罪。综上,提请法庭判处被告人赵×无罪。

经审理查明,被告人赵×自2009年以来,未经著作权人许可,利用采集软件,在其经营的“原点小说”网、“波西小说”网上复制发行上海玄霆娱乐信息科技有限公司(服务器所在地为本市海淀区)享有著作权的文字作品,并通过广告获取收益。经对比,上述网站上共有3700余部作品同上海玄霆娱乐信息科技有限公司享有著作权的作品实质性相似。2013年3月11日,被告人赵×被公安机关抓获。

在庭审过程中,针对上述事实,公诉人当庭宣读、出示了由侦查机关依法调取的下列证据材料,并对证明事项作出说明:

1.被告人赵×的供述

(1)被告人赵×于2013年3月11日在公安机关的供述,证明其所经营的两个网站的名称及链接网址分别是“原点小说”网 www.ydnovl.com,“波西小说”网 www.boxiw.com。2009年底其购买了“原点小说”网,并且一直经营至今,2012年底开始经营“波西小说”网,内容都是网络小说。网站依靠广告费盈利,百度联盟、易诺广告联盟等好几家公司在其网站上登广告,具体数目其记不清了。付费的方式是有的按弹窗付费,有的按点击付钱,按周结算,每弹出1000次4元钱,每点击1次2角钱。从2009年底开始做小说网站至今收入大约10万元,对方通过网上银行汇款支付。网站是做小说的,收录各网站小说免费给读者阅读。小说是从别的网站用采集软件采集,就是把别的小说网站上的内容复制到自己的网站上。其利用采集软件大概采集了3万多本,具体数量其不清楚。网站会员大概有几千人,所采集的小说其都没有著作权。正版的小说应该在有版权的网站付费阅读。网站内的盗版小说大部分是盗版起点中文网的,大约是3万多部,具体数目记不清了,一共大概有15个广告位。其从2009年开始做小说网站,一共收了大概10万元,这些钱在生活中花销了。网站是“快眼看书”的加盟网站,其加盟的是二级站。2010年经营“原点小说”网站开始就加入了“快眼看书”网站,原因是对方可以提供流量,“快眼看书”网站的负责人郑南没有对加盟小说网站的版权问题进行过管理。郑南和赵×互相都知道对方的网站刊载的小说是盗版,因为出名的小说正版的基本都是起点的,其他小说网站都是盗版的。其知道这是违法行为。

(2)被告人赵×于2013年3月17日在公安机关的供述,证明2009年底的时候,其上网的时候看见网上有人出售“原点小说”网站,这个网站之前就是做免费小说的,平时也不需要维护,比较简单,就从对方那购买了这个网站。后也用这个网站做免费的小说供人阅读,为了使网站点击率高,在2010年年初的时候加盟了“快眼看书”网站,这个网站可以提供流量,之后网站的点击率上去了,就有一些广告公司在网站上刊登广告,通过客户在网站看书的时候点击这些广告或者是这些广告自动弹出来挣钱。关于是从哪买的这个网站现在忘了。“原点小说”网的网址是www.ydnovel.com,是从2009年年底开始经营一直到现在,所经营的种类都是各种网络书籍,这些网络书籍都是有版权的,其是通过采集软件转载其他网站上的小说到网站上供别人免费阅读。这期间有几家广告公司在网站上登广告,客户网站上阅读书籍的时候,这些广告就会弹出来,有时候这些客户就会点击这些广告看,通过客户对这些广告的点击率和广告的弹窗率挣钱,一般是窗口每弹出1000次,相应的广告公司就会给其4元钱,另外客户每点击一次广告,相应的广告公司会给其2毛钱,这些广告公司会通过网上银行给其的银行卡里汇钱,有的公司一个月一结,有的公司每周一结。“原点小说”网供人免费阅读的书都是通过采集软件转载其他网站上的小说,是“快眼看书”的加盟网站,其属于二级站,“快眼看书”给提供流量。其购买了一个采集软件,通过这个软件可以自动采集书籍,采集最多的是“起点中文”网,另外还从哪些网站采集过就不清楚了,前后一共转载了3万多本书籍,有军事、网络小说等,具体的记不清了。“起点中文”网上的书籍基本上都有版权。其知道转载这些书籍是盗版行为。有好多广告公司在网站上做过广告,网站大约有15个左右的广告位,主要有百度联盟和易诺广告联盟,其他都是一些小公司,这些公司有时候只做几天,因为效益不好就不做了,这些公司的名字其没有记住。关于网上银行的情况,其在当地工商银行开通了网上银行,户名是其名字,账号其没有记住。“原点小说”网这个网站到现在其经营了三年多点,盈利10万元左右,这些钱都花了。其在2013年年初的时候,又注册了一个“波西小说”网,这个网站的网址是www.

boxi.com,做的内容和“原点小说”网站是一样的,这个网站其刚开始做,还没有开始运营,也没有盈利。其经营的这些没有在工商局注册,转载了好多有版权的书籍,侵犯了这些书籍作者的权利,其知道错了。这么做的目的是为了挣钱。2013 年 3 月 11 号早上警察来其家里把其抓了。

(3)被告人赵×2013 年 11 月 13 日在检察机关的供述,证明关于广告联盟的账户的账号和密码,百度的账号和密码想不起来了,易诺广告联盟账号为“ydnovel”,密码是 123456,获利的银行户是其名下的工商银行账户,户主是其,就一张工行卡每月结款。“原点小说”网和“波西小说”网都是通过广告点击量方式营利的。波西广告商跟原点一样,都是百度联盟和易诺联盟。关于账户交易明细,其能指出哪些是百度广告联盟打款的,比如 2012 年 4 月 30 日这笔打入 1000 元,是百度联盟打的,一般月底打钱,每次 1000 元到 2000 元左右。其对侵犯起点中文网的作品数量名称都没有意见,都是盗版的其也认可,侵犯了起点中文网的著作权。

(4)被告人赵×2013 年 12 月 2 日在检察机关的供述,证明用户可以直接在其的两个网页上浏览。用采集软件采集到的小说是在服务器上储存。广告合作方式是在广告联盟注册账户,获取广告代码,放到自己网站,广告联盟会给安排广告,然后其就可以按点击量收费,钱就汇入其卡内。

2.证人赵 1×(北京市公安局海淀分局网安大队大队民警)的证言,证明工信部的 ICP 备案是网站运营或建立的必备条件,但是没有 ICP 备案的网站也可以实际运营或建立。

3.涉案作品权属证明材料光盘,证明被害单位所提交的包含有作者姓名、笔名、身份证号、作品名称、授权等内容的声明、文学作品转让协议、文学作品独家授权协议等书面材料电子影印图片,拟证明被害单位被侵权作品的作者已将著作权财产权利转让给上海玄霆娱乐信息科技有限公司(以下简称上海玄霆公司)。

4.被告人赵×的中国工商银行活期历史明细清单,证明被告人赵×于 2012 年 1 月 4 日至 2013 年 5 月 8 日期间在中国工商银行账户的变动情况。

5.现场勘验检查工作记录。

(1)2013 年 3 月 11 日现场勘查笔录,证明北京市公安局海淀分局网络安全保卫大队于 2013 年 3 月 11 日 11 时 40 分接到北京市公安局海淀分局双榆树派出所委托，对“原点小说”网（url：http：//ydnovel.com/）侵犯知识产权情况进行现场勘验，通过“原点小说”网站后台浏览，发现网站共有书目41748部，发现网站会员人数23782，发现采集他人网站软件。网站页面可见页面两侧有广告。对“波西小说”网（url：http：//www.boxiw.com/）侵犯知识产权情况进行现场勘验，通过“波西小说”网站后台浏览，发现网站共有书目24884部，发现网站会员人数556，发现采集他人网站软件。网站页面可见页面两侧有广告。

（2）2013年11月26日远程勘验检查笔录，证明北京市公安局海淀分局网络安全保卫大队于2013年11月26日11时40分接到北京市公安局海淀分局双榆树派出所委托，对“原点小说”网（url：http：//ydnovel.com/）广告收入进行远程勘验，通过被告人赵×交代广告联盟地址：http：//www.yinoo.cn/，输入被告人提供的用户名“ydnovel”、密码“123456”登录广告联盟账户，查询到账户支付信息情况，可见自2012年5月28日至2012年8月6日间，该账户单笔最大收入958.41元，单笔最小收入162.96元。

6.上海东方计算机司法鉴定所司法鉴定意见书，证明委托方上海玄霆公司委托上海东方计算机司法鉴定所对“原点小说”网（http：//ydnovel.com/）、“波西小说”网（http：//www.boxiw.com/）上的电子作品，与“起点中文”网上具有同名的电子文字作品的相似性作出鉴定。鉴定依据为委托方提供的从“原点小说”网提取的电子小说名录清单4325部，“波西小说”网提取的电子小说名录清单3939部及“起点中文”网提取的电子小说11499部。鉴定机构分别提取相关的电子书籍“原点小说”网有4325部，“波西小说”网有3939部，每部电子小说以文件夹名称存储，并进行格式转换整理，命名对应书名，与“起点中文”网文件使用比较工具BeyondCompare软件进行比较，经鉴定，“原点小说”网有4005部、“波西小说”网有3678部电子小说，分别与“起点中文”网同名的电子小说存在实质性相似。

7.上海玄霆公司情况说明，证明“原点小说”网的侵权盗版内容完全涵盖“波西小说”网。

8.到案经过，证明被告人赵×于2013年3月11日被公安机关抓获。

此外，公诉人还向法庭出示了《中华人民共和国出版物经营许可证》、《中华人民共和国互联网出版许可证》、《中华人民共和国网络文化经营许可证》、上海玄霆公司的营业执照、情况说明、云主机租用合同、搜查录像、受案登记表、立案决定书、工作说明、办案说明、健康检查笔录、前科、涉毒情况查询记录等证据材料。

经庭审质证,被告人赵×的辩护人对上海东方计算机司法鉴定所司法鉴定意见书提出异议。第一,上海东方计算机司法鉴定所的鉴定业务范围是计算机司法鉴定,故其在本案中系超范围鉴定。第二,鉴定机构根据报案单位提供的作品名录至涉案网站自行提取小说作为鉴定对象,鉴定对象和送检样本不一致,故该鉴定违法,提请法庭重新鉴定。被告人赵×及其辩护人对涉案作品权属证明材料光盘的关联性提出异议,辩称鉴定机构仅根据小说名字和作者名字确定其侵权,而现在的小说都是连载作品,其网站上的小说可能内容不完整。采集软件采集的可能只是篇名或目录,或只有部分内容;对现场勘验检查工作记录提出异议,辩称"波西小说"网是有广告位,但是没有投放广告,其是复制了"原点小说"网的广告网址,但是还没有收益。被告人赵×对其中国工商银行活期历史明细清单提出异议,承认广告联盟给其打过款,但辩称其实际上无法具体指认。被告人赵×的辩护人对赵×中国工商银行活期历史明细清单提出异议,认为其中有合法收入。法庭认为,上述控方证据形式、来源合法,均可作为定案证据使用;对赵×及其辩护人的质证意见,本院将结合其辩解和辩护意见在下文一并论述。

庭审过程中,公诉人申请证人孙×、鉴定人王×出庭作证。

证人孙×当庭发表的证言证明,上海玄霆公司是起点中文网的运营商,"波西小说"网是在用户向其公司编辑部投诉后发现的,"原点小说"网是在警方破获"快眼看书"网案件时发现的。其公司对所主张权利的小说具有独家信息网络传播权,涉案作品的权利是公司通过与作者签书面协议取得。公司会因为被告人的行为遭受损失,读者都去免费的网站阅读,不会在其公司网站阅读付费的小说,其公司是按照作品章节收钱,然后和作者五五分成,在本案中的损失应该有人民币 100 万元以上。经庭审质证,公诉人及被告人赵×的辩护人均未提出异议,被告人赵×及其辩护人当庭表示对被害单位上海玄霆公司的权属问题没有意见,对上海玄霆享有涉案作品著作权不持异议。但不认可证人孙×所称被害单位的经济损失数额,被害单位的经济损失应不超过 5 万元;其不知道其采集的作品哪些是侵权的,其认为在不知情的情况下可以使用。

鉴定人王×当庭发表的证言证明，上海东方计算机司法鉴定所于2005年5月成立，由上海市司法局发放许可证，明确进行计算机司法鉴定。根据2009年发改委给司法部发的（2009）2264号文件及上海市发改委文件，将司法鉴定分为三个鉴定类别，具体包括物证、法医、声像资料类，其中声像资料分为电子数据鉴定和声像资料鉴定，在电子数据鉴定中第12条是文件一致性检验鉴定。其鉴定所根据委托方提供的“波西小说”网和“原点小说”网站网址以及书目，在上述两个网站采集相应的电子书，与起点中文网的小说进行比对，文件是否构成实质性相似依据软件界普遍标准和认知。计算机鉴定是个大的概念，不针对某一项，知识产权鉴定和计算机鉴定虽属不同类别，但内容可能重合。其过去做此类鉴定的案件中，司法机关为委托方的占大部分。其鉴定所可以做文件一致性检验鉴定。委托单位提供的检材可分为两类，一是委托方提供，二是其鉴定所提取，其鉴定所接受法院委托时也是如此。经庭审质证，公诉人认为，本案鉴定机构具备相关资质，主体资格、鉴定范围合法，因本案鉴定委托人不是司法机关，本案涉案网站上的小说由鉴定人而非委托人提取，鉴于鉴定机构与案件无利害关系，鉴定更加客观，我国法律也并未限制鉴定应由司法机关委托。被告人赵×的辩护人的质证意见为委托人送检材料不完整，鉴定材料无论是委托人还是鉴定机构下载，都不能确保鉴定的客观性。被告人赵×的质证意见与其辩护人的质证意见相同。

辩护人当庭提交了下列证据，并经法庭质证：

1.“波西小说”网备案信息查询截屏打印件，欲证明“boxiw.com”未在工信部备案，“波西小说”网尚未运营。

2.ICP/IP地址/域名信息备案管理系统查询页面截屏打印件，欲证明名称为赵×的主办单位在ICP的备案网站中没有“波西小说”网，“波西小说”网尚未运营。

3.“ydnovel”在烟雨红尘网的结算信息，欲证明“波西小说”网尚未运营且被告人赵×有部分收入系合法收入。

4.小说资源合作协议，欲证明被告人赵×与烟雨红尘网有合作关系。

经庭审质证，公诉人对被告人赵×的辩护人提交的证据的真实性未提出异议，但认为证人赵1×的证言可以证明网站没有ICP备案也可以实际运营，即使网站处于测试阶段用户也可以浏览，“波西小说”网即使没有收入也是以营利为目的，并不要求一定获利。“原点小说”网的作品完全涵盖“波西小说”网的内容，指控时未重复计算。法庭认为，辩方提交的第1、2、3项证据形式及来源合法，对其证明效力，本院将结合全案证据予以认定；辩方提交的第4项证据未显示被告人赵×的相关信息，与本案不具有关联性，本院不予采信。

本院认为，被告人赵×以营利为目的，未经著作权人许可，复制发行他人文字作品，情节特别严重，其行为已构成侵犯著作权罪，应予惩处。北京市海淀区人民检察院指控被告人赵×犯有侵犯著作权罪的事实清楚，证据确实充分，指控罪名成立。

被告人赵×通过信息网络传播他人文字作品，实施了复制发行的行为。被告人赵×在公安机关供称，其通过采集软件在互联网上随机抓取文字作品，对所采集的小说均无著作权；现场勘验检查工作记录已与其供述相印证。被告人赵×在其网站上所复制发行的他人文字作品，既对该作品没有著作权，又未获得著作权人许可，其对上述实施的行为侵犯他人的著作权供认不讳，具有主观上的故意。公诉机关当庭出示的由上海玄霆公司提供的权利文件光盘，为涉案作品的作者所作出的声明文件，该声明文件载明，涉案作品的作者已将著作权财产权利以声明等书面形式转让给上海玄霆公司，经本院核实，声明作品已在该公司所经营的“起点中文”网上发表，庭审期间，被告人赵×及其辩护人对涉案作品的权属不持异议，故本院认定被告人赵×侵害了上海玄霆公司享有著作权的作品，上海玄霆公司系被害单位。被告人赵×在公安机关供称，其在网站上登载广告，收取广告费用，现场勘查笔录印证其网页两侧有广告存在，远程勘验检查笔录证明其通过广告获取了收益，被告人赵×在网页上投放广告的行为营利目的明显。综上，被告人赵×的行为不仅侵犯了著作权人的著作权和与著作权相关的权益，也侵犯了国家的著作权管理制度，符合侵犯著作权罪的构成要件。

对被告人赵×及其辩护人关于“波西小说”网尚未实际经营、也未从中获利的辩解，本院认为，被告人赵×认可公诉机关所指控其在其经营的“原点小说”网站上复制发行他人作品并营利的事实，而在案的现场勘验检查工作记录证实,公安机关通过对"波西小说"网后台浏览,发现了该网站的书目及网站会员人数的存在,并在网站页面两侧可见广告,且上述事实在数目、细节等方面与"原点小说"网并不一致;证人赵1×的证言可证实没有ICP备案的网站也可运营;被告人赵×的供述证明其于2012年底开始经营"波西小说"网,"原点小说"网与"波西小说"网均通过广告点击量方式营利,其供述与前述的现场勘验检查工作记录、证人赵1×的证言等证据能够相互印证,证实了被告人赵×经营"波西小说"网的事实。至于被告人赵×是否实际获得利益,则并非刑法所规定的本罪构成的要件。而被告人赵×及其辩护人关于"波西小说"网只有广告位、没有投放广告的辩解,并无相关证据支持。且根据被害单位上海玄霆公司出具的情况说明及公诉人当庭发表的公诉意见,"原点小说"网的侵权作品完全涵盖了"波西小说"网,公诉机关在指控时,对被告人犯罪的数量并未重复计算,故对该项辩解本院不予采纳。

对被告人赵×的辩护人关于鉴定结论违法、不能作为证据使用,故无法确定侵权作品数量的辩护意见,本院认为,首先,根据《司法鉴定执业分类规定》,计算机司法鉴定是指运用计算机理论和技术,对通过非法手段使计算机系统内数据的安全性、完整性或系统正常运行造成的危害行为及其程度等进行鉴定。可见,计算机司法鉴定包括电子数据鉴定。而根据《国家发改委、司法部关于印发〈司法鉴定收费管理办法〉的通知》及附件《司法鉴定收费项目和收费标准基准价》,司法鉴定收费项目分为法医类、物证类、声像资料类三大类,其中,"文件一致性检验鉴定"列于"声像资料类(一)电子数据鉴定"第12项,可见,本案鉴定机构有权利出具文件一致性比对意见。且本案鉴定意见的实质,是就涉案作品与他人享有著作权的作品是否同一提出技术性专业意见,而非就被告人侵权的数量及在此基础上就被告人是否成立犯罪直接作出鉴定结论,上海东方计算机司法鉴定所根据被害单位提供的侵权小说名录清单在涉案网站上提取涉案作品,并与被害单位享有著作权利的作品进行了相似性比对,比对结果与赵×的供述、辩护人对涉案权属的认可并无冲突。其次,对于鉴定机构提取作品内容的合法性,如前所述,就案件的专门性问题提出专业意见的具有专门知识的人员,依据被害单位提供的书目进行提取、比对并无不妥,相反,作为与案件无利害关系的第三人,较由被害单位提取更为客观。可见,应当确认本案鉴定机构对涉案作品相似性文本比对出具的意见的效力。公诉机关指控的侵权作品数量是在涉案作品文本相似性比对的基础上,结合被害单位权利证明文件等其他证据综合认定的结果,并非直接依据鉴定结论确定犯罪数量。此种认定方法符合法律规定。故对被告人及其辩护人的相关辩解和辩护意见,本院不予采信。被告人赵×的侵权行为,依据涉案作品的侵权数量已构成情节特别严重。

鉴于被告人赵×到案后能如实供述主要犯罪事实,认罪态度较好,且指控事实未涉及非法获利及相关证据,本院对其依法从轻处罚并酌处罚金。综上,本院依照《中华人民共和国刑法》第二百一十七条第(一)项、第五十三条、第六十七条第三款之规定,判决如下:

被告人赵×犯侵犯著作权罪,判处有期徒刑三年六个月,罚金人民币十万元。

(刑期从本判决执行之日起计算。判决执行以前先行羁押的,羁押一日折抵刑期一日,即自2013年3月11日起至2016年9月10日止;罚金限自本判决生效之次日起三个月内缴纳。)

如不服本判决,可在接到判决书的第二日起十日内,通过本院或者直接向北京市第一中级人民法院提出上诉。书面上诉的,应提交上诉状正本一份,副本一份。

审　判　长　宋鱼水
审　判　员　肖中华
代理审判员　王昕炜
二〇一四年五月五日
书　记　员　周　溪
书　记　员　陈佳麟

(本章编写:李广超　王志刚)

参考文献

[1]程永顺.网络著作权判例(第5辑)[M].北京:知识产权出版社,2010.

[2]韩赤风,赵英,田琳.中外著作权法经典案例[M].北京:知识产权出版社,2010.

[3]程永顺.侵犯著作权判例(第9辑)[M].北京:知识产权出版社,2010.

[4]祝建军.数字时代著作权裁判逻辑[M].北京:法律出版社,2014.

[5]牛静.视频网站著作权纠纷及其防范管理机制研究[M].北京:知识产权出版社,2015.

[6]聂振华.视频分享网站著作权侵权问题成案研究[M].北京:法律出版社,2012.

[7]张远煌,左坚卫,王志祥.侵犯著作权犯罪典型案例评析[M].北京:北京大学出版社,2014.

[8]曹丽萍,陈坚.著作权案件实务案例解析[M].北京:世界图书出版公司,2012.

[9]王迁,陈绍玲.捍卫与分享:上海经典版权案例评析[M].上海:上海人民出版社,2015.

[10]中国版权保护中心,新闻出版总署人事司.著作权案例评析(增订版)[M].上海:上海辞书出版社,2009.

[11]《法律法规案例注释版系列》编写组.中华人民共和国著作权法:案例注释版[M].北京:中国法制出版社,2010.

[12]刘稚.著作权法实务与案例评析[M].北京:中国工商出版社,2013.

[13]张远煌.侵犯著作权犯罪典型案例评析[M].北京:北京大学出版社,2015.

[14]崔国斌.著作权法:原理与案例[M].北京:北京大学出版社,2014.

[15]蒋强.著作权纠纷新型典型案例与专题指导[M].北京:中国法制出版社,2013.